복 있는 사람

오직 여호와의 율법을 즐거워하여 그 율법을 주야로 묵상하는 자로다.
저는 시냇가에 심은 나무가 시절을 좇아 과실을 맺으며 그 잎사귀가 마르지 아니함 같으니
그 행사가 다 형통하리로다. (시편 1:2-3)

신학자라는 직업을 가진 사람의 고민과 삶을 엿보는 것은 은근히 즐거운 일이다. '신학자의 고민은 어떻게 우리와 다를까', '그의 삶은 얼마나 신앙적일까'를 가늠하며 우리와 그의 새로운 모습을 발견할 수 있으니 말이다. 진솔하고 수줍게 자신의 속내를 드러내는 속 깊은 신학자가, 자신을 넘어 우리의 삶을 두드릴 때, 신학자라는 그의 직업은 소명이 되고, 그의 깊은 이야기는 우리의 것이 된다. 묵묵히 사고하고 고민하는 시간을 견뎌 온 사람의 삶이 주는 지혜와 성찰이 위로가 되는 순간이다. 그와 함께 신학의 슬픔과 기쁨을 나누다 보면, 삶은 길을 찾고 어느새 믿음은 그 길을 걸어간다. 그처럼 묵묵하게.

김호경, 전 서울장로회신학대학교 신약학 교수

솔직히 목회자와 신학자는 동반자적 관계인 동시에 미묘한 긴장을 품고 있는 관계다. 목회자는 종종 신학자에게 "당신의 쓸모가 무엇인가?"라고 묻고, 신학자는 목회자에게 "신학이 어떤 부분에서 쓸모 있어야 하며, 왜 그 쓸모가 신학을 조종해야 하는가?"라고 되묻는다. 그러면서도 진실은 이렇다. 목회자들은 자신의 설교와 목회가 덜 신학적이어서 열등감을 느끼고, 신학자들은 자신의 신학이 교회와 공동체에 어떻게 기여하는지 몰라서 죄책감을 갖는다. 이것이 바로 두 진영이 더 많은 대화를 나누어야 하는 이유다.

나 역시 목회자로서 위와 같은 질문을 품고 있다. 그러면서도 내심 신학자들에 대한 미묘한 열등감을 가진다. 그리고 내가 던지는 질문에 대해 당신은 뭐라고 답하겠느냐고 묻고 싶어진다. 비록 소심해서 묻지 못했지만 말이다. 오랫동안 마음에만 담아두었던 질문들이, 아직 대화도 나눠 본 적 없는 김진혁 교수의 이 산문집을 통해 답을 얻은 느낌이다. 답을 듣고 다 이해되었느냐고? 그렇지 않다. 하지만 이 책을 읽고 속으로 말했다. "이 정도면 내 마음이 풀릴 만큼 충분히 답을 들었습니다. 물론 우리는 더 이해할 필요가 있겠지요. 하지만 당신의 긴 이야기를 들으며 마음이 편안해집니다. 신학은 참 좋은 것이네요."

신학, 현실, 배움, 일상, 공동체에 대한 저자의 이야기를 들으며 당신도 똑같은 만족감을 느낄 것이라 확신한다. 진지한 마음을 가진 그리스도인이라면 누구든지 말이다.

이정규, 시광교회 담임목사

저자에게 세계는 아직 펼치지 못한 책들이 가득 쌓여 있는 커다란 서재이고, 그에게 신학(함)이란 "나보다 훨씬 더 크고 오래되고 복잡하며 신비로운 그 무엇"을 "오랫도록 지극히 응시"하는 공부다. 그가 연구실에만 머물지 않는 이유이고, 그가 아침과 저녁으로 느릿한 산책을 즐기는 이유다. 그의 글에는 하나님을 뒤따라(nach) 생각하며(denken) 걷고자 했던 그의 걸음걸이와 호흡과 응시가 담겨 있다. 신학으로 훈련된 주관(主觀)의 일상 성찰기다.

이종태, 서울여자대학교 교목실장

신학 채널을 운영하다 보니 책을 권하는 일이 자연스레 많아졌다. 그중에는 영상으로는 도무지 다 담아낼 수 없는 종류의 책이 있는데, 직접 읽어야만 느껴지는 무언가가 있는 경우다. 정보는 요약하고 논지는 설명하면 되지만, 글에 배어 있는 풍경과 촉감만큼은 오롯이 담아낼 수 없기 때문이다. 김진혁 교수의 『신학의 슬픔과 기쁨』이 바로 그러한 경우다. 이 책은 신학자가 살아가는 일상을 달팽이처럼 느린 속도로 써내려간 글들을 모은 산문집이다. 신학이 '삶의 길에 관한 학문'(Theology as a way of life)이라면, 이 책은 그 길을 걷는 한 사람의 여정을 진솔하게 보여준다. 김진혁 교수의 다른 저작이 교실에서 신학을 배우고 질문하는 강의와 같았다면, 이 책은 수업이 끝난 뒤 캠퍼스를 걸으며 '오프 더 레코드' 이야기를 나누는 시간이랄까. 수업보다 더 흥미진진한 이 산책길에 동행하고 싶다면, 이 책을 펼쳐 천천히 읽어 보길 권한다.

장민혁, 유튜브 채널 '오늘의 신학공부' 운영자

신
학
의

슬
픔
과

기
쁨

신학의 슬픔과 기쁨

김진혁 지음

복 있는 사람

신학의 슬픔과 기쁨

2025년 8월 27일 초판 1쇄 인쇄
2025년 9월 3일 초판 1쇄 발행

지은이 김진혁
펴낸이 박종현

(주) 복 있는 사람
주소 서울특별시 마포구 연남동 246-21(성미산로23길 26-6)
전화 02-723-7183(편집), 7734(영업·마케팅)
팩스 02-723-7184
이메일 hismessage@naver.com
등록 1998년 1월 19일 제1-2280호

ISBN 979-11-7083-282-9 03230

ⓒ 김진혁 2025

세상은 예상치 못한 별의별 일이 다 일어나는 곳입니다. 이 사실을 잘 안다고 생각했는데, 정작 산문집이라는 낯선 형태의 글을 엮어 낼 날이 올 줄은 몰랐습니다. 잘 다듬어진 이론과 역사적 사건을 설명하는 데 익숙했던 터라, '나'의 주관적 생각과 취향을 누군가에게 보여준다는 것이 괜스레 어색합니다. 하지만 저도 사람인지라 살면서 가지게 된 여러 생각과 감정을 앞뒤 덜 재고 풀어 보고픈 마음이 전혀 없지는 않았던 것 같습니다. 비유를 들자면, 박물관에 소장된 잘 알려진 유물들을 가져다가 의미와 질서를 부여하며 교육용 전시를 기획하던 사람이, 박물관이 문을 닫은 후 '관계자 외 출입금지' 구역으로 친구들을 몰래 들여보내서는 서랍 속의 정리와 분류가 안 된 유물을 보여주며 설명을 늘어놓는 느낌이랄까요.

이 책은 신학자의 시선으로 쓴 글을 모은 산문집이지만, 특정 학문에 관한 이야기인 양 독자분들 앞에서 난해하거나 생소하게 굴지는 않을 것입니다. 오히려 인생에서 경험하는 다양한 일들, 현대사회가 던지는 여러 질문에 대한 저의 생각과 반응을 진솔하게 전달해 줄 것입니다. 그러니 『신학의 슬픔과 기쁨』이라는 제목만 보고 이 글이 신학자나 신학생을 위해 기획

되었다고 지레짐작하신다면 슬플 것 같습니다. 대신, 신앙을 렌즈 삼아 세상을 바라본 일상의 기록이라는 관점에서 이 산문집을 읽어 주시면 기쁠 것 같습니다.

사실, 책 제목은 제가 좋아하는 작가인 알랭 드 보통_{Alain de Botton}의 *The Pleasures and Sorrows of Work*와 장류진의 『일의 기쁨과 슬픔』을 의식하며 정했습니다. 11년 간격을 두고 선보인 두 작품은 먹고살려면 피할 수 없는 일이 가져다주는 보람과 힘듦을 재치 있고 애정 어린 시선으로 바라보며 일상을 소소하게 긍정하는 법을 세련되게 보여주었습니다. 신학자의 글로서는 흔치 않게 베스트셀러를 패러디하며 책 제목을 지은 것도, 그리스도교는 위대하고 신학은 아름답다고 웅변하기보다는, 신앙이라는 관점에서 삶을 바라볼 때 공유하게 될 감정을 언어화하고자 함이었습니다. 누구나 충분히 가질 만한 느낌이라도, 그리스도인이라면 약간은 다르게 경험할 법한 즐거움과 비애, 경이와 비루함, 감사와 우울함이 있다면 과하지 않게 은은히 신학의 빛깔을 입혀 보았습니다.

이 책은 지난 4년 반 동안 살아가며 경험하고 느낀 바를 형식에 덜 구애받고 표현해 보라는 제안과 요청이 올 때마다 틈틈이 작성한 글들을 엮은 것입니다. 신학자가 '신학'이라는 단어를 걸고 글을 쓴다면 무언가 가르치려 든다는 선입견을 갖게 마련이라, 신학 자체에 대한 말은 최대한 아끼려 노력했습니다. 학문이 아니라 일상의 일부로 신학을 대하며, 하루하루 스쳐 가는 개인적 생각과 사적인 감정에 주목했습니다. 배움은 모든 사람에게 주어진 과제라는 관점에서 신학에 접근했고, 타인의 삶에 공감하고 시대의 흐름을 읽어내는 방법을 신학을 통해 찾아보려고 노력했습니다.

글을 쓸 당시에는 마감 시간에 쫓기며 작성하느라 힘들었지만, 그때그때의 경험을 짧은 글로 남겨 왔다는 것 자체가 실로 소중하고 중요한 작업이었습니다. 지금 돌아보니, 그 기간에 저를 포함하여 적잖은 사람들이 '안전하지 못하다'라는 느낌을 크게 받았던 것 같습니다. 코로나바이러스의 전 세계적 유행, 이태원 참사, 세월호 진상규명 논란, 서이초등학교 교사 사망 등의 큰 사건과 사고가 연이어 일어났습니다. 기후위기로 인한 위기감은 고조되었고, 세계 곳곳에서는 전쟁과 테러가 끊이지 않았습니다. 인간의 유한함과 사악함, 그리고 사회적 기반의 취약함 때문에 생긴 불안함도 있지만, 공동체에서 자기 생각을 말하는 것이 안전하지 못하다는 생각도 커졌습니다. 특히 총선과 대선 같은 정치적 이슈로 대한민국 사회가 이념적으로 양극화되면서, 교회도 과도한 정치화로 내홍을 심하게 겪고 외부의 손가락질도 많이 받았습니다. 교회로 쏟아지는 비판에 대한 반응 방식을 놓고 그리스도인 사이의 갈등이 격화되는 악순환이 일어났습니다.

하지만 하나님이 만드신 세계는 오묘한 곳입니다. 아무리 잿빛으로 보일지라도 세상은 결국 여전히 살 만한 곳임을 매번 스스로 증명해 보였습니다. 위기 상황 속에서도 사람이 존엄하고 사람됨은 아름답다는 것도 새삼 깨달았습니다. 인간만이 아니라 동물과 식물의 생명에 경이로워하는 감각도 익혀갔습니다. 혼자가 아니라 함께 사는 삶을 심상에 품을 때 일상의 빛깔이 환해지는 것도 보았습니다. 한국교회가 이런저런 문제가 있다고는 했지만, 신앙이 가진 회복탄력성을 체감하기도 했습니다. 혼란하고 어려운 시절을 지나면서 이처럼 마음이 어두워지지만은 않았던 것은, 그리스도교 신앙이 배양한 희망이 부드럽게 나의 시각과 언어를 감싸 주었기 때문인 것 같습니다. 그리고 이렇게 말하려니 쑥스럽기도 하지만, 90년대에는 새로운 문화를 선도하던 X세대라 불리다, 지금은 MZ세대와 베이비붐세대 사이 '낀 세대'의 일원이 되며 느끼는 어설픔과 모호함이, 신앙인이자 신학자이자 시민으로서 살아가는 데 요구되는 특이한 감각을 만드는 데 영향을 준 것 같기도 합니다.

이 책의 각 부에서 만나게 될 이야기들에는 인간 존재, 고통, 사랑, 믿음, 그리고 시대의 다양한 질문에 대한 저의 성찰이 담겨 있습니다. 이 책이 독자들에게 독서의 재미를 선사한다면 저자로서 무엇보다 큰 영광이겠지만, 더 나아가 인생의 길을 묻는 이들에게 새로운 관점과 통찰을 제공하고, 스스로 질문하며 답을 찾아가도록 돕는 사유의 길잡이가 되기를 바랍니다. 교회와 신학의 자리를 고민하는 이들에게는 급변하는 시대 속에서 신학의 본질을 잃지 않으면서도 교회의 역할과 목회 현장의 과제를 함께 성찰하는 데 도움이 되었으면 합니다. 필요에 따라 성경과 교리를 해석하고, 오늘날 신학의 몇몇 쟁점과 현장의 첨예한 도전에 대한 솔직한 고민과 제언을 풀어놓는 만큼, 신학적 사고를 심화시키고 실제 사역에 적용 가능한 지혜를 얻는 데 자원이 되기를 바랍니다.

제2차 세계대전 당시, 아우슈비츠-비르케나우 수용소에

놀라운 기억력을 가진 유대인 도서관 사서 한 명이 있었습니다. 모세오경과 탈무드, 미드라시, 미슈나 대부분을 암기하고 있던 그는 다른 유대인 수감자들에게 이렇게 말했다고 합니다. "읽고 싶은 것이 있으면, 와서 내 안에서 읽어요. 나라는 책을 펼쳐서 봐요." 자신의 기억을 기꺼이 나누어 줌으로써 그는 절망에 빠진 동료들에게 삶의 의지를 불어넣어 주었습니다. 인간에게는 타인의 기억만이 아니라, 경험과 감정을 공유하는 신비한 능력이 있습니다. 이로써 사람됨의 의미를 배우고, 신적 은혜의 흔적을 일상에서 발견할 수도 있습니다. 그러니 서로가 서로에게 책이 되어 주는 한, 아무리 현실이 어둡고 거칠어 보이더라도 인간은 아름답고, 생명은 존엄하며, 세상은 여전히 희망을 간직하고 있습니다. 이 한 권의 매우 사적인, 그렇기에 어설프고 설익은 책을 내어놓으며, 신학자의 슬픔과 기쁨도 누군가에게 읽을거리가 되었으면 하는 소망을 품어 봅니다.

2025년 8월 양재동에서
김진혁

차례 —

일러두기

_ 이 책의 1부는 한 신학자의 내밀한 고백이자 생생한 현장 기록이다. 강단과 일상을 오가며
마주한 신학의 슬픔과 기쁨, 직업인이자 소명자로서 살아가는 내면의 풍경들을 솔직하게
담았다. 신학이라는 학문의 무게와 아름다움을 동시에 느낄 수 있는 개인적이면서도 보편
적인 이야기들이다.

_ 2부에서 5부까지 실린 글의 대부분은 2020년 12월부터 2024년 8월까지 「국민일보」에 실린
칼럼을 수정·보완한 것이고, 일부는 이번 산문집을 기획하며 새로 쓴 것이다. 코로나 팬데
믹 시대를 관통하며 저자가 바라본 사회 현실, 배움과 가르침의 일상, 그리스도인으로서 맞
이하는 계절의 리듬, 그리고 공동체로 살아가는 것의 의미를 담았다.

1부

신학자로
산다는
것

이따금 우리는 철학이 학문의 여왕이라는 데에 의견을
같이했다. 같이했다기보다는 흔히 듣게 되는 그런 견해에
동조했다는 편이 맞을 것이다. 철학은 이를테면 악기
중에서 오르간이 차지하는 것과 같은 위치를 학문들 중에서
차지한다고 우리는 확신했다.……하기야 철학조차 시녀나
보조 학문, 대학식으로 말하자면 '부전공' 정도로 격하시키는
분야가 있긴 한데, 그것이 신학이다.

— 토마스 만 『파우스트 박사』 중

신학의
슬픔과 기쁨

저는 신학을 공부하고 가르치고, 때로는 신학을 주제로 글을 쓰며 하루하루를 보냅니다. 그런 저에게 누군가가 신학을 사랑하냐고 물어본다면, '네'라고는 감히 말하지 못할 것 같습니다. 자신의 직업을 사랑한다고 말할 수 있는 사람은 호모 사피엔스 중 극히 일부에 해당하는 초인류일 테니까요. 만약 제가 신학을 사랑한다고 말한다면, 오르한 파묵Orhan Pamuk이 비애가 스며든 자신의 도시 이스탄불을 사랑한 것과 비슷한 이유로 사랑한다고는 말할 수 있을 것 같긴 합니다.

나는 이스탄불을 순수하기 때문이 아니라, 복잡하고, 불완전하며, 폐허가 된 건물들의 더미이기 때문에 좋아한다.

저는 신학이 복잡하고, 불완전하며, 비현실적 생각과 시행착오 더미이기 때문에 좋아합니다.

사람에 따라 느끼는 신학의 모습은 다르겠지만, 그 모습은 과거부터 지금까지 수많은 신학자들 곧 우리와 크게 다를 바 없는 이들의 손을 거친 결과물입니다. 그들 역시 대부분 일반인처럼 업무에 시달리고, 자기를 제대로 이해하지 못하는 이들 때문에 상처받으며, 스트레스성 변비로 고생하고, 옆에서 떠드는 사람 때문에 하루 공부 분량을 채우지 못해 투덜댔을 것입니다. 신학의 대상이 무려 '하나님'인 만큼 다른 일에서는 찾기 어려운 보람과 긍지를 느끼면서도 그만큼 더 큰 부담에 시달렸을 것입니다. 하나님과의 내밀한 관계보다는 신학의 겉모습, 신앙의 핵심보다는 세세한 교리적 표현에 대한 과도한 책임감으로 괴로워했을 것입니다.

하나님은 초월적인 분이면서도 평범하고 일상적인 것을 통해 우리를 만나시는 분입니다. 그런 만큼 그분에 관한 학문으로서 신학은 신적 계시를 조심스레 인간의 언어로 표현한 것이면서도, 그 안팎에는 일상을 살아가는 신학자들의 개성과 결핍과 약점의 흔적이 세월을 두고 진하게 배어 있습니다. 신학에 얼핏 묘한 빛이 비쳐 보인다면, 그것은 신학의 중심 주제인 크고 높으신 분의 영광이 반영되었기 때문이겠지만, 오랜 시간 동안 사람들의 손때가 묻고 또 묻어 표면이 반질반질해졌기 때문이기도 합니다. 신학을 신학되게 만드는 그 신비한 힘에 매료될 때, 우리는 신학이 지금의 모습으로 있기까지 수많은 사람들이 겪었던 희로애락도 간접 체험하게 됩니다.

신학의 세계에는 이처럼 나도 모르게 접속하게 되는, 그렇지만 내 마음 깊이 인상을 박아 놓는 무언가가 있습니다. 아름답지만 때로는 비루하게 느껴지고, 한때는 가슴을 벅차게 만들다가 얼마 후 비애감에 잠기게 하는 그런 모호하고도 역설적인 느낌이라고나 할까요. 지금부터 다른 사람과 공유할 수도 있고, 유독 특정 사람에게 더 또렷이 드러나기도 하는 기쁨과 슬품이 어우러진 듯한 신학함의 묘한 감정에 관해 이야기하고자 합니다.

1

이 글을 준비하며 20대 초반 신학과에 입학한 직후 느꼈던 감정을 한번 헤아려 봤습니다. 여러 감정이 있겠지만 그중 의외의, 하지만 강렬하고 생생하여 그냥 지나칠 수 없는 느낌이 유독 마음에 걸렸습니다. 그것은 바로 내가 환영받지 못한다는 생각, 심지어 누군가로부터 배제당하는 듯한 경험을 할 때 나오는 기분 나쁜 슬픔입니다. 배제는 타인을 대할 때 사람됨 자체를 보는 대신 그의 속성이나 배경 중 일부를 과장하고는, 이를 근거로 차별 대우를 하거나 공동체에서 그의 공간을 주지 않는 태도와 행위를 일컫습니다. 그런데 이제 막 신학과에 입학한 어린 학생이 어디서 이런 무지막지한 느낌을 받았을까요. 안타깝지만 그곳은 교회였습니다.

어릴 적부터 온 가족이 교회를 다녔기에 제게 교회는 매우 익숙하고 편안한 곳이었습니다. 그런데 제가 일반대학교에 속한 신학과에 입학했다는 것이 알려진 이래 저를 향한 교회 내 시선이 은근 불편하게 느껴지기 시작했습니다. 학교생활을 한 지 한두 달밖에 되지 않았는데 부목사님들은 돌아가며 제게 다른 청년들에게 묻지 않는 질문—자유주의 신학이 무엇이라고 생각하는가, 성경은 본성상 어떤 책인가, 예수 그리스도는 몇 퍼센트 신이고 몇 퍼센트 인간인가, 학교에서 무슨 교재로 공부하는가 등—을 던졌습니다. 돌아보니 몇몇 질문은 교수 임용

인터뷰 때 받는 질문과 겹치는 것 같기도 했는데, 아는 것이 없던 신입생인지라 답변하는 가운데 저의 무지가 공공연히 드러났습니다. 사람들 앞에서 멍청하다는 것을 증명한 덕분에 저는 OO대학교 신학생이 아니라, 교회에서 열심히 봉사할 청년 중 한 명으로 대우받았습니다. 하지만 그 이후로도 전혀 생각지 못한 때와 장소에서 기이한 질문, 심지어 말실수를 노골적으로 유발하는 질문이 불시에 들어오곤 했습니다.

같은 교회를 다니던 또래의 교단 신학교 학생도 처음에는 자기 학교와 제가 다니는 학교를 은근히 구분하곤 했습니다. 하지만 그 친구도 자기 학교에 불만이 많았던 만큼, 우리는 꽤 재미있고 진솔한 대화를 나누며 함께 신학적으로 성장해갔습니다. 우정과 신뢰 가운데 각자가 속한 학교의 차이를 확인함으로써, 신학이라는 학문이 학교에서 가르치는 것보다 훨씬 크다는 것을 배웠고, 내가 아는 것 외에도 신학에 여러 접근법이 있다는 것에 대한 감각도 익혔습니다. 한국교계의 적지 않은 분들이 제가 속한 학교를 자유주의 신학을 가르치는 원흉으로 인식하고 있다는 사실도 알게 되었습니다. 교회에서 받았던 경계와 의심의 이유를 인정은 못 해도 머리로는 이해하게 되었고, 동시에 순진한 때라 '내 인생 망했구나'라는 불길한 예감도 가졌습니다.

신학을 공부하면서 학교와 나라를 옮겨다닐 때마다 출신 학교 때문에 한국인 모임이나 공동체에서 차가운 시선을 견뎌야 했던 때가 종종 있었습니다. 학벌로 사람을 구분하거나 출신으로 평가하는 것이 한국사회의 고질적 병폐인데 무얼 그리

예민하게 반응하냐고 생각하실지 모르겠습니다. 실제로 저 외에도 자기가 속한 교단이나 출신학교 때문에 어디선가 누군가에게 환영받지 못한 경험을 한 신학생이나 목회자가 적지 않을 것입니다. 물론 이런 말을 한다고 해서 성별, 국적, 피부색, 출신, 종교, 문화 등을 이유로 사회 내에서 차별과 억압을 경험하는 분들만큼 신학자가 자기 배경 때문에 부당한 대우를 받고 있다고 주장하려는 것은 아닙니다. 그럼에도 어린 시절 제가 느낀 감정을 다소 강한 표현을 사용하며 묘사한 데는 이유가 있습니다.

저도 결점 많은 인간이기에 공동체 안에서 저 자신을 낯설게 느끼거나, 타인들과 잘 어울리지 못했던 적이 없지는 않았습니다. 초등학교 때는 친구들 앞에서 받은 꾸중과 벌이 낙인처럼 작동하며 한동안 외톨이처럼 지내기도 했습니다. 고향을 떠나 서울로 이사를 했던 고등학교 시절에는 사투리를 쓴다고 반에서 놀림을 꽤 많이 받았습니다. 이런 경우에 창피하기도 하고 때로는 서글프기도 했지만, 사람들이 왜 그러는지는 최소한 알았습니다. 그런데 학교 이름만 보고 여러 명이 경계의 시선을 보내고, 사람들 앞에서 계속 자신을 증명해 보이라고 요구하며, 말과 행동에 보이지 않는 제약을 가하는 것은 전혀 다른 경험이었습니다. 다른 사람에게 무한 친절한 표정을 짓던 부목사님들이 저에게만 이런저런 불편한 질문을 할 때면 공동체에서 환영받지 못한다는 느낌에 휩싸였습니다. 무엇보다, 다른 곳이 아니라 제가 좋아했던 교회가 이런 불쾌함을 겪는 공간이었다는 점이 씁쓸했습니다.

더 많은 공부를 하고 사회를 알아가면서 제가 교회에서 느꼈던 것들이 저 개인만의 문제가 아니었다는 것을, 오히려 저의 부정적인 경험은 매우 미미한 수준이었다는 것을 알게 되었습니다. 신학이 하나님에 대한 학문일 뿐만 아니라, 상대를 타자화하고 적대시하는 논리였음도 발견했습니다. 과거에도 지금도 교회가 교회라는 이유로 일으키는 문제가 만만하지도 적지도 않음을 깨달았습니다. 정의감 넘치는 사람이라면 차별과 배제를 철폐하기 위한 운동에 뛰어들 텐데, 소심하고 게을러서 그러지도 않았습니다. 그렇다고 애정이 있던 교회에 대한 희망을 완전히 접을 수도 없었습니다.

지금 돌아보니, 이도 저도 안 될 법한 상황에서 결국에는 생각지도 못한 방식으로 해결책을 찾으려 했던 것 같습니다. 바로 신학 공부였습니다. 복음에는 사실 강한 윤리적 함의도 있음을, 특별히 사회적 약자를 향한 하나님의 관심이 크다는 것을 발견하고는 신기하고도 기뻤습니다. 신앙이 어떻게 평화, 화해, 환대, 정의와 연결되는지에 대한 관심과 질문이 늘어났고, 신학은 그때마다 정답은 아니지만 적합하고 적절한 통찰을 던져 주곤 했습니다. 나와 비슷한 고민을 하는 사람이 과거에도 지금도 많이 있음에 묘한 연대감과 안도감까지 느꼈습니다.

교회의 이런저런 모습에 실망하고 스트레스를 받을 때는 신학책을 읽으며 위안을 얻고 마음을 다잡았습니다. 반대로 아무리 붙잡고 있어도 현실을 바꾸는 데는 더딘 신학의 공허함에 물릴 때면, 현실 가운데서 말씀을 살아내려 노력하는 사람들이 있는 교회에서 위로를 찾았습니다. 그때도 지금도 신학과 교회 어느 한편에서는 완전한 만족감을 느끼지 못하기에 둘 사이를 계속 오가고 있습니다. 이러한 저의 모습을 보며 다시 굴러떨어질 바위를 끝없이 밀어 올려야 하는 운명을 가진 시지푸스가 떠오르실지 모릅니다. 하지만 꼭 그런 식으로만 생각할 필요는 없을 것 같습니다. 완전한 충족감이 없어 교회와 신학 사이에서 갈팡질팡하는 것 같아도, 이는 길을 잃은 무력함도, 무의미한 몸부림도 아니라고 생각하기 때문입니다. 오히려 이러한 모습은 신학과 교회가 각기 다른 역할과 사명이 있음을, 그러한 차이에도 불구하고 서로가 필요함을 보여준다고도 할 수 있습니다. 무엇보다도, 신학과 교회 사이를 오가는 운동 속에서 발생하고 증폭하는 파동은 꿈쩍도 안 할 것 같던 현실에 균열을 조금씩 내면서 그 벌어진 틈 가운데 희망을 가꾸는 공간을 만들어 주기도 합니다.

2

유학 시절 여러 아르바이트를 하며 학업을 이어갔습니다. 경제적 상황이 팍팍한 학생이라 돈이 필요하기도 했지만, 생산적인 일을 하지 않고 시간을 보내고 있다는 강박감 때문에 뭐라도 하려 했던 것 같습니다. 중고등학교 때 친구들은 20대 때부터 직장을 잡아 열심히 일하고 돈도 버는데, 신학생이라는 이유로 30대에도 비생산적인 공부를 하며 하루하루 보내야 하는 저 자신의 사회적 쓸모에 대해 고민하며 불안하고 괴로운 감정에 시달리곤 했습니다.

지금은 신학교에 고용되어 강의, 행정, 학생 지도 등의 업무를 수행하고 월급을 받습니다. 출퇴근 시간이 고정된 직업이 아니기에 보통 수업과 회의가 없는 날에는 강아지를 데리고 동네 산책을 하고 학교에 갑니다. 강아지와 함께 이 길 저 길 다니다 아침부터 영업 준비 중인 식당 사장님들을 만나게 됩니다. 오전 업무를 끝내고 곧 찾아올 직장인들에게 맛있고 든든한 한 끼를 대접하려고 재료를 다듬고 공간을 정리하는 모습이 아름답게 보입니다. 제 또래 사장님들이 일찍부터 일하는 것을 보며 의식주에 꼭 필요한 일과 거리가 있는 신학자라는 직업의 존재 이유에 대해 다시 생각하게 됩니다. 밥을 짓지도, 옷을 만들지도, 상품을 생산하지도, 집을 짓지도 못하는 직업. 그런데 이와 비슷한 고민을 하는 목회자와 신학생을 만날 때가 있습니다. 다른 사람들과 비교할 때 자신이 '무용한' 일에 종사하고 있다는 느낌을 받는다는 것입니다.

저의 경우 학부를 졸업하고 대학원에 진학하고는 제대로 된 노동을 하지 않는다는 일종의 부채의식이 꽤 강했습니다. 동기 중 한 명이 이를 눈치채고 이렇게 말했습니다. 그 나이가 되도록 아침에 출근하고 저녁에 퇴근하는 직업을 가져 보지 못해 일을 낭만화하고 있다고 말입니다. 똑똑한 친구의 말대로 당시 제가 일에 대해 과하다 싶을 정도로 심각하게 받아들였던 것은 사실입니다. 하지만 저의 이러한 조급함과 불안함은, 노동을 통해 경제적 필요를 채우면서 동시에 자신도 개발해야 한다는 이상화된 직업관에 시달리는 현대인의 모습의 일면이라고도 할 수 있습니다.

우리는 일을 통해 돈을 벌 뿐만 아니라 행복도 얻으려 합니다. 스위스 태생의 영국 철학자이자 작가인 알랭 드 보통은 인류의 오랜 역사에서 일이 이토록 높이 찬양받기 시작한 것은 불과 몇백 년밖에 되지 않는다고 지적합니다. 기원전 4세기 사람 아리스토텔레스는 인간 본성상 일을 통해 만족과 보수를 함께 얻을 수는 없다고 말했습니다. 동서고금을 막론하고 대부분의 사람들이 먹고살기 위해 힘들어도 일을 해야만 하는 현실이 이를 보증합니다. 2천 년 가까이 이어져 오던 일에 대한 이 같은 현실적 생각은 세속적 활동을 긍정하는 근대 세계가 들어서면서 도전을 받았습니다. 특히, 르네상스에 등장한 천재 예술가들은 자신의 재능을 실현하면서도 돈을 벌 수 있는 새로운 시대의 선구자들이었습니다. 16세기에 등장한 개신교회는 직업이 단지 돈벌이 수단이 아니라 하나님의 섭리에 참여하는 통로라고 주장하며, 주중에 수행하는 노동에 성스러운 아우라를 입혀 주었습니다. 계몽주의 철학자들은 더 노골적으로 아리스토텔레스의 입장에 반대했습니다. 일은 단지 먹고살기 위한 수단일 뿐 아니라 세상을 더 좋은 곳으로 만드는 능동적 활동인 만큼, 그 자체로 의미가 충만한 활동으로 승격되었습니다.

일이 인간의 삶에서 무척이나 중요한 것은 사실이지만, 만족과 보수를 동시에 일에서 얻으라는 것은 너무 큰 요구가 아닐까요. 일은 우리에게 둘 중 어느 한쪽만 허락할 때가 많고, 적잖은 사람들이 보수를 위해 만족을 양보하며 묵묵히 업무를 수행합니다. 물론 일 자체를 좋아하고, 열심히 하기도 하고, 큰 성취를 이루어내고, 높은 연봉에 사회적 존경까지 받는 사람이 간혹 있습니다. 하지만 예외는 예외일 뿐, 이를 일반화하여 모든 사람에게 적용할 수도, 남녀노소 할 것 없이 누구나 따라야 할 모범으로 삼을 수도 없습니다. 일은 사람들이 자신을 만만하게 못 대하도록 관계의 갈등, 승진 탈락, 직장 내 갑질, 사업 실패, 동료의 배신, 임금 동결, 초과 근무, 권태감 등의 장애물을 자기 안에 숨겨둡니다. 그런 만큼 일에서 원하는 보수를 받으면서 충족감까지 누리는 것은 선물 같은 소중한 경험으로 여겨야지, 일의 기본 조건이나 당연한 목표로 삼아서는 안 됩니다. 만족과 보상이라는 두 마리 토끼를 모두 잡으려는 관점에서 일에 접근하면, 오히려 일에서 소외감을 느끼는 사람이 더 많아질 것입니다. 심지어 드 보통은 모든 사람이 일에서 충족감을 얻을 수 있다는 '부르주아적 자신감'의 부드러운 겉모습과 달리, 그 심층에는 타인의 삶에 대한 배려가 없는 잔혹함이 똬리를 트고 있다고까지 경고합니다. 즉 '일은 행복을 성취하게 한다'는 듣기 나빠 보이지 않는 말은 업무에 대한 불만족, 상대적으로 낮은 임금과 열악한 사내 복지, 비자발적 실직상태 등을 삶의 일부가 아니라 실패자의 모습으로 간주하게 할 위험이 있습니다.

일을 접하는 우리의 정서에는 이처럼 기쁨만이 있는 것이 아니라 슬픔도 스며 있습니다. 신학이나 목회가 기쁜 일일 텐데, 꼭 그러거나 늘 그렇지만은 않은 것도 '믿음 없음' 혹은 '소명 부족'이 아니라, 인간은 본성상 일로 생계를 유지하면서 행복까지 성취하기가 구조적으로 힘들다는 관점에서 이해할 수 있습니다. 결국, 어떤 직업에 종사하든 우리 삶이 행복하려면 일에 관한 생각의 전환이 근본적으로 필요할 것 같습니다.

역사를 되돌아보면 이익 추구나 자아 실현만큼이나 인류의 생각과 행동에서 큰 부분을 차지해 온 것은, 내가 하는 일을 통해 다른 사람이 더 행복하고 덜 고통스러웠으면 하는 갈망이었습니다. 지금도 인간이란 동물은 생존을 위한 경제활동에서 벗어나지 못하면서도 사회적 약자를 돕기 위한 일을 자발적으로 하고, 돈벌이가 되지 않음에도 지구 반대편에 있는 나라의 먹거리를 걱정하고 있습니다. 그러니 일의 의미를 만족과 보수 사이의 벌어진 틈이 아니라, 타인의 기쁨과 슬픔 사이 어디선가 발견해야 아리스토텔레스를 포함한 수많은 사람들을 곤란하게 해온 일의 딜레마에서 해방될 가능성이 생길 것 같습니다.

　　일반적으로 사람들이 종사하는 여러 일과 달리, 신학 관련 직종은 타인을 경쟁과 지배와 이익 추구가 아니라 환대와 돌봄이라는 관점에서 보도록 특화되어 있습니다. 이런 엄청난 사명과 특권을 가진 신학자라는 직업은 고상해 보이지만 그 이면에서는 이중의 곤란한 감정에 늘 노출됩니다. 그것은 유한한 인간으로서 하나님의 말씀을 제대로 알 길이 없다는 무력감, 그리고 타인에게 공감하더라도 그들의 삶까지 개선할 능력은 없다는 무력감입니다. 자신의 무능함에 대한 계속된 자각은 우리를 슬프게 만들 충분한 이유가 됩니다. 그렇다고 슬픔이 삶을 최종적으로 정의하는 단어라고 속단할 필요는 없습니다.

3

　　10여 년간 신학교의 교수로 일하다 보니 목회에 헌신하거나 선교 현장에서 일하는 졸업생과 재학생을 많이 보게 됩니다. 그들과 비교할 때 저 자신은 상대적으로 안정적인 직업생활을 한다는 미안함이 늘 있습니다. 그렇지만 몇 년 전부터 젊은 시절에 가졌던 강박감은 다소 흐려지고, 책 읽고 글 쓰고 가르치는 저의 직업에 대해 조금은 더 관대해지게 되었습니다. 일에 대한 저만의 철학을 성립해서라기보다는, 성경의 역사를 공부하다 고대 근동 사회에서 국가의 녹을 받는 공무원 중 서기관이 다수였다는 사실을 알게 되면서부터입니다. 수천 년을 이어 온 직업 분화의 역사 속에 농사를 짓지도, 벽돌을 굽지도, 소와 말을 돌보지도, 시장에서 장사하지도 않는데도 밥을 먹고 살아온 저처럼 '무용한' 인간의 자리가 일찍부터 있었음에 안도감을 느꼈습니다. 신학자로서 하나님 말씀을 연구하고 가르친다는 경건한 부담감은 여전히 있지만, 지식을 매개로 타인을 만나고 세상을 대면하는 잉여적인 무리의 긴 역사에 제가 속한다는 생각은 삶을 더 재미있게 만들고 일의 기쁨도 새롭게 느끼게 해주었습니다.

그런데 학생들이나 독자들에게 종종 듣는, 하지만 쉽사리 무덤덤해지지 않는 말이 있습니다. 신학을 오래 공부하면 신앙적 질문에 대해 명쾌하게 답을 해주리라 기대했는데 그렇지 않다는 것입니다. 제 생각을 앞세우기보다는 상대가 스스로 판단하기를 원하고, 글의 결말을 내기보다는 열린 채로 두기를 선호하는 저의 강의나 글쓰기 성향을 답답해하는 분들도 적잖이 만납니다. 확실한 해결책이나 설명도 주지 못하는데, 월급 받는 신학자가 무슨 필요가 있냐는 식으로 말하는 사람들을 만날 때면 은근히 압박감을 느끼곤 합니다. "신앙은 답을 모른 채 계속 나아가는 법을 배우는 일이다"라는 말이 제가 임기응변으로 지어낸 것이 아니라 2001년 「타임」 매거진에 '미국 최고의 신학자'로 소개된 스탠리 하우어워스Stanley Hauerwas의 명언이라고 해도, 명확하고 실용적인 것을 원하는 사람들에게는 답 없는 신학이 미덥지 않게 보이는 것 같습니다.

이런 이유로 제 경우에는 신학을 공부한 기쁨과 보람 뒤로 '무력감'이 늘 따라다니는 것 같습니다. 그럴 때 반작용으로 쓸데없이, 혹은 방어적으로 제가 감당할 수 있는 것보다 더 많이 말하지 않을까 조심스럽습니다. 신학자로서 저 자신이 무능하다고 느끼는 상황이 여럿이라 일일이 다 열거할 수는 없지만, 특히 인생의 실존적 문제에 대한 답을 원하는 사람 앞에서 할 말이 없을 때는 공허감이 가슴 깊은 곳에서부터 퍼져갑니다. 대학원에 막 들어갔을 때 고등부 교육전도사로 사역했습니다. 한 학생의 어머니가 평소 건강이 안 좋았는데, 어느 날 상태가 악화되어 중환자실로 이송되었습니다. 밤중에 그 학생과 교회 차를 타고 병원으로 갔습니다. 가는 내내 계속 흐느끼는 학생 옆에서 아무 말도, 아무것도 할 수 없었습니다. 용기가 없기도 했고, 어떻게 위로할지 모르기도 해서 입을 다물고 있었습니다. 어둑한 차 안에서 피할 곳 없이 무력감을 대면해야만 했고, 그렇게라도 그 학생 옆에 있어 주어야만 했습니다.

답 없는 신학적 질문을 접할 때마다, 그날 밤 병원을 향해 달리던 교회 차 안에서 느꼈던 것과 유사한 감정이 올라옵니다. 차창 밖으로 보였던 한밤중 서울 시내의 황량한 도로와 빠르게 지나가는 가로등 불빛, 그리고 흐느끼던 학생의 어깨. 어찌할 줄 모르는 무능한 초짜 전도사였지만, 그 순간 누군가가 반드시 있어야 할 자리를 제가 채웠던 것 같습니다. 같은 맥락에서 신학theology이 '하나님theos에 관해 합리적인 설명logos'을 하는 학문이지만, 때로는 답 없이 그저 버텨야만 할 때와 장소에 묵묵히 있는 것도 신학자의 역할이 아닐까 생각해 봅니다. 어떻게 생각하고 말하고 행동할지 모르는 무력한 상황 가운데서, 신학은 정답을 주기 위해서가 아니라 하나님에 대한 신앙과 인간 삶의 복잡성을 연결할 상상력과 논리가 아직 폐기되지 않았음을 증언하고자 존재합니다. 무의미함의 경험마저 어떻게든 언어화함으로써 파괴적 충동이 되지 않도록 하고, 타인의 고통어린 호소에 경청할 수 있는 마음을 서툴게나마 형성하는 것을 돕고자 신학은 거기 있습니다. 하나님의 아름다움과 영광을 섬세한 언어와 정교한 논리로 찬양하듯 설명하는 것도 신학이겠지만, 삶의 의미가 깊고 어두운 공허의 구멍 속으로 빨려 들어갈 것 같을 때 이를 막는 투박한 배수구 마개가 되어 주는 것도 신학입니다. 다른 분은 어떻게 생각하실지 모르지만, 최소한 제게는 그랬고 지금도 그러합니다. 아마 앞으로도 그러하지 않을까 생각합니다.

*

신학 덕분에 저는 하나님을 알아가는 기쁨도, 새로운 지식을 발견하는 보람도 가졌습니다. 동시에 자신의 모습을 낯설게도, 불만족스럽게도, 무능하게도 느꼈습니다. 사람들 앞에서 그리스도교에 관한 강의를 하고 여러 신학적 난제에 관한 글을 쓰면서도, 개인적으로는 여전히 삶에 대한 기본적인 질문에 대한 답도, 신앙이 던지는 여러 질문에 대한 답도 찾는 중입니다. 신학을 공부하더라도 존재의 목적과 의미와 행복 등은 여전히 머리로 이해하거나 손에 닿을 수 있는 곳 너머에 있을 것이라는 사실을 슬프지만 기쁘게 받아들일 여유도 익혀가고 있습니다. 똑 부러진 해답 없이 쌓여가는 물음표들이 인생이 평면적이지 않고 신비한 깊이를 가졌음을 드러내 준다는 것도 매번 새롭게 배우고 있습니다. 무엇보다, 신학에는 우리가 삶의 비밀을 인지하지는 못하더라도 삶 자체에 매료될 수 있게 하는 신비한 힘이 있음을 발견하는 중입니다. 신학이 줄 수 있는 답변만큼이나 중요한 것은 고민에 빠져 있을 때 가까이 있어 주었던 사람들, 지친 마음을 위로하는 따뜻한 차가 담긴 오래된 찻잔, 몇 년에 한 번 정도는 무심히 꺼내서 한두 쪽 읽다 다시 꽂아두는 빛바랜 책의 존재임을 알게 되었습니다. 정답만큼이나 나의 일상을 받들어 주던 것은 삶의 심오함을 곱씹으며 걸었던 산책로의 환한 풍경, 잠시 정신줄을 놓고 있었을 때 버스 차창으로 지나가던 도시의 익숙한 모습, 피곤한 몸을 부드러이 감싸 주고 회복시켜 주는 단골 식당의 변하지 않는 정취였습니다. 저는 어느덧 신학과 함께 나이가 들었고, 재개발 열풍이 헛되이 불었던 동네에는 정겹던 옛 가게들이 적잖이 사라졌으며, 삶에 대한 고민의 빛깔과 형태는 순간순간 달라졌지만, 이 모든 것 가운데 배어 있는 슬픔과 기쁨의 정서는 기억 속에 시린 아름다움으로 계속 남을 것입니다.

직업으로서의
신학자

　직업으로서 신학자에 대해 말하려니 걱정부터 앞섭니다. 신학자로 살아온 지 10년 조금 넘고 대단한 업적을 남기지도 못한 사람이 감히 '직업으로서' 신학자를 논할 자격이 있을까요. 부담감과 자격지심에 집 근처 구립 도서관에서 일본 소설가 무라카미 하루키村上春樹의 『직업으로서의 소설가』職業としての小說家를 빌려 다른 직업군에 속한 사람은 일과 삶을 어떻게 이해하나 곁눈질부터 했습니다. 이 책은 하루키가 작가로서 35년간의 경험을 가지고 자신이 어떻게 소설가가 되었고 어떤 마음가짐으로 글을 쓰는지를 들려주는 자전적 에세이입니다. 하루키는 특유의 소박하고 친근한 어투로 왜 소설이 아니라 자기 직업에 관한 이야기부터 하는지 설명합니다.

　　소설에 대해서 이야기하겠다, 라고 하면 처음부터 얘기의 범위가 너무 넓어질 것 같아서 우선은 소설가라는 것에 대해서 이야기하도록 하겠습니다. 그편이 더 구체적이고 실제로 눈에 보이기도 하고, 비교적 얘기가 술술 풀려나가지 않을까 생각합니다.

　　자칫 무겁고 난해해질 수도 있는 내용을 욕심내지 않고도 알차게 풀어내는 지혜와 노련함이 돋보이는 문장입니다. 개인적으로는 신학자가 무엇인지 논하기에 부적격인 사람이 이 주제를 어떻게 다룰지 알려 주어 반갑기도 했습니다. 소설에 대해서 이야기할 것이 '너무 많아' 소설가에 대해 이야기한다면, 거꾸로 신학자에 관해서 할 말이 '별로 없으면' 신학이란 무엇인가부터 다루면 되지 않을까요.

신학theology은 간단히 말해 '신theos에 대한 학문logos'입니다. 10여 년 동안 신학 강의를 여기저기서 하며 족히 백 번은 넘게 반복했던 정의가 아닐까 싶습니다. 그런데 이 간단한 정의가 신학을 공부하는 사람을 매우 곤란하게 만듭니다. 눈에 보이지도 손에 잡히지도 않는 하나님에 관한 학문적 탐구가 과연 가능하기나 할까요. 신앙인이라면 누구나 자기가 믿는 절대자에 대해 할 말이 있는데, 이 일을 한다고 신학자는 왜 월급까지 받을까요. 교회에 속한 설교자도 하나님에 관해 공부하고 이야기하는데, 학교에 고용된 신학자의 역할은 무엇이 다를까요. 현대사회에서 학문이 세분되고 고도로 발달하였는데, 다른 분야를 다루는 학자들과 신학자의 차이는 무엇일까요. 물론 다른 분야 전공자와 신학 전공자의 차이는 현상적으로는 쉽게 파악될 수 있습니다. 독문학자가 『파우스트』Faust를 연구하다 그 작품의 탁월함에 압도된다고 하더라도, "괴테여, 오시옵소서" 혹은 "아멘, 그대로 될 것입니다"라고 외치지는 않습니다. 하지만 신학자는 자신의 연구 대상을 예배하고 연구 대상에게 말을 걸기까지 합니다. 그런 점에서 학문의 세계에서는 신학자가 매우 이상한 부류임에 틀림없습니다.

이처럼 신학이 기이하고 특별한 학문이기에 '신학은 학문이 아니다'라는 신학의 자기 부정적인 정의도 한국교계에서 적잖은 호응을 받아 왔습니다. 그래서인지 직업으로서 신학자라는 말은 신학이 담당하는 거룩한 역할과 책임을 지나치게 세속화하는 것처럼 느껴지기도 합니다. 그런데 흥미롭게도 취업 사이트에 있는 직업 목록을 검색하면 목사는 있어도 신학자는 없습니다. 신학자는 목사나 신부와 승려처럼 종교 관련 직업군이 아니라 주로 대학 교수나 연구자로 분류되기 때문인 듯합니다.

이런저런 이유로 대학교나 신학교에 고용된 신학자는 교회 현장에서 멀어진 채 학문의 세계에 빠져 사는 사람처럼 여겨지곤 합니다. 다른 사람은 별 관심도 없을 전문적인 주제를 애지중지하는 현실감 떨어지는 존재로 비판받을 때도 있습니다. 하지만 아닙니다. 이는 부당한 왜곡입니다! 오랜 관찰 결과 내린 결론은 저를 포함한 많은 신학자가 놀기를 무척 좋아하기 때문입니다. 게다가 대다수 신학자는 행정과 학생 지도, 학교 홍보, 봉사 등의 여러 업무에 치여 죽기 전에 자기 연구 한번 제대로 해보고 싶다고 투덜대며 직장생활을 한다는 사실도 알아 주시길 바랍니다.

이러한 희화화된 답변이 원래 제기된 논점을 흐리기는 했지만, 신학자가 교회가 아니라 학교를 삶의 주된 현장으로 삼는다는 이유로 필요 이상으로 엄격한 잣대를 가지고 신학자라는 직업을 평가하지 말아 주시길 부탁드립니다. '신학은 교회를 위한 학문'이라는 정의가 신학의 정체성에서 큰 비중을 차지하지만, 교회도 그 자체로 무오한 집단이 아닌 만큼 자신을 객관화하고 반성해 줄 무엇이 있어야 합니다. 그렇기에 신학이 교회를 위한다는 말도 둘의 긴밀한 관계에도 불구하고 둘 사이에는 무마하기 힘든 긴장이 있다는 전제 아래서 성립될 수 있습니다. 목회 현장에 나와서 학교에서 배운 것 전혀 필요 없다고 하는 과장된 신학 무용론도 있겠지만, 신학과 교회가 각기 가진 고유한 정체성과 역할을 뭉개 버리는 것 자체가 제일 고약한 신학 무용론입니다.

직업으로서 신학자를 생각하면 개인적으로는 영국 소설가 에벌린 워 Evelyn Waugh의 『헬레나』Helena에 나오는 기도문이 먼저 떠오릅니다. 이 작품은 그리스도교를 공인했던 로마 제국의 콘스탄티누스 대제의 어머니 헬레나의 삶의 여정을 역사적 사건과 교회의 전승과 소설적 허구를 결합하여 재구성한 작품입니다. 이 작품에 '동방박사를 향한 기도'라고 불리는 아름다운 기도문이 등장합니다. 여기서 동방박사들의 특징은 경건이나 지혜가 아니라 '느림'으로 규정됩니다. 하늘에서 들리는 기쁜 소식을 듣고 양치기들은 아기 예수께 즉각 달려갔지만, 동방박사들은 천체를 관측하고 계산하느라 천천히 그리고 힘겹게 발걸음을 이어갔습니다. 별은 아기 예수께로 그들을 인도했지만, 왕은 궁전에 있을 것이라는 통념적 생각에 그들의 발걸음은 헤롯 궁으로 향했습니다.

사실 동방박사들이 선물로 가져온 값비싼 황금, 유황, 몰약은 하층민 출신 아기에게는 불필요했습니다. 화려한 의상은 헤롯의 궁전에서나 어울리지, 베들레헴의 좁고 더러운 길을 헤

매기에는 거추장스러웠습니다. 목자들이 단번에 달려간 길을 이들은 느리게 그리고 모호한 가운데 걸었습니다. 심지어 학자적 순진함 때문인지 이들은 잔혹한 헤롯 대왕 앞에서 새로 태어난 왕이 어디 있냐고 질문했고, 그 결과 광기에 휩싸인 헤롯이 무고한 아기들을 몰살하는 비극이 일어났습니다. 하지만 세상에 왕으로 오신 아기를 만났을 때, 이들의 진심은 그들이 가져온 선물과 함께 받아들여졌습니다. 자신의 지식과 경험 때문에 천천히 움직이고 큰 실수까지 범했던 고지식한 사람들이었지만, 목동과 가축의 옆자리에는 그들이 경배에 참여할 공간이 있었습니다. 그렇기에 헬레나는 이렇게 기도합니다.

> 당신들은……늦게 도착하는 모든 이들, 진리에 이르는 길이 힘들고 혼란스러운 모든 이들, 지식과 사유로 혼동 가운데 있는 모든 이들, 예의를 갖추다 죄가 일어나도록 방조한 모든 이들, 재능 때문에 위험에 빠진 모든 이들의 수호자입니다.……당신들이 가져온 기이한 선물을 하나님께서 거절하지 않으셨던 만큼 학식있는 사람, 시선을 달리하는 사람, 예민한 사람을 위해 언제나 기도합시다. 단순한 믿음을 가진 사람들이 왕국에 들어갈 때, 그들도 하나님의 보좌 앞에서 절대 잊히지 않기를, 아멘.

우리가 속한 세상은 완전무결한 곳이 아닙니다. 교회라고 해서 예외는 아닙니다. 그러한 한계 가운데 수많은 오해와 착각이 일어나고, 갈등과 아픔이 삶에 비극적 색채를 드리웠습니다. 하나님이 만들고 다스리시는 세상이 이런 곳이기에, 인류는 더디더라도 세상을 다르게 보고 비판적으로 생각할 사람을 언제나 필요로 했습니다. 그리고 실제 역사에는 '슬로 모션'으로 말하고 행동하는 가운데 삶의 속도에 가려졌던 인간 존재의 진정성과 복잡성을 주시했던 사람이 등장했습니다. 이들 덕분에 꽉 막힌 듯한 삶에 새로운 가능성이 열리고, 현실을 이해하고 설명할 언어를 발견하기도 했습니다. 탐욕과 무지에 맞서며 진실은 지켜졌고, 잘못을 비판하고 실수를 개선할 길을 찾기도 했습니다.

고대 이래 수천 년 동안 인류 문명에는 꼼꼼하면서도 천천히, 기이하면서도 섬세하게 생각하고 말할 줄 아는 사람이 등장했다 사라지기를 반복했습니다. 이들은 특별히 '학자'라 불렸고, 그들의 활동에는 '학문'이라는 이름표가 붙었습니다. 학자에게 이런 역할이 부여된 것은 다른 사람보다 이들이 우월해서도, 잘나서도, 오류 가능성이 없어서도 아닙니다. 세상이 유한하고, 인간 삶이 취약하고, 우리의 생각은 틀리기 쉽고, 언어는 제한적이라는 조건이 불변하기에 학자라는 사람들이 존재해 왔습니다. 신학자라는 직업군의 사명도 이러한 오랜 전통과 필연성 가운데서 이해되어야 합니다. 느려 보이는 신학자들의 걸음은 단순히 속도를 잃은 것이 아닙니다. 현실감을 상실한 듯한 상상력은 이들이 질문하고 답을 찾아가는 여정이 직선도로를 따라가는 것이 아니기 때문입니다. 일견 경건하지 않아 보이는 것은, 이들이 예수께 달려와 바로 엎드려 경배하는 목자들보다는 구유 앞에 무릎을 꿇으면서도 거추장스러운 옷 때문에 뒤뚱거리는 동방박사들과 유사하기 때문입니다.

이런 이유로 신학을 직업으로 삼는 사람 대부분은 정도의 차이는 있겠지만 이중적 사명을 가집니다. 한편으로 신학자는 (신학의 정의에 따라) 하나님에 관해 탐구하는 사명을 담당하고자 교회의 일원으로서 성경과 전통 그리고 그리스도인의 경험을 재료로 삼아 공부를 합니다. 다른 한편으로는 (학자로서 정체성을 가지고) 꼼꼼히 따져 보고, 관점을 바꾸어가며 바라보며, 더 깊고 신중하게 생각하고, 사회의 구성원으로 지식을 생산하고 유통하는 역할도 담당합니다. 그렇기에 굳이 또 다른 비유를 들자면, 신학자는 땅에서도 물에서도 사는 양서류와 비슷한 존재라 할 수 있습니다. 개구리를 뭍에서 보면 육상동물로, 연못에서 보면 수생동물처럼 보일 수 있습니다. 하지만 개구리에게 육지에서 살지 물에서 살지 양자택일을 요구할 수는 없습니다. 마찬가지로 신학자는 오직 교회를 위해서만도, 오직 학문을 위해서만도 살아갈 수 없습니다. 만약 직업으로서 신학자가 헌신할 대상 앞에 '오직'을 붙일 수 있다면, 그것은 교회도 학문도 아닌 '진리'일 것입니다.

신학함의
속도

강의와 글로 밥벌이하기 때문인지 공개적인 자리에서 제일 좋아하는 작가나 인생 책이 무엇이냐는 질문을 받을 때가 있습니다. 질문하는 사람의 눈빛과 표정에서 기대하는 답이 무엇일지 대충 가늠할 수 있기도 합니다. 이 자리를 빌려 솔직히 말하자면, 사람들 앞에서 밝힐 정도로 최애 작가나 책이 있는 것 같지는 않습니다. 다만, 순간순간 좋은 책을 만나 꼭 필요한 도움을 받은 행운이 있었을 뿐입니다. 덕분에 시야가 협소해질 때 멀리 바라볼 여유를 잃지 않았고, 한동안 멈추어 있다 한 발자국 앞으로 나아갈 힘을 얻기도 했습니다.

개인적으로 특정 순간에 어떤 작가에게 끌렸다면, 그 이유는 제 내면을 채웠던 모호한 갈망이나 생각을 의식 위로 낚아채 올려 줄 문장이나 심상을 그의 글에서 발견했기 때문입니다. 박사 과정 가운데 만났던 기억에 남는 작가는 20세기 영국의 소설가이자 철학자 아이리스 머독Iris Murdoch이었습니다. 머독의 작품을 좋아하게 된 데에도 문장 두 개가 결정적인 역할을 했는데, 둘 다 제가 이전에 쓴 책에서 소개한 적이 있습니다. 먼저, 머독은 1958년작 『종』*The Bell*에서 여주인공 도라가 그리스도교 신앙을 불현듯 떠나게 된 계기를 다음과 같이 묘사합니다.

사실 그는 종교와 미신을 구분할 수 있었던 적이 한 번도 없었다. 하지만 자신이 주기도문을 빨리는 외워도 천천히는 못 한다는 것을 발견하고는 종교생활을 멈췄다.

그다음은 1983년에 출간된 『철학자의 제자』*The Philosopher's Pupil*에 나오는 멋진 문장입니다.

철학에서 당신이 달팽이의 속력으로 움직이지 않는다면 전혀 움직이지 않는 것이다.

평소 저는 느리고 우유부단하다는 핀잔을 많이 들었지만, 그렇다고 다른 사람들의 기대에 맞추어 부지런하게 살고 싶지도 않았습니다. 그런 만큼 머독의 글은 저의 비효율성과 뒤처짐에 수치심 대신 자부심을 느끼게 하는 든든한 공간이 되어주었습니다. 느릿느릿 진행되는 박사논문에 조바심을 크게 느끼지 않을 수 있는 여유도 그곳에서 얻었습니다. 이것은 현대사회가 분주하게 돌아가고 사람들이 업적주의에 쫓기는 상황에서 '그렇게 살지 않아도 괜찮아'라며 우리의 딱한 처지에 공감해 주는 글들과는 다릅니다. 머독에게는 '느려도 돼'라는 촉촉한 위로가 아니라, '느려야만 해'라는 단호함이 있었습니다. 자기 본성에 맞는 느림을 찾고 그 속도를 유지하지 못하면 참되게 살 수 없다는 비타협적인 원리라고 할까요. 덕분에 저는 느긋하게 신학을 공부하는 값진 특권도 누릴 수 있었고, 느림이라는 것이 신학이라는 학문을 이해하는 데도 중요한 덕목임을 배우게 되었습니다.

신학과 느림

학기가 끝나거나 졸업식 이후 어김없이 듣는 질문이 있습니다. "조직신학을 조금 더 쉽게 공부하고 싶은데 좋은 책 한두 권 소개해 주세요." 질문에 담긴 순수한 의도를 잘 알지만, 솔직히 그런 질문을 받을 때면 무척 당황스럽습니다. 사실, 이 경우 읽지도 않은 책을 추천해 달라는 요청을 받은 셈입니다. 저는 일찍부터 신학자로 훈련받다 보니 목회자 지망생을 대상으로 하는 입문서를 접할 기회가 별로 없었습니다. 그리고 책 한두 권으로 끝낼 만큼 신학을 쉽게 공부하는 방법이나 쉬운 신학이라는 것 자체가 있는지에 대해 회의적입니다. 그러니 학생 앞에서는 소심해서 하지 못했던 대답을 여기서 솔직히 해보겠습니다. "제 경험에 비추어 조언하자면, 신학은 쉽게 공부할 수도 없고 쉽게 공부해서도 안 됩니다."

'쉽게'라는 말에 대해 이렇게 단호하게 말하는 이유는, 신학에는 학습한 내용을 생각과 언어와 행동에 각인시키는 데까지 긴 시간이 요구되는 까다로운 면이 있기 때문입니다. 신학의 대상인 하나님은 인간과 달리 어제도 오늘도 내일도 변치 않을 신비이고, 신학의 언어는 시간을 초월하는 성도의 교제 가운데 수백 년 동안 갈고 닦은 집단지성의 결과물입니다. 그렇기에 신학을 공부한다는 것은 과거에서 현재를 거쳐 미래로 흘러가는 일상의 시간 의식에서 잠시 물러나, 현재에 과거와 미래가 중첩된 낯설고 통제하기도 힘든 시간으로 들어가 보는 모험이기도 합니다. 그런데 이게 끝이 아닙니다. 신학의 관점은 우리가 세상을 보는 데 익숙해진 습관적 시선을 전복하기에, 초점이 맞지 않는 안경을 쓰고 걸을 때처럼 현기증이 나서 느릿느릿 움직여야 할 때도 있습니다. 또한 신학의 현장이 각기 다른 생각과 몸의 경험을 가진 사람들의 복잡다단한 공동의 삶인 만큼, 신학 이론이 현실에 어우러질 때까지 발효와 숙성의 시간이 꽤 걸리기도 합니다.

그런 만큼 신학을 쉽고 재미있고 실용적으로 만들려는 개인의 욕망과 공동체적 압박을 '교회를 위하여'라는 말로 포장하다가는, 겉만 번지르르하지 실제로는 교회를 병들게 하는 신학이 횡행할 우려가 있습니다. 과거에는 이랬다거나, 현실은 이렇다거나, 미래는 이래야만 한다는 말로도 신학의 정당성과 효용성을 제대로 평가할 수 없습니다. 신학을 하려면 무엇보다도 그 대상이 나의 지식과 경험으로 포착될 수 없음을, 심지어 나의 기대와는 다르게 움직이는 생동적 실체임을 먼저 인정해야 합니다. 실용적이고 단순한 것을 선호하고, 자극적인 것에 눈과 귀가 쏠리며, 나에게 이로운 결과를 즉각 기대하는 인간 본성에 저항할 수 있는 권리를 빼앗기면, 신학은 짠맛을 잃은 소금처럼 쓸모없어집니다.

신학함의 올바른 자세는, 나보다 훨씬 더 크고 오래되고 복잡하며 신비로운 그 무엇을 왜곡하거나 단순화하지 않고 오래도록 지긋이 응시할 수 있는 능력에서 형성됩니다. 신학의 대상이 가진 포괄성에 맞게 상상력을 확장함으로써 생각과 감정에 변화를 서서히 일으키고, 의미의 새로운 지평을 껴안도록 언어의 또 다른 가능성도 조금씩 발견해 나가야 합니다. 하지만 그 심오한 깊이와 무궁무진한 넓이와 찬란한 아름다움을 표현하려고 하면 할수록, 신학자는 자신의 언어와 논리의 부족함을 뼈저리게 경험하게 됩니다. 완전한 신학책 혹은 인생작을 쓰려는 욕망도 부질없음을 깨닫습니다. 나의 노력으로 교회를 위한 신학을 할 수 있다고 생각하기보다는, 하나님이 나의 신학을 교회를 위해 써 주시길 겸손히 바라게 됩니다.

하나님께 기도와 예배를 한두 번 한다고 끝나지 않듯, 신학에 헌신하기로 한 이상 자기 손으로 신학의 완결을 이루는 순간은 오지 않습니다. 달리 말하면, 신학자가 된다는 것은 뻔해 보이는 주제를 쓰고 다시 쓰는, 이미 세운 이론을 고치고 또 고치는, 자기가 말한 것을 보충하고 또 보충하는 끝없는 과정 가운데 들어섬을 뜻합니다. 아우구스티누스, 토마스 아퀴나스, 장 칼뱅, 헤르만 바빙크, 칼 바르트 등이 시간이 남아돌고 수다스러워서 수천 쪽이나 되는 작품을 남긴 것이 아닙니다. 신학의 대상이 지닌 무궁무진함을 부족한 언어와 논리로 충실히 표현하려다 보니 수십 년에 걸쳐 글이 길어지고 또 길어질 수밖에 없었습니다. 하지만 직업으로서의 신학자라고 해서 모두가 그런 위대한 신학자들처럼 특별한 재능과 엄청난 생산력을 가진 것은 아닙니다. 저희 같은 평범한 인간은 매우 느리고 천천히, 누군가의 말을 빌리자면 염소가 똥 싸듯 찔끔찔끔 신학을 할 수밖에 없음을 이해해 주시길 바랍니다.

요즘 같은 세상에 이처럼 비현실적인 소리를 한가하게 하니 신학이 인기가 더 없어지고 교회는 시대에 뒤떨어진다고 격정하실지도 모르겠습니다. 하지만 급변하는 사회 가운데서도 시간을 더디게 보내는 것을 정석으로 여기는 영역이 여전히 있습니다. 거기서는 '천천히 오랫동안'이 바람직한 덕목이자 탁월함의 징표가 됩니다. 예를 들면, 유명한 순댓국집이나 해장국집에 가면 육수를 얼마나 긴 시간 우려냈는지 보여주고자 전기요금 청구서를 입구에 붙여 두기도 합니다. 어차피 먹고 나면 결국 다 대소변으로 나올 텐데 왜 그리 유난을 떠느냐고 볼멘소리하는 '끼니때우기주의자'도 있지만, 그들의 현실주의적 논리도 국물을 숟가락으로 떠서 입에 넣는 그 순간만은 허물어집니다. 물론 라면을 급하게 끓이더라도 그 국물은 맛있고 허기를 달래 줄 수 있습니다. 하지만 기본적 욕구와 필요를 충족시킨다는 공통점이 있다고 해서, 분말수프로 만든 국물이 좋은 재료로 정성을 다해 푹 우려낸 국물을 대체할 수는 없습니다. 신학도 성경과 전통과 이성과 경험과 같은 다양한 재료로 형성되는 만큼, 급하게 만들면 각 재료가 조화를 이루지 못해 맛이 따로 놀게 됩니다. 여러 재료가 있을수록, 그리고 각각의 재료가 좋을수록, 천천히 오래 끓일 때 맛이 진해지고 깊어지기 마련입니다.

신학 산책자의 속도

이제 화제를 돌려 산책에 관해 잠시 이야기하고자 합니다. 두 발로 유유자적하게 걷는 것만큼 우리 몸과 마음을 신학이라는 학문에 걸맞은 느린 속도에 맞춰 주는 활동도 없기 때문입니다. 고대 그리스의 철학자 플라톤은 인간을 가리켜 두 발로 걷는 깃털 없는 동물이라고 정의한 바 있습니다. 이 말에 괴짜 철학자 디오게네스가 깃털을 뽑은 닭을 가져와 이것이 플라톤이 말한 인간이라고 조롱했다는 유명한 일화도 전해집니다. 디오게네스가 '깃털 없음'을 가지고 장난을 쳤다면, 저는 여기서 '두 발로 걷기'에 초점을 맞추고 싶습니다. 인간의 독특함은 두 발로 걷는 생리적 활동을 산책이라는 문화적 활동으로 전환한다는 데 있습니다. 19세기 프랑스의 작가 루이 후아르트Louis Huart의 『산책자 생리학』*Physiologie du flâneur*에 나오듯, 모든 동물은 밥을 먹고 난 뒤 특정한 행동을 합니다. 배가 부른 원숭이는 깡충거리고, 소는 되새김질하고, 강아지는 좌우로 뛰어다니지만, 오직 인간만이 외투를 입고서는 산책을 나섭니다.

인간은 도구를 사용하는 존재인 만큼 빠르고 효율적인 이동을 위해 여러 교통수단을 발명하고 대중화했습니다. 하지만 여전히 많은 사람들이 일상에서 산책이라는 여가활동을 즐기고, 동서고금의 많은 사상가는 산책을 예찬했습니다. 이들은 도보로 천천히 걸으면 정신이 명료해지고, 생각이 자유로워지며, 상상력이 풍성해진다고 말합니다. 서양철학사 책에 자주 등장하는 인물 중 누구보다도 산책을 사랑했던 장 자크 루소Jean-Jacques Rousseau는 혼자서 걸을 때처럼 자신이 완전히 살아 있다는 느낌을 받은 적도, 철저히 자기 자신이 되어 본 적도 없다고까지 말했습니다. 그렇다면 산책이라는 단순한 활동에 숨겨진 비밀이 무엇이기에 이토록 큰 찬사를 받을까요.

산책의 주된 목적이나 효용을 육체를 적당히 움직임으로 건강을 유지하는 것 정도로 규정할 수는 없습니다. 인간이 영육통합체인 만큼 우리의 사유는 신체 기관 전체를 움직임으로써 나오기도 합니다. 특별한 목적 없이 오래 천천히 걷는 행위도 우리의 생각을 특별한 방식으로 빚어냅니다. 내가 몰두하던 과제와 나를 옥죄던 업무를 뒤로하고 자유로운 공기로 가득한 실외로 나가면, 내 의지와 무관하게 시시각각 변하는 자연을 만나게 됩니다. 발걸음을 떼어놓을 때마다 서서히 변화하는 경치를 두 눈에 담고, 다양한 소리와 냄새에 온전히 노출되며 나를 둘러싼 환경에 대한 지각이 변화합니다. 의무감이나 압박감이 없는 상태이기에 생각이 자연스럽게 흘러가도록 내버려두어도 아무 문제될 것이 없습니다. 정렬된 언어로 세계를 대상화할 필요가 없어지면서 상상력의 자유로운 향연이 시작되고, 가벼운 운동에 몸이 기분 좋게 데워지면서 마음의 작용 방식도 유연해집니다. 이처럼 무언가 이루려는 목적 없이 느릿느릿 이루어지는 산책은 역설적으로 이전과는 전혀 다른 사유를 낳고, 글쓰기에 새로운 생명력을 불어넣습니다.

영어로 산책하는 모습을 묘사할 때 종종 사용되는 동사 saunter는 '천천히 긴장을 풀고 걷다'라는 의미입니다. 이 단어가 중세 프랑스어로 '길' 혹은 '길을 걷다'를 뜻하는 santier에서 파생되었다고 보지만, 어떤 사람들은 sans terre 곧 '땅 없는'에서 유래했다고도 말합니다. 후자가 큰 지지를 받는 설명은 아니지만, 산책이라는 행위에 깊은 의미를 불어넣어 줄 수는 있습니다. 즉 땅이나 집은 없을지라도 세상을 자기 집으로 삼을 수 있는 자유로운 정신과 큰마음을 가진 사람이라야 목적지 없이도 꾸준히, 예측 가능한 결과 없이도 느긋하게 걸을 수 있습니다. 그렇다면 산책은 더 많은 것을 얻고자 서로 경쟁하게 하는 '소유' 중심의 패러다임에서 벗어나, '존재'한다는 사실 자체를 경축하면서 새로움에 개방적인 삶의 방식이라고도 할 수 있습니다. 이쯤에서 "공중의 새를 보라. 심지도 않고 거두지도 않고 창고에 모아들이지도 아니하되 너희 하늘 아버지께서 기르시나니 너희는 이것들보다 귀하지 아니하냐"(마 6:26)는 말씀이 자연스레 떠오르지 않나요.

산책의 여유로움은 신학함의 속도를 이해하는 데도 도움이 됩니다. 인류가 자신과 세상을 개조할 수 있는 힘에 눈을 뜨면서 실제로 왕성한 생산력을 보여주었던 19세기 유럽으로 잠시 눈을 돌려 봅시다. 당시 유럽인은 세상을 합리적으로 해석하고 체계적으로 변화시킬 이성의 힘을 신뢰했습니다. 과학기술로 외부세계를 변화시키고, 윤리적 삶과 교육으로 이상적인 문명사회를 구축하리라는 희망에 한껏 도취되었습니다. 도덕적 강인함에 상응하는 신체적 건강도 중시되면서, 엘리트들이 럭비와 크리켓, 복싱 등의 스포츠에 몰두하는 문화가 형성되었습니다. 전 세계로 식민지를 확장하던 시대였던 만큼, 군사 작전과 탐험에 적합한 튼튼한 남성의 몸이 이상화되었습니다. 계몽주의로부터 증폭된 이러한 강하고 진취적인 인간상이 교회에까지 들어와, 훌륭한 그리스도인은 하나님에 대한 경건한 신앙과 더불어 뛰어난 신체 능력을 갖추어야 한다는 생각이 유행했습니다. 영국 작가 레슬리 스티븐Leslie Stephen은 이를 가리켜 '근육질 그리스도교'muscular Christianity라고 불렀습니다. 그는 신앙인들이 스포츠에서 이루는 놀라운 성취에 경탄했지만, 기록에 집착하고 뽐내기 좋아하는 속물적 태도에는 불편해했습니다. 반면 그가 진심으로 예찬한 것은 산책과 도보여행이었습니다. 왜 그는 이런 '반시대적'이고 '반문화적'인 생각을 했을까요? 걷기는 인위적 자극이나 값비싼 도구 없이 단순한 몸의 움직임만으로 세계를 향유하게 만들기 때문입니다. 그 속도는 땅을 밟으며 느끼는 감각과 두뇌활동 사이의 균형이 깨지지 않을 정도로 느리기에 사색에도 적합하기 때문입니다.

경건과 더불어 힘을 추구하는 근육질 그리스도교의 모습은 조금은 변형된 모습으로 우리 주위에도 남아 있는 것 같습니다. 교회가 눈에 보이는 성과에 과도하게 몰두할 때, 세상을 바꾸려는 집착에 강한 정치 지도자를 좇을 때, 일반인도 우러러볼 성공적인 리더를 만드는 것을 목표로 삼을 때, 우리는 십자가의 겸손이 아닌 근육의 우람함을 자랑하고 있을지 모릅니다. 미국 복음주의 잡지 『크리스채너티 투데이』*Christianity Today*의 편집장 러셀 무어 Russell Moore 는 한 인터뷰에서 정치적 권력을 숭상하고, 국가주의 이데올로기에 탐닉하며, 소수자를 관용하지 못하는 보수 복음주의자들의 마음에 숨겨진 생각을 파헤쳤습니다. 그가 보기에 이들은 그리스도교인으로서의 정체성을 강하게 내세우지만, 실상은 오늘날의 거칠고 급박한 상황 앞에서 예수 그리스도가 너무 '나약하다'weak고 여깁니다. 그렇기에 그분의 가르침을 따르기보다 정치적 극단주의와 군사주의적 선동, 인종주의적 신화를 복음처럼 받아들이며 여기에 삶을 헌신합니다.

그리스도인은 피트니스센터에서 벌크업하는 몸짱이 아니

라, 이 마을 저 마을을 걸어 다니며 가난하고 고통받으며 병들고 억압받는 자들에게 하나님 나라를 선포하신 도보여행자를 주님으로 삼습니다. 로마의 도로를 이용해 복음을 효율적으로 전하려면 말을 잘 타고 조직 관리에 능한 신실한 이들을 제자로 삼았으면 좋았을 텐데, 예수께서는 그러하지 않으셨습니다. 로마 군인들에게 뒤처지지 않을 정도로 신체를 단련하여 갈릴리 사람들의 선망을 받으라고 하지도 않으셨습니다. 오히려 그분은 제자들에게 자신과 함께 길을 걸으며 숙식을 함께하면서 뒤죽박죽인 현실 속에서 하나님 나라를 살아가는 법을 천천히 배우게 하셨습니다.

예수 그리스도 곁에는 스승의 뜻과 달리 자신의 열심과 능력으로 하나님 나라를 앞당기고 싶었던 제자들도 있었습니다. 그들처럼 우리도 신학에 종사하다 다급함에 쫓기거나, 업적을 추구하려는 열망에 사로잡힐 수도 있습니다. 물론 소명이나 업무에 따라 많은 일들을 정해진 시간 내에 성공적으로 처리해야 할 때도 있습니다. 하지만 그럴 때라도 나의 속력에 신학을 맞추는 과오를 범해서는 안 됩니다. 현실의 복잡하고 급박한 문제를 해결하는 데 필요한 효율적 신학과 강한 시스템을 찾다가 예수 그리스도가 너무 느리고 연약하다고 생각하지 않도록 조심해야 합니다. 이런 유혹이 언제 우리에게 찾아올지 모르는 만큼, 신학이 어떤 학문인지 그 근원적 의미부터 마음에 새겨 두어야 할 것 같습니다.

칼 바르트Karl Barth는 신학을 '심사숙고하다'라는 뜻의 '나흐덴켄'nachdenken이라는 독일어 단어로 설명한 적이 있습니다.

이 단어의 사전적 의미대로, 신학은 성경이나 계시에 관해 시간을 들여 곰곰이 생각하는 학문입니다. 하지만 신학함의 자세는 그게 다가 아닙니다. 바르트에 따르면, 신학은 단순한 심사숙고가 아니라 살아 계신 하나님을 '뒤따라'nach '생각하는'denken 활동입니다. 신학을 신학자가 지적 능력과 경험을 가지고 능동적으로 기획하고 만드는 것으로 생각할 때, 신학은 그 본질로부터 벗어나게 됩니다. 신학은 근본적으로 길을 걸으시는 예수 그리스도께 우리의 마음을 맞추고, 그분을 앞지르지 않고 그분의 보폭에 맞추어 뒤따라가는 제자도의 훈련입니다. 그분 곁에서 그분이 세상을 보듯 세상을 보고, 그분이 사람들을 대하듯 사람들을 대하고, 그분이 갈망하는 것을 갈망할 정도로 내 삶의 속도를 그분의 속도에 맞추는 훈련입니다.

*

하나님이 만드신 삼라만상이 각자의 속력으로 움직이면서도 조화를 이루듯, 신학에도 그 자체의 적합한 속력이 있습니다. 그러니 신학을 하며 내가 무엇을 성취하는지를 묻기 전에 내가 어떤 속도로 가고 있는지를 물어볼 수 있어야 합니다. 부득불 자랑할 것이 있으면 잘남이 아니라 나의 느린 것을 자랑할 줄도 알아야 합니다(고후 11:30 참조). 그러니 상황이 허락한다면 마음의 속력을 높이던 가속페달에서 발을 내려놓고, 두 발로 땅을 지그시 그리고 천천히 밟아 보면 좋겠습니다. 하나님의 창조세계가 내뿜는 광휘에 푹 잠기는 가운데 내 존재와 소명에 적합한 리듬을 발견하는 기쁨을 누리면 더 좋을 것 같습니다.

신학자의
책 읽기

하나님의 말씀인 성경은 신학자에게 특별히 중요한 책입니다. 성경이 신학의 목적과 내용을 일차적으로 규정할 뿐만 아니라, 신학자로서 생각하고 언어를 사용하는 법도 성경에서 배울 수 있기 때문입니다. 그런데 성경의 저자들은 오늘의 주제인 '독서법'에 관해서는 별다른 언급을 하지 않습니다. 예를 들어, 바울은 문서 문화가 발달한 지중해 지역 교회들에 편지를 보내면서도, 자기가 최근에 어떤 책을 읽었는데 저자의 사고가 독창적이고 문체가 살아 있으니 일독을 권한다는 식으로 말한 적이 없습니다. 바울뿐만 아니라 성경의 어떤 저자도 "교훈과 책망과 바르게 함과 의로 교육하기"(딤후 3:16) 위해 그리스도인이 많은 책을 읽어야 한다거나 인문학적 지식을 갖추어야 한다고 주장하지 않습니다.

신구약 성경이 책 읽기에 크게 관심을 두지 않는 중요한 이유 중 하나로, 문맹률이 높고 책이 귀했던 시대에 성경 66권이 기록되었다는 역사적 사실을 들 수 있습니다. 종교개혁가들이 활동하기 시작한 16세기에 이르러서야 유럽에서는 인쇄술 혁명과 문예부흥을 배경으로 그리스도인에게 독서를 강조할 수 있는 문화적 환경이 형성되었습니다. 이 시기에 그리스어와 라틴어의 높고 단단한 벽에 묶여 있던 인류 문화의 찬란한 고전들이 여러 언어로 번역되며 쏟아져 나왔습니다. 근대인의 경험에 맞게 자국어로 그리스도교 신앙을 설명하는 새로운 작품들이 등장했습니다. 무엇보다도, 상상할 수 없을 정도로 책값이 떨어졌고 책을 구하기도 쉬워졌습니다.

개신교 신앙이 등장하고 유럽 각지로 퍼질 수 있었던 것은 전례 없던 책 읽기 혁명과 종교개혁이 보조를 함께했다는 역사적으로 매우 특이한 사실에 있습니다. 하지만 종교개혁의 원리인 '오직 성경'*Sola Scriptura*은 역설적으로 성경 이외의 다른 책을 읽는 것을 견제하는 원리처럼 오랫동안 오용되었습니다. 원래 '오직 성경'은 그리스도교 교리를 만들고 해석할 때 교회의 전통이 아니라 성경의 권위만으로 충분함을 강조하는 말이었습니다. 그런데 이 표어는 종종 본래 맥락에서 벗어나 '다른 책 안 읽고 성경만 읽으면 된다'는 식의 독단적이고 반지성적인 선동의 앞자리에 섰습니다. 그 결과, 풍성한 인문학적 소양을 자양분 삼아 일어났던 종교개혁 신앙이 책 읽기를 장려하는 것이 아니라 오히려 억압하는 반전까지 일어났습니다. 그런데 흥미롭지 않나요? 지난 수백 년간 수많은 개신교 신학자들이 '오직 성경'의 원리를 강조하려고 성경도 아닌 책을 열심히 써 왔다는 사실 말입니다.

신학자라는 직업을 가지고 활동하다 보니, 좋은 책을 고르거나 효과적으로 책을 읽는 비법이 있으면 알려달라는 어려운 부탁을 받게 됩니다. 그리스도인의 삶의 최종적 규범인 성경에 이에 관한 친절한 조언이 있으면 좋을 텐데 안타깝게도 그렇지 않습니다. 이런 이유로 신학자가 독서법에 관해 말하려면 자신의 경험에 크게 의지할 수밖에 없습니다. 그런데 개인의 경험을 재료로 삼아 독서에 관해 이야기하려니 여러 문제가 생깁니다. 일단 신학자라는 이유로 책을 읽는 차별화된 방법이 있지는 않은 것 같습니다. 또한 신학을 직업 삼고 읽은 책이 일반 독자의 독서 경험 혹은 기대치와 공명을 일으키기 어려울 수도 있습니다. 무엇보다 제가 어려서부터 책 읽기를 그다지 권하지 않는 분위기에서 자랐고, 문자보다는 이미지에 본능적으로 더 끌려서 그런지 감히 책에 관해 이야기하려니 조심스럽습니다.

하지만 신학함이 기본적으로 책이라는 매체를 생산하고 소비하면서 일어나는 만큼, 싫든 좋든 직업으로서의 신학자를 논하며 책을 빼놓을 수는 없습니다. 이사할 때마다 책 상자를 옮기느라 여러 사람이 고생하고, 언제나 책장 때문에 방이 비좁은 것을 보더라도 책은 제 삶에서 물리적으로 큰 영역을 차지하고 있습니다. 무엇보다 저처럼 책을 어려워하고 잘 못 읽어내는 사람도 책으로 밥벌이를 할 수 있다는 사실이 누군가에는 희망이 될 수도 있을 것입니다. 그러니 '얼굴 두껍게 하고' 신학자의 책 읽기에 관해 매우 개인적인 생각을 몇 가지 나누고자 합니다.

다양한 방식의 책 읽기

성경이 아닌 이상 모든 사람을 이롭게 하는 책은 존재하지 않습니다. 신간을 내면서 "이 책을 모든 사람에게 바친다"고 말하는 저자도 간혹 있지만, 대다수 책은 특별한 목표 아래 특정 부류의 독자를 고려하여 기획되고 집필됩니다. 그런데 일단 책이 출간되면 예상치 못한 이를 찾아가 창조적인 방식으로 읽히며 새로운 생명력을 제공하기에 저자나 출판사가 통제할 수 없는 살아 있는 생물 같기도 합니다. 세계 이곳저곳에서 제작되는 책의 양이 어마어마하고 책이 수용되는 방식도 다채로운 만큼, 책을 분류하는 방식을 하나로 고정할 수는 없습니다. 일반적으로 주제별 혹은 저자나 출판사의 출간 의도에 따라 나누기도 하고, 책 읽는 이 혹은 구매자의 필요에 따라 일반서, 전문서, 교양서, 학습참고서, 아동서 등으로 구분할 수도 있습니다. 여기서는 후자의 방식과 유사하게 독자의 한 사람이자 신학을 직업으로 삼는 제가 책을 어떻게 '사용하는지'에 따라 책 읽기 유형을 구분해 보겠습니다.

정보를 얻기 위해 읽기

책은 한마디로 간접 경험의 보고입니다. 저자는 자신의 지식과 경험을 선별하여 책에 응축해 놓습니다. 덕분에 책을 통해 우리는 상당한 양의 정보를 손쉽게 그리고 값싸게 얻습니다. 물론 신학 공부는 본질상 단순히 지식을 얻는 것에 그치지 않습니다. 하지만 책을 보며 정보를 이해하고 숙달하는 과정이 먼저 있어야 추론을 펼치는 데 필요한 재료를 얻을 수 있고, 실천에 필요한 통찰을 가지게 되며, 다채로운 생각의 조화를 위한 사유의 폭도 확장됩니다.

단순 정보만 얻고자 책을 집어 들었다면, 책 내용을 깊이 이해하느라 시간을 많이 들이지 않아도 됩니다. 이미 숙달한 영역이라 책에서 새로운 정보만 업데이트하고자 할 경우에는 전체를 정독하느라 노력할 필요가 없습니다. 필요한 내용을 익히며 빨리 그리고 선택적으로 읽어도 됩니다. 저 같은 경우 제 분야에 신간이 나오면 주로 이런 식으로 읽습니다.

하지만 정보를 얻는 것이 주목적일지라도 책을 읽는 중에 그 밖의 많은 것을 얻을 수 있습니다. 예를 들어 우리는 여행 도서를 보며 낯선 나라에 대한 순도 높은 정보를 얻으며 여행을 알차게 즐길 수 있을 뿐 아니라, 저자의 농축된 인생 경험과 세상을 보는 유연한 관점, 낯선 삶의 방식, 개성 있는 필체에 노출되며 값진 지혜를 배울 수도 있습니다. 책이 대상을 오감을 통해서 지각하는 것이 아니라 언어를 통해 간접 경험을 하게 만드는 힘이 있기에, 여행을 가지 않는 사람도 도시 기행문이나 여행 에세이 등을 읽으며 유익한 독서 경험을 얼마든지 할 수 있습니다. 그러므로 정보 습득을 일차적 목표로 삼더라도 책이 줄 수 있는 예상치 못한 여러 선물들을 받아들일 마음의 준비가 필요합니다. 호기심과 여유를 가지고 책장을 넘기는 중간중간 멈추어 서서 독서의 기쁨을 음미하고 다시 책장을 넘길 수 있어야 합니다.

교양을 위해 읽기

사람들이 책을 읽는 목적은 다양합니다. 재미있어서, 시간을 때우려고, 시험 준비를 위해서, 학교 과제 때문에, 지적으로 보이려고, 자기발전을 위해서 등 여러 이유가 있지만, 그중에서도 가장 많은 사람들이 교양을 함양하기 위해서라고 답할 것 같습니다. 서점에 가더라도 학습서나 참고서와 함께 교양서가 서가에서 가장 큰 비중을 차지하고 있습니다. 이처럼 널리 사랑받는 개념인 교양敎養은 한자어로 '가르치어 기름'을 뜻하지만, 일반적으로는 '공부나 사회적 경험을 통해 쌓은 품위'를 의미합니다. 그런데 사전에서 교양에 상응하는 영어단어를 찾아보면 조금씩 의미가 다른 여러 단어들이 나타납니다. 이는 교양이라는 개념 자체가 모호하고, 문화권마다 교양에 관한 인식이 다를 수 있음을 보여줍니다. 이러한 복잡한 주제를 깊이 있게 다루기에는 제 능력이 부족하므로, 여기서는 교양으로서 책 읽기의 필요성 두 가지만 살펴보겠습니다.

우선, 독서는 다른 사람의 관점으로 실재를 바라보게 합니다. 인간은 누구나 자기의 제한된 관점으로 자신보다 더 큰 세상을 마주하는 비대칭성 가운데 살아갑니다. 개인이 가진 관점은 불완전하기 때문에 자기 주관으로만 대상을 바라보면 그 모습이 왜곡되기 마련이고, 인간의 자기중심적 성향은 세계에 대한 주관적 인식을 더욱 일그러트립니다. 실재를 있는 그대로 보지 못하고 편견에 사로잡힐수록 인간다운 삶에서 멀어지며, 시선은 폭력적이 됩니다. 정상적인 인간이라면 자신에게 이러한 근원적 결핍이 있음을 자각할 것이고, 이는 자신의 존재를 넘어서고 확장하려는 욕구를 낳습니다. 그렇다면 책을 읽는 것이 어떻게 이러한 변화를 가져올 수 있을까요?

영국의 유명 독서가이자 작가였던 C. S. 루이스C. S. Lewis에 따르면, 자신의 편협함과 부족함을 자각하는 인간은 자기 눈과 상상력과 마음을 넘어 "타인의 눈으로 보고 타인의 상상력으로 생각하고 타인의 마음으로 느끼기"원합니다. 그런 만큼 진지한 독서가는 책을 열면서 자기 밖으로 나와 작가의 세계에 머물다가, 책을 덮으며 작가를 벗 삼아 자신의 세계로 돌아갑니다. 이러한 순환 과정을 반복함으로써 다양한 생각이 공존할 넉넉한 마음의 공간이 일구어집니다. 이같이 비옥한 마음의 터 위에서 여러 사람의 목소리를 경청해야 세계의 복잡성을 단순화하지 않으면서도, 이 말 저 말에 갈팡질팡하는 지적 경박함을 피할 수 있습니다.

다음으로, 교양은 한편으로는 폭넓고도 순도 높은 지식을, 다른 한편으로는 성품의 도야를 위한 훈련을 요구합니다. 이 둘을 연결하는 것이 문해력입니다. 좁은 의미로 문해력은 문장을 이해하고 구사하는 능력이라고 할 수 있습니다. 이러한 사전적 정의로서 문해력은 책 읽기에 필요한 능력이자, 책 읽기를 통해 길러지는 기술이기도 합니다. 하지만 문해력을 문자언어에만 한정할 수는 없습니다. 언어학자 김성우와 사회학자 엄기호가 말하듯, 문해력은 궁극적으로 "삶을 위한 말귀" 즉 타인의 삶의 무늬를 읽어낼 수 있는 능력입니다. 이 같은 넓은 의미의 문해력이 함양될 때 타인을 대상화하거나 사회를 납작하게 보지 않고, 사람과 사람 사이에 소통도 질적으로 깊어지며, 좋은 삶을 함께 꿈꾸고 이루어가게 됩니다.

삶을 위한 말귀는 영상이나 온라인 등의 다양한 매체를 통해서도 트일 수 있습니다. 하지만 교양으로서의 책 읽기는 좁은 의미의 문해력과 넓은 의미의 문해력을 함께 높여 줍니다. 문해력이 길러지며 책 속에 담긴 세계에 머무는 능력과 그 속에서 의미를 발견하는 상상력도 커집니다. 이로써 타인의 삶에 대한 이해가 깊어지고 세상의 복잡성도 배울 수 있습니다. 자신의 소명이나 직업에서 필요한 기본 소양과 더불어 성숙한 시민으로 살아갈 덕성도 개발하게 됩니다. 새로운 책을 접하더라도 그 속의 숨은 가치를 더 잘 발견하게 되고, 책과 현실 사이에 다리를 놓는 지혜도 자연스레 쌓게 됩니다. 과거부터 성경을 잘 이해하려면 그리고 그리스도인다운 삶을 도야하려면 '오직 성경'만이 아니라, 인문 고전을 중심으로 여러 책을 함께 읽으라고 강조한 것도 이러한 이유입니다.

전문가로서 읽기

책을 통해 우리는 세계가 균일한 것이 아니라 여러 관점과 의견으로 구성되어 있고, 그 속에서 다양한 사람이 서로 다른 생각을 하며 살아간다는 것을 배웁니다. 하지만 특정한 종류의 책은 일반적 의미에서 교양 함양이 아니라, 소수의 전문가를 대상으로 쓰입니다. 직업으로서의 학문을 하려면 대다수 사람들이 이해하기 힘들고 굳이 읽을 필요도 없는 전문적인 책을 읽고 쓸 수 있는 능력을 갖추어야 합니다.

물론 이러한 학문적 전문성이 때로는 상아탑의 배타성과 비현실성으로 변질할 때도 있습니다. 하지만 실용성과 재미를 과하게 강조하는 풍토 때문에 한국사회에서 학문이 제대로 인정받거나 발전하기 힘들다는 불편한 사실도 인정할 필요가 있습니다. 몇 년 전에 천문학 관련 신간 서적 북토크에 참여한 적이 있습니다. 패널로 초청받은 한 과학자가 한국에서는 책 세

권만 읽으면 그 분야에서 전문가 행세를 할 수 있다고 자조 섞인 말을 하자, 주위의 다른 패널 교수들 모두가 격하게 공감하더군요. 그 모습을 보며 전문 지식에 대해 기대치가 낮은 풍토가 신학만의 문제가 아님을 느꼈습니다.

사실 특정 분야에서 전문가가 되려면 어느 정도 이상의 연구 수행 능력을 검증받아야 합니다. 다른 사람들의 난해한 연구를 이해하고 평가하기 위한 특화된 기술을 가질 것을 요구받습니다. 전공 분야에서 지금껏 나온 수많은 책과 논문들을 추적해서 전반적 지식을 쌓고, 자신만의 연구 과제를 만들기 위해 세부 전공 관련 선행 연구도 섭렵해야 합니다. 과거에 쓰인 문헌을 읽기 위해 고전어를 익히기도 하고, 현재 진행 중인 학술활동과 논쟁을 따라가고자 외국어 몇 개도 배워야 할 수도 있습니다. 끙끙대며 연구한 결과물을 가지고 심사위원들의 날선 검증을 받아도, 그렇게 펴낸 대다수 논문이 주목받지 못하고 그냥 잊혀 버리는 운명에도 익숙해져야 합니다. 지식 생태계에 이바지하고자 연구서를 출판하더라도, 명예와 수익은 고사하고 출판사에 재정적 부담을 주었다는 빚진 마음을 안고 살아야 합니다.

신학자의 경우 몇몇 연구중심 대학교와 학문성을 중시하는 신학교에 고용되거나 아예 독립 연구자로 살아가지 않는 이상, 학문으로서 신학을 연구하거나 가르치기 힘듭니다. 신학이 교회에서 선포되는 하나님 말씀과 이에 대한 해석의 역사인 교회 전통을 두 기둥으로 삼기에, 학문으로서 신학을 교회 현장과 연결하는 일직선의 통로가 없기도 합니다. 이러한 이유로 전문 서적을 힘들여 읽거나 쓰더라도 그것을 실제 현장에서 사용할 기회가 많지 않습니다. 오히려 신학자가 자기 박사논문이나 연구서를 현실에 바로 적용하거나, 그것을 가지고 교회를 비판하려 할 때 문제가 발생하는 경우가 많습니다. 제 연구실에도 박사논문과 관련된 문서로 책장이 가득 차 있지만, 거기 있는 자료는 한국으로 돌아온 지 10년 넘게 한 쪽도 제대로 못 읽었습니다. 게다가 제가 소속된 신학교가 목회자 양성에 주력하는 곳이다 보니, 박사과정 중에 읽었던 책은 아무리 좋더라도 교재로 쓰기가 어렵습니다.

그렇다면 전문 신학자는 왜 그렇게 쓸데없이 어려운 책으로 공부를 오랫동안 했을까요? 학위를 따느라 사용한 시간과 돈과 노력은 단지 교수라는 직업을 얻고자 필요했던 기회비용 정도로 여겨야 할까요? 이토록 비실용적인 전문적인 책 읽기와 쓰기가 필요한 이유를 요즘 유행하는 몸 만들기와 관련해서 예를 들어 설명해 보겠습니다.

무거운 역기를 들었다 놨다 하면 작은 근육 섬유가 당겨서 찢어지고, 이에 몸은 자연스럽게 상처 입은 부위를 재건하려 합니다. 운동을 정기적으로 하면 근육 섬유가 찢기고 회복하는 과정이 반복되며 근육은 점점 더 커지고 힘은 세어집니다. 근육이 생성되는 생리적 원리는 같더라도, 일반인이 건강을 위해 하는 운동과 전문 운동선수가 받는 훈련에는 방식과 강도의 차이가 있습니다. 종목에 따라 많이 쓰는 근육의 위치와 강도가 다르기에, 어떤 종목이냐에 따라 집중적으로 하는 근력 운동도 달라집니다.

이와 유사하게 교양으로서 하는 독서와 특정 분야의 전문가로서 하는 독서에도 차이가 있습니다. 운동선수가 세분된 훈련 프로그램으로 특정 근육을 일반인보다 더 강화하듯, 전문적이고 난해한 책으로 정신에 상처를 내고 다시 정신을 통합하는 과정을 반복해야 집중력과 비판적 사고력이 특정한 방향으로 발전합니다. 나의 정신을 찢어놓지 못하는 책은 아무리 읽더라도 기존에 내가 가지고 있거나 사회에 돌고 있는 통념적 생각만 강화할 뿐입니다. 이러한 독서 경험이 전문가로서 책 읽기에만 한정되는 것은 아니라도, 전문가가 되려면 이러한 고통스러운 과정을 더 강렬하게 통과해야만 합니다. 축구선수에게 근력운동이 전술훈련과 슈팅훈련의 전제가 되듯, 이와 같은 책 읽기 훈련이 바탕이 되어야 전문가로서 특화된 생각과 강의와 글쓰기가 가능해집니다.

2002년도에 제작된 프랑스 철학자 자크 데리다 **Jacques Derrida**에 관한 다큐멘터리 영화에는 책으로 뒤덮인 데리다의 개인 도서관을 비추어 주는 장면이 나옵니다. 진행자가 데리다에게 이 책들을 다 읽었냐고 물어봅니다. 모든 책은 아니더라도 많이는 읽었다는 말을 기대했지만, 전혀 예상치 못한 답이 나왔습니다. "아니, 그중에 딱 네 권만 읽었습니다. 하지만 그 책들을 매우 조심스레 읽었습니다." 현란한 인용으로 가득한 데리다의 글을 보면 분명 그는 엄청난 내공을 지닌 독서가입니다. 하지만 그는 자기를 거쳐 간 수많은 책들 중 오직 네 권만이 '읽은' 책이라고 말합니다. 이처럼 전문가로서 책을 읽을 때 얼마나 많이 읽는지는 부수적 문제입니다. 자기 속에 꽁꽁 얼어붙은 생각을 깨트리고, 다른 이가 가보지 못한 의미의 심층에 도달하고자 문장 하나하나를 곱씹으며 읽어가느냐가 중요합니다. 공적 지식인으로서 오류를 수정하고 지식을 발전시킨다는 책임감을 가지고, 때로는 금기에 도전하며 '감히 알려고 하는'*Sapere aude* 마음으로 책에 세계 부딪히고 또 부딪힐 때 전문가로서 책 읽기가 이루어집니다.

타인을 위해 읽기

읽기는 본성상 매우 개인적인 행위입니다. 행간을 따라가는 나의 안구의 운동을 다른 사람의 안구가 대신할 수 없습니다. 문장과 문장이 연결되며 일어나는 이해의 작용은 타인이 침투해 올 수 없는 나의 몸 안에서 일어납니다. 그렇기에 책을 읽는 행위는 나를 주변 세계로부터 떼어놓아 고유한 자신이 되게 하는 공간을 열어 줍니다. 하지만 '배워서 남 주냐'라는 말이 있듯, 독서는 자기라는 울타리를 넘어서는 행위이기도 합니다. 특히 다른 사람에게 지식을 전달하는 직업에 종사한다면 타인을 위해 책을 고르고 읽어야만 합니다.

먼저 강의나 세미나를 준비하고 진행하려면 꽤 많은 책들을 '학생들을 위해' 읽어야 합니다. 강의실에서 이루어지는 교육은 단지 좋은 지식을 효과적으로 전달한다고 성취되는 것이 아닙니다. 수업에 등록한 학생들의 지적 수준, 학교가 가진 고유한 정체성, 학위과정마다 추구하는 각기 다른 목표 등을 종합적으로 고려해야 합니다. 그린 만큼 교육현장에서는 내게 도움이 될 책보다는 특정한 학습 공동체에 속한 학생들에게 유익한 책을 사용해야 하고 실제로 그러합니다. 그런데 이러한 편파성은 가르치는 사람에게도 엄청난 자산이 됩니다. 우선 내 취향으로는 읽지 않을 법한 책을 어느 정도 강제성을 가지고서 꽤 꼼꼼히 읽게 됩니다. 또한 학생이라는 타인의 관점에서 책에 접근함으로써 나를 중심으로 독서할 때 습득할 수 없는 지혜를 얻을 수 있습니다. 게다가 자신의 학창 시절과 비교하며 책을 읽을 수 있는 만큼, 세월의 흐름과 함께 내 생각이 얼마나 변했는지를 확인하는 자기성찰의 계기가 되기도 합니다.

직업으로서의 신학자는 특정 분야의 전문가이기도 하다 보니 공적 매체에 실릴 '추천사'나 '서평'을 써 달라는 요청을 받기도 합니다. 이 경우에는 미지의 독자만이 아니라 대략이라도 정체를 아는 저자와 출판사를 위해 책을 읽어야 합니다. 자기 생각을 글로 옮기는 것이 아니라 내 앞에 있는 책을 소개해야 하므로, 주관적 감상은 줄이고 책 내용을 가능한 객관적이고 공정하게 보여주어야 합니다. 행간에서 읽히는 의미를 넘어서기 위해, 본인의 배경지식과 해석의 기술을 활용해 텍스트가 형성된 맥락과 텍스트의 내적 논리와 텍스트를 수용하는 방식을 입체적으로 제시할 줄도 알아야 합니다. 이미 책이 넘치도록 많은 세상에서 이 책을 군이 읽어야 할 이유, 그리고 책에 담긴 새로운 생각과 관성에 따라 움직이는 세상 사이의 접촉점도 발견해야 합니다. 개인적 선입견에 함몰되지 않으면서 책의 부족한 점을 건설적 목적을 가지고 지적하는 고도의 자기절제 능력과 균형감도 필요합니다.

타인을 위해 책을 읽는 것은 대다수 사람보다 앞서 책을 접하는 특혜이기도 합니다. 하지만 나의 해석이 책의 수용과 해석에 영향을 끼칠 수 있기에 평소보다 더 큰 책임감도 느껴야 합니다. 주관적 호불호와 대중의 관심을 받고 싶은 욕망, 고질적인 편견이 엄청난 폭력으로 작용할 수 있음을 두려운 마음으로 받아들여야 합니다. 이를 잊어버리고 지식 권력과 대중적 영향력을 가진 이가 책을 제대로 읽지도 않은 채 말을 내뱉을 때, 저자와 출판인들이 들인 오랜 수고가 단번에 날아가고 인격에는 깊은 상처가 남게 됩니다.

*

지금까지 신학을 공부하고 가르치는 제 입장에서 책을 사용하는 맥락에 따라 책 읽기의 유형과 방법을 구분해 보았습니다. 다만 이 모든 구분은 어디까지나 개인적인 경험에 기반한 것이고 각자의 상황과 공부하는 이유가 다른 만큼 참고로만 받아들여 주시기를 바랍니다. 또한 제가 나눈 책 읽기 방식들은 상호 보완적일 수도 있고, 하나의 방식에서 다른 방식으로 옮겨다닐 수도 있습니다. 글을 끝맺으며 이렇게 주절주절 여러 조건을 다는 것을 보니 여전히 저는 독서법에 통달하지 못한 초보 독서가인 것 같습니다. 그래서인지 글 쓰는 내내 고대의 지혜자가 자기 책을 마무리하며 남긴 문장이 마음에 맴돌았습니다.

한 마디만 더 하마. 나의 아이들아, 조심하여라. 책은 아무리 읽어도 끝이 없고, 공부만 하는 것은 몸을 피곤하게 한다. 할 말은 다 하였다. 결론은 이것이다. "하나님을 두려워하여라. 그분이 주신 계명을 지켜라. 이것이 바로 사람이 해야 할 의무다"(전 12:12-13, 새번역).

이 권위 있는 말씀에 "봐라, 결국은 독서가 무용한 것 아니냐"고 성급한 결론을 내리지는 맙시다. 인류 최강 지혜자 솔로몬이니 이 정도 말을 해도 창피하지 않을 수 있고, 그 정도 급이 안 되는 이상 이런 충고를 섣불리 하면 왠지 닭살 돋을 것 같습니다. '하나님을 경외하라'는 지혜자의 결론도, '오직 성경으로'라는 개신교의 원리도 삶의 한 부분을 싫든 좋든 책으로 채워야 하는 인간의 운명을 부정하지는 않습니다. 오히려 읽을 책은 무궁무진하고, 공부하다 보면 피곤해진다는 전도서 말씀을 곱씹어 볼수록, 이런저런 이유로 자기가 세운 독서 목표에 언제나 도달하지 못하는 불쌍한 우리의 처지를 하나님이 잘 알고 계신다는 위로와 공감의 한 마디처럼 들립니다. 이 역시 창조적 오독일지 모르겠지만, 여러분 귀에도 그렇게 들리지 않나요?

신학자의 책 읽기:
실전편

'신학자의 책 읽기'라는 거창한 제목으로 글을 쓰고 나니 묘한 감정과 함께 아쉬움이 밀려왔습니다. 글에서 서론과 결론을 제외하면 굳이 '신학적'이라고 할 내용도 없거니와, 실제 책을 어떻게 읽어야 하는지에 관한 구체적인 제안도 찾아보기 힘들기 때문입니다. 앞장에서도 슬쩍 내비쳤지만, 다른 저자나 독서가, 학자, 출판인 등을 만나면 제게는 좋은 글을 판별하는 심미안도, 독서목록을 조직화할 책 읽기 철학도, 저자의 개성이나 문체 등을 읽어낼 감각도 부족하다고 느끼게 됩니다. 그럼에도 제게 독서법이라 불릴 만한 무언가가 있다면, 그것은 대학교 입학부터 박사학위 취득 때까지 10여 년 학교에 머무는 동안 눈앞에 떨어진 과제를 하느라 그때그때 습득한 생존 기술 같은 것입니다. 이런 사람이 책을 매개로 타인을 만나고 세상에 참여하는 직업을 가지게 된 데에는, 운 좋게 여러 나라와 학교를 옮겨다니다 훌륭한 선생님들을 여럿 만났고, 감사히도 그분들의 공부법에 노출될 기회를 얻었으며, 이를 어설프게나마 제 것으로 만들었기 때문입니다. 그래서 지금부터는 제가 책에 대해 가지는 극히 주관적인 생각과 경험을 책 읽는 사람이라면 마주하게 될 네 가지 '선택'을 중심으로 설명하고자 합니다.

전공 책, 비전공 책

가끔 신입생을 위한 첫 수업 이후 학생들에게 이런 말을 듣습니다. "신학교 입학하면서 세상 책들 멀리하고 오직 성경만 읽겠다고 결심했는데, 교수님 강의 들으니 이런저런 책도 읽어야 할 것 같네요." 복음을 향한 순수한 열정에 불타는 학생들을 앞에 두고 제가 노골적으로 다양한 책을 읽어야 한다고 말하지는 않았는데, 알게 모르게 진심이 성공적으로 전달되었나 봅니다. 그렇다면 왜 신학이라는 학문에 헌신하기로 했는데, 혹은 하나의 전공을 택했음에도 다른 분야 책도 읽어야 할까요? 제가 실제로 겪을 일을 바탕으로 말씀드리겠습니다.

박사과정 첫 학기에 신학적 윤리 세미나를 들었습니다. 담당 교수님이 인접 학문 분야에서도 인정받는 저명한 분이었기에 기대가 컸습니다. 기대만큼이나 신학책만이 아니라 고대부터 현대까지 여러 철학자와 정치학자 글을 읽느라 고생했습니다. 학기 내내 독서 과제 쫓아가느라 바빴던 학생들은 마지막 수업 때 교수님께 방학 때 읽을 기독교 윤리학 명저를 소개해 달라고 부탁했습니다. 기대와는 달리 교수님은 신학적 윤리학도, 철학적 윤리학도 아닌, 그저 좋은 역사책을 읽으라고 말씀하셨습니다. 다른 사람이 나와 다르게 생각한다는 것을 아는 것이 진정한 배움 특히 윤리학 공부이고, 타인의 다름은 이론을 통해서가 아니라 역사를 배경 삼아 삶을 입체적으로 볼 때 깨닫게 된다는 것이 교수님의 생각이었습니다. 역사책 읽으라는 답변만큼이나 그 이유도 예상치 못한 것이라 꽤 놀랐습니다.

세상이 큰 만큼 인간이 지식으로 삼는 대상도 다양합니다. 세상 돌아가는 원리가 현상 이면에 가려져 있기에 특정 대상에 대한 지식을 얻으려면, 별생각 없이 실재를 대할 때보다 훨씬 큰 노력과 끈기를 요구합니다. 삶이 유한하기에 개인이 한 분야에 대한 지식을 처음부터 끝까지 다 얻어내기도 불가능합니다. 사람마다 가진 재능과 관심사도 다를 수밖에 없습니다. 이러한 복합적 이유로 인류 문명에서 지식은 여러 분야로 세분화되면서도 서로가 얻은 정보를 공유하는 방식으로 발전하게 되었습니다. 대학교와 같이 지식을 집중적으로 다루는 연구·교육 기관에서는 각 개인이 헌신하는 학문 분야를 일반적으로 '전공'專攻, major이라 부릅니다. 그리고 전공을 집중적이고 효과적으로 공부할 수 있도록 비판적 사고, 글쓰기 능력, 독립적 연구에 필요한 자원을 제공합니다. 또한 비슷한 지적 관심사와 호기심을 공유하는 사람들을 모아 학문 공동체도 이루어 줍니다.

　　현대인은 대학 교육이라는 제도에 익숙하다 보니, 전공이 아닌 다른 모든 분야를 포괄하여 '교양'이라고 부르곤 합니다. 교양 수업은 주로 대형 강의이고, 여러 전공 학생이 함께 듣다 보니 학문 공동체로서 정체성을 공유하기도 힘듭니다. 게다가 교양은 취직하거나 먹고사는 데 꼭 필요하지는 않은 '부차적인 것'이라는 오명도 무릅쓰고 있습니다. 교양을 이 정도로 평가절하하는 것도 문제지만, 비전공과 교양을 쉽사리 동일시해서도 안 됩니다. '비전공'이라는 개념은 교양을 포함하면서도 더 넓은 외연을 가졌고, 교양과는 차별화된 의미에서 필요한 분야입니다. 일례로, 19세기 영국 신학자 존 헨리 뉴먼John

Henry Newman은 모든 학문 분야에서 다루는 지식은 한분 하나님이 창조하신 세계에 관한 것이기에 궁극적으로는 통일성을 가진다고 보았습니다. 즉 하나의 학문—그것이 신학일지라도—은 그 자체로 독립성을 가질 수 없습니다. 대학교 내에 여러 전공은 '전체로서 지식'의 일부를 구성하면서, '진리 추구'라는 목적을 공유합니다. 각 학문은 고유한 전문성을 갈고닦음과 동시에 다른 학문과 교류하며 온전하고 풍성해집니다. 그렇기에 뉴먼에게 대학 교육의 유용성은 단순히 직업 훈련, 부의 추구, 권력 획득을 위한 지식 교육에 있는 것이 아니라, 여러 분야의 학자가 함께 모여 각자의 전문성 가운데서 서로에게 의지하며 진리를 추구하는 장이 되어 준다는 데 있습니다.

신학책을 읽을 때 다른 책을 읽어야 하는 이유도 여기에 있습니다. 이는 박학다식 자체를 목표로 삼고 여러 분야의 책을 무조건 많이 읽어야 한다는 권면이 아닙니다. 각 분야가 내는 목소리의 고유성을 제대로 인지하지 못한 채 다양한 책을 읽다가는 여러 소리가 뒤섞이며 신학적으로 산만해집니다. 넓지만 얇은 지식의 세계가 주는 지적 충족감은 텍스트가 인도하는 깊은 사고의 영역으로 가는 험난한 과정을 불필요한 것으로 간주하게 만듭니다. 이런저런 파편화된 지식은 책이 던져 주는 날것 같은 생생한 사상마저 내게 익숙하다고 착각하게 만듦으로써 본문을 자기 취향에 맞게 길들이게 합니다. 책으로부터 정신이 마땅히 받아야 할 타격감이 완화될 때, 그 책은 독자의 자기 주관을 강화하는 도구로 오용될 위험이 있습니다.

비전공 책을 읽는 이유는 단지 교양을 쌓거나 머리를 조금 쉽게 하기 위함이 아닙니다. 오히려 비전공 책을 읽을 때의 효과를 극대화하려면 잡식성 교양인이 되기보다 전공 외 관심사를 하나 정도 골라 준(準)전공자 수준으로 그 분야 책을 꼼꼼하고 끈질기게 읽어내는 것이 좋습니다. 이로써 실재를 충실하면서도 입체적으로 바라보는 또 하나의 또렷한 관점을 얻게 됩니다. 창조적이면서도 균형 잡혀 있고, 비판적이되 자기 한계를 잘 돌아보며, 느려 보이지만 훨씬 생산적인 정신을 가지게 됩니다. 이게 제가 만든 가설이냐고요? 그렇지 않습니다. 박사 과정에 막 입학했을 때 인문학부에서 대학원생을 위해 열어 준 '학위 논문 쓰는 법' 특강에서 들은 내용입니다. 물론 자기 공부하기도 바쁜데 또 하나의 관심 분야를 개척하기란 어렵기도 하고 시간도 많이 듭니다. 하지만 이것은 역설적이게도 수많은 학생들에게 학위를 성공적으로 빨리 마치면서도 제대로 공부하게 도와준 효과가 검증된 실용적 방법입니다.

정독하기, 여러 번 읽기

'책 한 번 정독하기'와 '같은 책 여러 번 읽기'를 대조하는 것은 솔직히 억지처럼 들릴 수도 있습니다. 사전적 정의로 정독은 글자와 낱말의 뜻을 하나하나 알아가며 자세히 읽는 것으로 다독이나 속독과 구분됩니다. 예부터 동서양 할 것 없이 정독은 공부를 진지하게 하는 방법으로 높이 평가받았고, 특히 독자로 하여금 저자의 의도와 텍스트의 의미를 밝히 드러내며 책의 내용을 가능한 한 충실하고 많이 흡수하게 하는 독서법으로 권장되었습니다. 저도 중요한 책을 읽어야 할 때 책상을 깨

끗이 정리한 뒤 책을 독서대 위에 올려두고는 소가 여물 씹듯 문장과 단어의 맛을 쭉쭉 빨아 먹습니다. 그런데 문제는 그렇게 책을 한두 쪽만 읽어도 탈진하여 다른 생각을 더 많이 하게 된다는 데 있습니다.

정독은 독서에 오롯이 몰두할 시간적 여유와 주변인의 무관심, 문해력과 이를 뒷받침할 집중력, 오랜 시간을 버텨 줄 엉덩이의 인내심, 목과 어깨에 무리를 안 주는 책상 높이 등 여러 조건을 동시다발적으로 요구하기에 매우 어려운 독서법입니다. 책이 귀하고 책 외에는 지식을 얻을 통로가 제한적이었던 과거와 달리, 읽을 책도 많고 여러 매체로 정보를 얻는 데 익숙한 현대인에게 정독은 여전히 필요는 해도 익숙하거나 편하지 않은 방식으로 여겨지기도 합니다. 개인차도 있어 천성적으로 몽상에 빠지기 쉬운 저 같은 사람에게 정독은 실현하기 거의 불가능한 독서법처럼 여겨집니다. 실제 책 한번 제대로 읽겠다고 마음먹을 때마다 몇 분 뒤면 같은 문장의 시작과 끝 사이만 왔다 갔다 하는 가엾은 저 자신을 발견하게 됩니다. 거듭되는 실패에도 불구하고 정독을 이상화하며 계속 시도하는 심리가 무엇일까 성찰해 봤더니, 거기에는 저자와 텍스트에 대한 막연한 두려움을 누그러뜨리고자 제게 가장 순결하고 값진 독서법을 제물로 바치려는 욕망이 똬리를 틀고 있었습니다.

텍스트에 대한 이해가 인간 정신에서 일어나는 방식을 고려할 때, 정독에 대해 조금 다르게 접근할 필요가 있을 것 같습니다. 현대 해석학의 아버지라고 불리는 독일 신학자 프리드리히 슐라이어마허 Friedrich Schleiermacher는 '해석학적 순환'이라는 개념을 제안했습니다. 텍스트의 부분을 이해하려면 전체를 알아야 하고, 전체를 알려면 부분을 이해해야 합니다. 즉 부분과 전체의 유기적 관계 가운데서 책에 대한 이해가 이루어집니다. 두 세기 전에 살았던 독일인이 '해석학적 순환'을 저 같은 사람 위로하려고 만들지는 않았겠지만, 정독을 잘 해내지 못하는 제게는 매우 중요한 말이 되었습니다. 단번에 모든 문장의 의미를 해독하고자 끙끙거리기보다는, 이해가 안 되면 과감히 지나가고 다음 부분을 읽어도 덜 불안하게 되었습니다. 어떻게든 책 전체에 대한 그림을 대충이라도 그린 뒤 이해가 안 된 부분으로 되돌아오면, 이전보다 조금이라도 더 쉽게 읽혔습니다. 그렇다면 '여러 번 읽기'를 반드시 책을 처음부터 끝까지 반복해서 읽는 것으로만 받아들일 필요는 없습니다. 한 번 책을 정독하더라도 부분과 전체를 오가면서 처음에는 가려져 있던 의미의 심층에 조금씩 더 가까이 간다면, 이 역시 '짧게' 여러 번 읽기라 할 수 있을 것 같습니다.

하지만 일반적으로 여러 번 읽기라고 할 때는 책을 완독하고 어느 정도 시간이 흐른 뒤 다시 읽는 것을 뜻합니다. 대부분의 경우 처음보다 두 번째 읽을 때 이해가 더 잘 되고, 예전에 놓쳤던 부분이 보입니다. 정신에 모호하게라도 형성된 책에 대한 전체적 상이 각 부분을 읽을 때 자연스레 영향을 끼치기 때문입니다. 동시에 부분들에 대한 이해가 깊어가면서 책 전체에 대해 가졌던 흐리고 빈약했던 상이 더 또렷해지고 풍성해집니다. 책 내용과 구조에 관한 상이 명확해질수록 각 부분을 이해하는 데 이전에 없던 시각이 더해갑니다. 이러한 과정을 거치며 책에 대한 이해의 지평이 새롭게 열리게 됩니다. 특히, 서평이나 논문을 작성하고 강의를 준비할 때처럼 텍스트에 대한 질적인 이해가 요구되는 경우 해석학적 순환을 의식적으로라도 사용할 필요가 있습니다. 개인적으로 어렵고 두꺼운 책을 읽을 때 해석학적 순환을 효율적으로 활용하기 위한 방식을 개발했습니다. 그것은 바로 책의 목차를 축소 복사해서 책갈피처럼 사용하면서, 지금 읽는 부분이 책 전체에서 차지하는 위치를 수시로 확인하는 것입니다. 또한 책을 읽으면서 해당 장의 제목을 계속 환기하고, 한 장이 끝나면 그 장의 제목을 기초 삼아 내용을 요약한 뒤 다음 장으로 넘어가는 것도 본문과 책 전체의 유기적 관계에 대한 감각을 높여 줍니다.

지금까지 말한 것과는 조금 다른 관점에서, 책을 여러 번 읽음으로써 얻는 특별한 유익을 말씀드리겠습니다. 우리는 흔히 책을 이해의 대상으로 간주합니다. 반복해서 같은 책을 읽는 것도 본문을 더 잘 이해하기 위함이라고 별스럽지 않게 생각합니다. 하지만 독자는 책을 읽을 때 단순히 본문의 글자를 따라가는 것이 아니라, 정신에서 역동적으로 일어나는 해석 과정을 성찰함으로써 자신에 대한 이해도 얻게 됩니다. 그런 만큼 오랜 시간적 간격을 두고 반복해서 읽는 책은 독자의 마음에 특별한 흔적을 남깁니다. 미국의 현대 가톨릭 신학자 데이비드 트레이시David Tracy 의 책에 대한 사랑은 남다르기로 유명합니다. 어느 날 트레이시를 포함해 여러 교수와 저녁 식사를 함께할 기회가 있었는데, 그 자리에서 그는 자신이 한 프랑스 작가가 쓴 소설책을 10년마다 읽는다며 그 방법을 실천해 보라고 추천했습니다. 그것은 책을 더 잘 이해하기 위해서가 아니라, 10년 동안 자신이 얼마나 변했는지를 알기 위해서입니다. 텍스트와 독자는 서로 마주하고 있지만, 고정된 인쇄 본문과 달리 독자는 시간의 흐름 속에서 변화합니다. 인간은 끊임없이 이전에 가졌던 생각에서 조금씩 멀어지지만, 자신의 변화를 인지하지 못할 정도로 자아에 대해 무덤덤합니다. 하지만 같은 책을 다시 접할 때 '지금의 나'는 '과거의 나'의 해석을 배경 삼아 본문을 읽게 됩니다. 즉 본문은 거울처럼 독서를 하는 현재의 나를 비추어 주면서도, 동시에 사진 앨범처럼 나의 옛 모습을 간직하고 있습니다. 본문을 매개로 과거의 나와 지금의 나가 만나는 신비로운 경험을 할 때, 다른 곳에서 얻을 수 없는 자기성찰과 성숙의 기회가 주어집니다.

책을 읽는 일차적 목표는 본문을 이해하는 것이고, 심층적 목표는 책을 통해 저자의 생각을 접하거나 그의 인격을 만나는 것이라고 이야기합니다. 이런 관점에서 우리는 책을 정복할 대상처럼 여기기도 하고, 마음먹고 처음부터 끝까지 차근차근 읽어나가기도 하며, 여기저기 골라가며 읽기도 합니다. 상상력을 동원해 저자의 처지를 공감하기도 하고, 과거 읽었던 책을 다시 집어 들기도 합니다. 이처럼 독서법은 각자의 취향과 목표, 능력에 따라 다양하지만, 본문을 읽다 보면 결국에는 평소 인지하지 못하던 자신의 모습과 마주하게 됩니다. 책은 우리를 타인의 생각 앞에 서게 함으로써 자신의 숨겨진 생각과 가능성을 발견하게 하는 독특하면서도 영적인 기능을 수천 년간 수행해 왔습니다. 그런데 책이 이런 영향력을 발휘하려면 매우 현실적인 문제를 넘어서야 합니다. 책의 역사가 긴 만큼 읽을거리도 너무 많이 쌓여 있는데, 어떤 책을 골라야 할까요?

옛 저자, 현대 저자

신학 서적은 전문적으로 다음과 같이 구분할 수 있습니다. 매우 오래된 책, 오래된 책, 조금 오래된 책, 근래에 나온 책, 최근에 나온 책. 신학의 역사만큼이나 신학책의 역사는 매우 길고, 저자 역시 열두 제자의 동시대인부터 21세기를 우리와 함께 살아가는 사람까지 폭넓습니다. 따라서 전공으로서든 교양으로든 신학을 공부하다 보면 옛날 책과 최근 책 중 무엇을 읽을지를 선택해야 합니다. 모두 골고루 섭렵하면 좋겠지만 그것이 생각보다 쉽지 않습니다. 오래된 책과 요즘 책 중 무엇을 읽을지는 취향에 따라, 혹은 세부 전공에 따라 달라지기도 합니다. 예를 들면, 교부 사상을 공부하는 학자들은 최신 연구 경향도 알아야겠지만, 교부 문헌 자체와 이에 대한 수백 년의 해석사에 정통해야 하는 만큼 옛 자료에 들이는 공과 시간이 많을 수밖에 없습니다. 비대면 시대에 예배를 어떻게 드릴지에 관해서라면 예배의 본질을 다룬 고전도 중요하지만, 아무래도 현대인의 삶의 모습을 분석한 최근 자료들을 많이 참고하게 됩니다.

다독가이자 명필가로 인정받는 유명 작가들에게 오래된 책과 최신 책 가운데 어떤 책을 읽어야 할지 질문하면, 대부분이 가능하면 고전을 읽는 데 더 많은 시간을 사용하라고 권합니다. 그런 말을 하고도 본인의 신간을 베스트셀러로 만드는 것을 보면 자기모순 같아 보이기도 합니다. 아무튼 오래된 책을 읽어야 하는 이유도 각양각색입니다. 세월을 뚫고 지금껏 살아남은 것 자체가 고전이라 불리는 책의 존재 가치와 읽어야 할 필요성을 입증합니다. 현대 저자가 쓴 책에 담긴 사상은 아직 검증되지 않았지만, 고전은 오랜 시간에 걸쳐 수많은 사람들의 검증을 이미 통과했습니다. 고전은 인간 삶을 변화시키고 문명을 일구어 온 만큼, 인류 보편의 질문과 통찰에 접속하게 합니다. 또한 현대 작가의 작품을 이해하려면 그들의 사상과 글쓰기의 뿌리가 되는 고전을 읽어야 합니다. 이처럼 오래된 책을 읽어야 할 이유는 차고 넘치지만, 막상 실천으로 옮기기는 쉽지 않습니다. 존 밀턴**John Milton**의 『실낙원』*Paradise Lost*을 거론하며 미국의 작가 마크 트웨인**Mark Twain**이 말했듯, 고전은 정의상 "모든 사람이 읽었기를 원하지만, 누구도 읽기를 원하지 않은 책"이기 때문입니다. 한 세기가 지난 뒤 자기 책도 현대문학의 고전으로 인정받게 될 줄 알았다면, 트웨인이 고전을 이렇게 정의했을지 의심스럽긴 합니다.

다른 분야도 나름 오래된 중요한 책들이 있겠지만, 신학은 역사가 길다 보니 고전이 상당히 많습니다. 앞서 말한 고전이 중요한 일반적 이유가 오래된 신학책에도 적용되겠지만, 신학 분야만의 고유한 고전 독서 이유가 있을 수 있습니다. 로마나 이스탄불, 예루살렘과 같이 고대부터 그 지역의 중심지였던 도시에 가보면, 비애감과 영광이 어우러지며 풍기는 특유의 미감이 있습니다. 세월의 흔적을 담은 옛 도로와 양옆으로 들어선 색이 바랜 건축물들은 인류가 성취한 문화의 찬란함과 쇠퇴를 증언하는 역할을 묵묵히 담당해 왔습니다. 이러한 옛 도시처럼 신학도 지난 2천 년 동안 여러 문명의 흥망성쇠 흔적과 수많은 이들의 웃음과 울음을 품어 왔습니다.

오랜 역사의 증인으로서 신학은 삶의 유한성과 성취의 덧없음을 알려 줍니다. 동시에 하나님이 인간의 한계를 긍정하시는 만큼, 우리의 취약함은 수치스러워하거나 극복할 대상이 아니라 사람됨의 아름다움과 존귀함이 발견되는 곳이라는 것도 가르쳐 줍니다. 이와 같은 사람됨의 진리는 치밀한 논증으로 설득되기보다는, 신앙의 넓고도 도도한 흐름에 들어가 현실에서 느끼지 못할 느낌에 깊이 잠김으로써 전달받게 됩니다. 이처럼 나보다 크고 깊고 신비로운 것에 대한 자각과 경험은 여러 시대정신과 신학적 유행을 뛰어넘을 정도로 오래된 책을 읽음으로써 주어지는 경우가 많습니다. 이때에야 신학을 단지 학문이 아니라 우리 존재의 크고 든든한 배경으로 인식하게 되면서, 나의 유한함과 약함을 불안감 없이 받아들이는 자유인다운 여유도 생겨납니다. 신학을 내가 정복하고 발전시켜야 할 대상이 아니라, 수많은 사람들이 함께 만들어낸 다채롭고 생동감 있는 신앙고백으로 받아들일 겸손도 배우게 됩니다.

신학의 역사가 길고 복잡한 이유는 수많은 문명이 등장하고 사라지는 가운데 그리스도교가 여러 위기를 뚫고서 계속 이어지고 있기 때문입니다. 이에 영국의 작가 G. K. 체스터턴^{G. K. Chesterton}은 그리스도교가 오래 살아남은 것이 아니라, 죽고 다시 살아나기를 반복한 것이라 진단했습니다. 이러한 재생이 그리스도교에만 가능했던 것은 "그리스도교에는 무덤에서 나오는 길을 아는 하나님이 있었기 때문"입니다. 예수 그리스도의 하나님은 부활을 통해 '죽음'이라는 개인의 운명 대신 '영원한 삶'을 선물하고, '쇠퇴'라는 문명의 숙명을 넘어 '새로운 역사'를 열어 주셨습니다. '무덤에서 나오는 길을 아는 하나님'이 그리스도교를 다시 살리시는 모습은 문명이 들어서고 사라지기를 반복하는 긴 역사를 배경으로 합니다. 신학은 이러한 과거를 모두 목격했을 정도로 무척이나 나이가 많습니다. 그런 만큼 신학의 사명에는 옛이야기를 들려주는 것이 포함됩니다. 이러한 이야기가 고루하다고 귀를 막는다면, 우리 눈은 지금 보고 만지고 경험하는 것에 맞추어집니다. 좁아진 시각만큼이나 현재의 부흥과 쇠락에 시선이 고정되며 거기에 일희일비하게 됩니다. 시대마다 늘 새롭게 그리스도교를 일으키는 근원적 힘이 '무덤에서 나오는 길을 아는 하나님'께 있음을 보지 못하고, 우리가 새 생명을 불어넣는 주체인 양 신학적 갱신과 교회의 성장과 정치적 세력 확장에 우선순위를 두려 합니다.

신도시의 깔끔함과 세련됨, 편리함을 좋아하는 사람들이 있듯이, 어떤 이는 신학의 예스러운 미감이 익숙하지 않고 불편하게 느껴질 수 있습니다. 현대 작가나 연구자들의 글을 보면서 통찰과 위로, 심지어 카타르시스까지 얻고 이를 삶의 현장에 적용하는 것이 중요해 보이고 적성에도 잘 맞을 수 있습니다. 그런데도 여전히 우리는 오래된 책을 읽으며 신학의 고풍스러운 정서를 익힐 필요가 있습니다. 앞서 말한 로마와 이스탄불, 예루살렘 같은 고대 도시를 방문하면 옛 건물 사이로 사람이 가득하고 북적거립니다. 하지만 관광객들이나 단기 방문객이 불어넣는 활력을 이러한 도시가 오랜 시간 발효시켜 만들어낸 생명력과 혼동하는 사람은 아마 없을 것입니다. 더 정확히 말하자면, 이들 도시가 수천 년 동안 숙성시킨 비애가 서린 아름다움이야말로 이에 매혹되어 몰려든 사람들이 만들어낸 생동감의 근원입니다. 이와 유사하게, 신학에서 현대사회의 첨예한 주제를 다루고, 교회가 당면한 문제를 해결하려 하고, 특정 주제에 대한 최신 성서학 논쟁에 들어가는 것도, 원경처럼 선명하게 인식되지는 않더라도 언제나 뒤를 받쳐 주는 장구한 역사에 대한 감각이 있기에 가능합니다.

'오래된 신학책을 읽는다'의 반대는 '최근에 나온 신학책을 읽는다'가 아니라 '가시적이고 세련된 것에 빠져 있다'일지 모릅니다. 그리스도교 전통이 옛것과 새것을 아우를 만큼 통이 큰 만큼, 고전을 읽으면서 현대적 상황에 무관심해지는 것이 아니라, 현대 작가의 글도 충실하면서도 진지하게 대할 인격과 문해력이 함께 자라납니다. 그리스도교의 고색창연한 모습 속에서 그 본질을 드러내는 책들을 접하다 보면, 시대의 한계와 문화적 선입견을 뛰어넘어 '좋은 것 자체'를 추구하는 자유를 얻을 수 있습니다. 하지만 옛 책을 읽을 때 주의해야 할 점이 있습니다. 고전의 빼어남에 매료되어 과거의 포로가 되어 오래된 책만 읽는 것입니다. 사실 이것은 치명적인 오독의 결과입니다. 이런 자세가 여러 문제를 불러일으키겠지만, 무엇보다 제 책을 포함한 여러 동시대 저작들이 독자들에게 외면당하고 많은 출판사로 하여금 경영난에 시달리게 만들 것입니다. 그러니 이쯤에서 옛 책과 최신 책의 대조를 넘어서서, 독자에게 더 깊은 고민을 안겨 주는 다른 주제로 넘어가겠습니다.

읽어야 할 책, 읽고 싶은 책

세상에는 네 부류의 사람이 있습니다. 첫째, 책을 좋아하고 구매하기도 하는 사람. 둘째, 책을 좋아하는데 구매하지는 않는 사람. 셋째, 책을 안 좋아하는데 구매하는 사람. 넷째, 책을 안 좋아하고 구매하지도 않는 사람. 이 글을 읽는 독자분도 어느 한 부류에 속하거나, 애매하게 둘 혹은 셋 사이의 경계 어딘가에 위치하고 계실 것 같습니다.

저도 대학교 다닐 때는 세상을 알고픈 지식욕과 전공에 대한 사랑이 함께 불타올랐기에 첫째 부류에 속했던 것 같습니다. 고등학생 때와 달리 참고서와 학습서가 아닌 무언가 있어 보이는 신학책, 철학책, 역사책이 제 방을 점령해가는 것을 보면서 '내가 이전과는 다른 사람이 되어가고 있구나'라는 생각도 들었습니다. 하지만 갈수록 읽지 않은 책이 책장에 늘어나고, 이사할 때마다 책 때문에 고생하다 보니 지금은 꼭 필요하지 않으면 책을 안 사려고 노력합니다. 그런데 이마저 애매한 것이 '꼭 필요한 책'이 '읽어야 할 책'일 수도 있고 '읽고 싶은 책'일 수도 있기 때문입니다. 둘 중 하나를 고르라는 것은 매우 힘든 일입니다. 이는 당위와 욕망 중 무엇이 인간 본성에 근원적인가 하는 철학적인 질문과 연결되기 때문입니다.

유학 시절 세계적으로 잘 알려진 여러 신학자와 사적인 대화를 나눌 기회가 종종 있었습니다. 몇 분은 자기가 어떻게 신학을 전공하게 되었는지 말씀해 주셨습니다. 기대에 찬 눈을 하고 있던 제게 그분들은 "어릴 때 주의 종이 되기로 서원했다" 혹은 "수련회 때 성령 체험을 했다"와는 다른, 무언가 특별하면서도 서로 비슷한 기억을 꺼내놓았습니다. 청소년기에 서재에 있는 책 중 하나를 무작위로 꺼내 읽었는데, 그것이 우연하게도 신학책이어서 신학이 무엇인지 모르면서도 관심이 생겼다는 것입니다. 이 말에 다채로운 반응이 나올 수 있을 것 같습니다. "역시 뛰어난 신학자는 어릴 적부터 떡잎이 남달랐네", "책은 뭐니 뭐니 해도 표지 디자인이 중요해", "난 집에 제대로 된 서재가 없어서 좋은 신학자가 못 되었나." 하지만 제가 그분들의 기억 속에서 본 것은 '읽어야 할 책'에 대한 '읽고 싶은 책'의 영광스러운 승리였습니다.

꼭 필요한 책만 구매한다면, 책이라는 요물이 가진 신비로운 힘은 나의 정교한 독서 계획에 제약되어 버립니다. 책이 품고 있는 가능성은 책을 읽고 싶다는 '욕망'을 터로 삼을 때 풍요롭고 건강하게 피어납니다. 책을 읽거나 공부하다 보면 평범한 독자가 개성적이면서도 진지한 독서가로 변모하는 때가 있습니다. 그 신비한 순간은 내가 책에 대해 발휘하던 주도권을 상실함으로써 찾아옵니다. 내가 나에게 필요한 책을 고르는 것이 아니라, 지금 읽고 있는 책이 인용과 각주와 참고문헌 등을 통해 이 책도 저 책도 읽으라고 명령하기 시작합니다. C. S. 루이스는 좋은 책을 읽지 않으면 그 자리를 나쁜 책이 채운다고 했지만, 저는 좋은 책은 더 좋은 책을 읽고 싶게 만드는 힘이 있기에 읽어야 한다고 생각합니다. 그 힘에 이끌려 책을 읽고 수집하다 보면, 어느새 책장은 피상적인 박학다식함이 아니라 나만의 취향과 독서 철학이 반영된 책들로 채워집니다.

단지 읽고 싶다는 마음에, 혹은 왠지 멋있을 것 같아 구매한 책의 상당수가 손때 하나 묻히지 않고 헌책방이나 쓰레기장으로 가게 될지도 모릅니다. 하지만 그것마저도 '유의미한 낭비'일 수 있습니다. 영화평론가 이동진은 '영화평론가의 삶'이라는 주제의 강연에서, 오늘날 한국이 세계적인 영화 강국이되기까지 이전 세대 영화인과 애호가들의 '허영'이 큰 역할을했다고 분석했습니다. 1990년대 대한민국에서 예술영화 유행이 일어나면서, 난해하고 지루하기로 정평 난 안드레이 타르콥스키, 크쥐시토프 키에슬로프스키, 라스 폰 트리에 등 해외 유명 감독의 작품을 보러 사람들이 영화관으로 모여들었습니다. 어떤 이들은 전문평론가들도 어렵다는 영화를 일반 관객들이소비하는 현상을 보고 거품 또는 겉멋이라고 비아냥거렸습니다. 20세기 후반에 불었던 예술영화 유행에 그와 같은 면이 전혀 없었다고 말할 수는 없습니다. 하지만 분주하고 거친 세상을 사는 데 필요한 쓸모와 쾌락과는 거리가 먼 무언가를 위해많은 사람들이 극장 앞에 줄을 섰다는 사실 자체에 주목할 필요가 있습니다. 그들은 기꺼이 시간을 내었고, 기쁜 마음에 영화표를 샀으며, 작품을 더 잘 이해하고자 자발적으로 공부했습니다. 대중의 외면을 받는 작품들에 사람들이 집단으로 관심을기울였고, 이를 위해 사용하는 돈을 아까워하지 않았습니다. 서로의 언어와 욕망에 비추어 자신의 취향을 인정받을 수 있는공동체가 만들어지며 이전에 없던 변화의 가능성이 차곡차곡쌓였습니다. 잉여적인 문화 자산에 대한 긍지와 보람은 성숙과발효의 시간이 흐르며 한국영화의 질적 성장을 가능하게 하는토대가 되었습니다.

그와 마찬가지로, 신학과 교회에 유의미한 변화가 일어나려면 '쓸모없어 보이는 책 읽기'에 대한 헌신이 필요하지 않을까 생각합니다. 설교와 전도, 교회 성장, 차세대 교육, 교회 개혁을 위한 구체적 전략을 제시하는 책들은 과거에도, 지금도 여전히 중요하고 필요합니다. 하지만 신앙의 본질을 진지하게 성찰하고, 인생의 비극적 아름다움을 신학적으로 진솔하게 그려내며, 전통의 깊은 결을 섬세하게 드러내는 책들도 결코 덜 중요하지 않습니다. 교회 역사상 '신학적 허영'이 사라진 적은 없었습니다. 유용성과 별개로 고전이라는 이름만으로 책을 집어 들거나, 저자가 무슨 말을 하는지 몰라도 완독 자체를 목표로 독서 모임을 만들거나, 멋져 보이기에 전집을 구입하고 소장하는 일 말입니다. 이러한 허영심이 현실 가운데서도 현실 너머를 향해 시선을 돌리게 함으로써, 그리스도교가 현실에서의 생존이라는 강력한 논리 앞에서도 굴복하거나 사라지지 않게 하는 데 일조했습니다. 그런 허영심에 사명감이 더해지면서 작가들과 출판인들은 "이 책은 몇 권이 팔리든 꼭 나와야 한다"고 결심할 수 있었습니다. 그 덕분에 눈에는 잘 띄지 않았을지는 몰라도, 미지의 독자를 찾아가는 좋은 책들의 여정이 끊이지 않고 이어질 수 있었습니다. 이러한 이유로 인류와 책이 함께 걸어온 오랜 역사 속에는, 현실의 부귀영화 대신 먼저 그 나라와 의를 구하더라도 그러한 삶이 외롭거나 무의미하지 않다고 생각할 수 있는 공감과 희망이 우리를 끈질기게 지탱하고 있습니다.

　지금까지 '신학자의 책 읽기: 실전편'이라는 제목으로 글을 썼는데, 돌이켜 보면 '실전편'이라는 말이 무색하게 '불필요하고 오래되고 비실용적이고 잉여적인' 책 읽기를 변호하는 글이 되어 버린 것 같습니다. 하지만 예부터 책은 "유용성은 없어도 존귀한 선들"*bona non utilia sed bonesta*의 보고입니다. 특별한 목적이나 즉각적인 쓸모가 없더라도 책을 읽는 일은 실로 우리가 습득해야 할 실전 독서법이라 할 수 있습니다. 게다가 하나님은 전능자의 관점에서 유용성이라곤 찾아보기 힘든 인간을 통해 선을 만들 정도로 우리의 상식 너머에 계신 분입니다. 그런 하나님에 대한 믿음은 책을 읽을 때 조금이라도 다른 지향점과 마음가짐을 만들어내지 않을까 싶습니다. 약간의 과장을 보태자면, 역사에서 진정한 변화의 가능성은 세상을 개혁하려는 의도를 가지고 분투하는 사람만이 아니라, 현시점으로는 도무지 쓸데없는 글을 쓰고 만지고 읽는 수많은 사람들을 통해 조용히 준비되고 있을지도 모릅니다. 세상을 유용성이 아니라 은혜로 다스리는 하나님께 희망을 둠으로써, 시대의 유행과 압박에 흔들리지 않고 좋은 책을 용기 있게 고르고 여유롭게 탐독하는 일이야말로 독서생활의 진짜 '실전편'입니다.

직업과 소명
사이에서

1990년대 중반, 한 늦은 겨울날이었습니다. 입학 허가를 막 받은 신학과 신입생들이 처음으로 한자리에 모여 인사를 나누었습니다. 얼음처럼 차고 맑은 대기를 가르며 비춰드는 환한 태양 빛은 낯선 미래 앞에 들떠 있던 젊은이들의 얼굴을 더욱 생기 있게 물들였습니다. 이런 소중하고 의미 있는 첫 만남일수록 으레 뻔하게 일정이 진행되기 마련입니다. 신학과에 지원한 동기가 무엇인지 질문이 던져졌고, 한 명씩 돌아가며 답했습니다. 목회의 꿈을 품고 신학과에 왔다는 학생이 가장 많았습니다. 종합대학 안의 신학과인 만큼, 전과나 복수전공을 통해 취업하거나 고시를 준비하겠다는 솔직한 답변도 제법 있었습니다. 그중 한두 명이 기회가 된다면 유학까지 해서 교수가 되고 싶다고 말했고, 동기들 사이에서는 "오~"라는 감탄사가 흘러나왔습니다. 제 차례가 왔을 때 무슨 말은 했는지 정확히 기억나지 않지만, 교수가 되겠다는 말만큼은 하지 않았던 것은 확실합니다. 그날로부터 거의 30년이 지난 지금, 저는 신학자라는 직업을 가지고 있습니다.

몇 년 전 학교 교수님들과 어릴 적 장래희망을 나눌 기회가 있었습니다. 교사, 작가, 사업가, 방송인, 음악가, 농부 등 그야말로 다양한 직업이 나왔습니다. 그런데 한 명도 신학자라고 말한 사람은 없었습니다. 다들 어쩌다 보니 신학자가 된 사람들이라는 것일까요? 저 역시 장래희망란에 신학자를 적어 넣었던 적은 한 번도 없었으니까요. 옛 기억을 되짚어 보니 제 직업에 대해 처음으로 고민했던 때가 여섯 살 정도였던 것 같습니다. 유치원 선생님이 미래에 뭐가 되고 싶은지 말해 보라고 하셨는데, 사실 그 또래 아이가 이에 관해 심각하게 생각했을 리 없습니다. 그냥 아버지가 아침에 회사에 출근하시는 모습을 늘 봤기에 회사원이 꿈이라고 말했습니다. 그 후 꽤 오랫동안 저는 어른이 되면 회사원이 되리라 생각했습니다. 신학과에 들어가서도 학생을 가르치는 교수보다는 회사원에 더 가까워 보이는 교직원을 동경했으니까요.

신학자는 다른 직업처럼 장래희망으로 여겨지기보다는, 목회자로서 소명이 있는 사람 가운데 일부가 신학자가 되는 경우가 많습니다. 그래서인지 신학교 신입생이 목회자로서 소명은 없고 신학자가 되고 싶다고 말하면 불순한 동기를 가진 것처럼 여겨지기까지 합니다. 대한민국 교육부 인가를 받은 고등교육기관에서 일하는 신학자 대부분이 목사 안수를 받고 활동하는 것을 봐도, 목회자로서의 소명과 직업으로서의 신학자 사이에 밀접한 관련이 있음을 부정하기 힘듭니다.

그런데 이상하지 않나요? 강도나 사기꾼, 조폭도 아닌데 왜 신학자는 장래희망으로 말하기가 그다지 떳떳하지 못할까요? 신학자라는 직업은 속마음으로는 모르겠지만, 겉으로는 대놓고 바라서는 안 되는 것처럼 여겨지는 것일까요? 여러 이유가 있겠지만, 무엇보다 하나님에 관해 연구하는 학문인 신학은 다른 직업과 차별화된 특별한 소명이 있는 사람이 담당해야 한다는 생각이 커서인 것 같습니다. 하지만 소명이라는 관점에서만 접근한다면, 신학자의 정체성과 역할에 대한 단순화가 일어날 우려가 있습니다. 이는 곧 신학에 대한 이해를 협소하게 만들고, 신학교육 현장에서 일어나는 여러 창발적 활동들을 억누르게 될 것입니다. 그렇기에 우리는 '직업'이라는 단어와 결부된 여러 의미를 하나하나 펼쳐서 살펴볼 필요가 있습니다.

밥벌이

직업으로서의 신학자라는 말에 반감이 있다면, 주된 이유는 신학을 밥벌이 수단쯤으로 여긴다는 느낌 때문일 것 같습니다. 실제로 신학은 하나님에 관한 학문이자 교회를 위한 학문인 만큼, 거기에 상응하는 순수한 동기와 경건한 태도가 요구됩니다. 그렇다고 성과 속을 필요 이상으로 분리하는 이원론을 만들어 거기에 신학을 가두어서는 안 됩니다. 신학을 밥벌이와 무관한 영적 활동으로 여기는 것만큼 위험하고 천박한 현대판 영지주의도 없을 뿐더러, 동서고금 할 것 없이 소중한 인간활동인 밥벌이를 모독하는 일도 찾기 어려울 것입니다.

한두 번 밥을 먹는다고 밥벌이라는 인간의 근원적 문제가 해결되지 않습니다. 우리는 죽을 때까지 밥을 먹어야 하는 만큼, 밥벌이는 거대한 실존적 문제이기도 합니다. 밥벌이는 하나님이 만들고 다스리시는 세계 가운데서 재화와 노동을 끝없이 교환함으로써 가능한 삶의 방식입니다. 우리는 밥을 통해

하루하루 생존하고, 위로받고, 서로 교제합니다. 밥벌이만큼 우리가 다른 누군가에게 의존하며 살아가는 존재임을 깨닫게 해주는 것도 없습니다. 예수께서 가르쳐 주신 기도의 중간에 자리 잡은 것도 "우리에게 일용할 양식을 주시옵고"(마 6:11)라는 밥의 문제입니다. 하나님은 밥벌이라는 가장 세속적이고 본능적인 행위를 긍정하심으로써, 우리가 자의적으로 나누었던 성과 속의 경계를 허물어뜨리십니다. 또한 우리의 실존에서 직업이 차지하는 중요성과 가치를 올바로 깨닫게 하십니다. 그러니 신학을 밥벌이로 한다는 말에 위축되지 말고 오히려 긍지를 가졌으면 합니다.

신학자만이 신학으로 생계를 유지한다고 생각하는 것은 심각한 오해입니다. 조금 어색한 표현일 수 있지만, '신학 산업'이라 불릴 수 있을 만큼 신학을 둘러싼 밥벌이의 규모는 상당하며, 그곳에서 수많은 사람들이 각자의 전문성과 소명, 경험을 가지고 다채로운 방식으로 밥벌이를 합니다. 예를 들어, 한 권의 신학책은 여러 사람과 기관, 조직의 창조적이고 긴밀한 협력의 결과물입니다. 저자를 발굴하고 독자층을 창출하며 책을 제작·유통·홍보하는 출판사, 신학을 재료 삼아 선포와 교육을 수행하는 교회, 저자의 상당수를 길러내고 고용할 뿐 아니라 독자의 지식을 넓히고 문해력을 훈련하는 학교, 다양한 방식으로 책을 소개하고 활용하는 언론과 교육 모임, 강연과 세미나 등을 조직하며 신학을 소개하고 새로운 담론을 발굴하는 학회와 연구소 등의 활동이 씨줄과 날줄처럼 엮이면서 신학책이 존재하게 됩니다.

신학자뿐 아니라 모든 인간에게 밥벌이는 필수적인 생존 활동입니다. 하지만 밥벌이 자체가 목적이 되는 것은 경계해야 합니다. 소설가 김훈은 "모든 밥에는 낚싯바늘이 들어 있다"고 말했습니다. 밥과 함께 낚싯바늘을 덥석 물었다가 오도 가도 못 하고 끌려다니는 신세가 되어 버립니다. 개인적으로 '직업으로서의 신학자'라는 말을 사용하면서도 마음 한편이 꺼림칙한 이유는, 밥벌이에 너무 세속적인 어감이 있어서가 아니라 신학의 자유를 빼앗을 수 있는 낚싯바늘에 대한 공포 때문입니다. 하지만 에덴동산에서 추방된 이후 인류의 밥상에 낚싯바늘 없이 완벽히 안전한 식사가 차려진 적은 없습니다. 신학을 공부하는 사람 역시 예외가 아닙니다. 밥을 급하게 삼키지 말고, 일용한 만큼 조심스럽게 꼭꼭 씹어 먹어야 할 것입니다.

전문인

영어단어로 '직업'을 뜻하는 여러 단어가 있는데, profession도 그중 하나입니다. 사전을 찾아보면 교육과 훈련이 많이 필요한 전문성을 가진 직업을 가리킬 때 주로 사용됩니다. 이 단어는 '공언하다' 혹은 '선서하다'라는 의미를 지닌 라틴어 *profitēri*에서 유래했는데요. '전문가'를 뜻하는 professional이나 '교수'를 가리키는 professor도 같은 어원을 공유합니다. 아무래도 예전부터 공부를 많이 한 사람이 대중 앞에서 이야기하는 경우가 많았던 것 같습니다.

특정 직업을 가지려면 그 분야에 필요한 지식과 기술이 있어야 하고, 또 직업을 통해 그 분야에 대한 압축된 경험을 얻으며 전문성은 더욱 개발됩니다. 신학을 직업으로 삼는 사람도 단지 '신학 좀 공부했다' 정도가 아니라, 세부 전공을 두고서 독자적 연구를 수행하고 이를 강의나 글로 표현할 특화된 능력을 갖추어야 합니다. 이로써 밥벌이라는 단어로는 설명할 수 없는 고유한 분위기를 자신의 인격과 언어 주위에 형성하고, 또 이에 상응하는 학문적 헌신과 책임도 요구받게 됩니다. 우스갯소리로 하자면, 밥벌이로서 신학은 신학자를 다른 사람과 연대하도록 끌어당긴다면, 전문분야로서 신학은 너드nerd처럼 특정 주제에 과하게 몰입하도록 잡아끕니다. 밥벌이와 전문성은 양자택일 문제가 아닌 만큼 둘 사이에 긴장은 늘 존재합니다. 둘의 균형을 어떻게 잡느냐에 따라 각자의 개성이나 직업의식, 심지어 지식인으로서의 사명도 형성되는 것 같습니다.

그래도 사람들이 신학자에게 굳이 무언가 듣고 싶은 바가 있다면, 그것은 밥벌이 기술보다는 전문화된 지식과 경험일 것입니다. 실제 직업으로서의 신학자가 되려면 전문성을 시험하고 검증하는 여러 관문을 통과해야만 합니다. 그러한 과정 가운데서 세상을 살아가는 데 별로 필요 없는 시시콜콜한 주제에 대해 경이로워하고 기뻐할 줄 아는 독특한 취향도 기르게 됩니다. 하지만 학문의 세계에 눈을 떠갈수록 자기는 학자로서 언제나 부족하고, 대중성과 실용성도 없는 일에 인생을 허비하며, 시대의 흐름에는 늘 뒤처진다는 깊은 비애감도 가지게 됩니다. 독일의 사회학자 막스 베버Max Weber가 쓴 『직업으로서의 학문』Wissenschaft als Beruf에 따르면, 직업으로 학문을 하는 사람은 이러한 결핍감을 운명처럼 받아들일 줄 알아야 합니다.

신학을 직업으로 삼다 보면 기쁨도 있지만, 베버의 말처럼 자신을 늘 따라다니는 모종의 우울감 같은 것이 있습니다. 어떤 사람은 괜히 그런다고 핀잔을 주기도 하지만, 개인적으로 이것은 기쁨만큼이나 신학자에게 꼭 필요한 감정이라 생각합니다. 전자가 신학을 하는 보람을 준다면, 후자는 계속해서 나를 돌아보게 만들기 때문입니다. 전자보다 후자가 커질 때는 청중들 앞에서 말하는 것이 두렵고, 문장 하나 쓰는 데 하루를 홀딱 써버리기도 하며, 아무것도 못 하고 시간만 헛되이 보내기 일쑤입니다. 하지만 마술램프 같은 것이 있어 소원을 빌 수 있다고 할지라도, 생산력을 높이고자 비애감을 없애지는 않을 것 같습니다. 삶의 속력을 떨어뜨려 주는 이러한 감정 없이는 사람들이 듣기 좋아하거나 대세를 따르는 말만 하고, 쓰나 마나 한 글로 종이와 잉크를 낭비할 것이 뻔하기 때문입니다.

소명

조금 전 신학자로서 가지게 되는 우울감을 언급했습니다. 이러한 '직업 감정'을 운명처럼 받아들이는 것은 신학자라는 직업은 '소명'이기도 하기 때문입니다. 제가 게을러서인지 신학자로서 소명을 가지고도 삶에는 큰 변화가 일어나지는 않았던 것 같습니다. 다만, 살면서 경험하는 여러 가지 것들 가운데 신학이 조금 더 도드라져 보이도록 경계선 비스름한 것이 신학 주위에 그려진 것처럼 느껴집니다. 이렇게 말한다고 신학이 최고의 학문이라거나, 신학자의 소명이 다른 소명보다 특별하다고 주장하는 것은 절대 아닙니다. 창조세계의 번영이라는 하나님의 꿈이 인류의 꿈이 되도록 하나님은 각 사람을 다양한 직업과 삶의 방식으로 부르시기 때문입니다.

앞서 살펴봤던 profession이 13세기 중세영어에 처음 등장했을 때는 '종교 공동체에 헌신하기로 공표하는 서약'이라는 뜻을 가졌습니다. 그러다 의미가 변화되어 하나님의 부르심을 충족하고자 특정 지식과 기술을 갖춘 직업을 가리키게 되었습니다. 심지어, 오늘날에는 종교적 색깔이 더 연해져 전문성을 가진 직업이라는 의미로 사용되고 있습니다. 이 외에도 여러 유럽 언어를 살펴보면 직업과 소명이 같은 어원에서 유래한 사례가 많습니다. 라틴어로 '부르다'를 뜻하는 *vocare*에서 발전한 영어와 프랑스어 vocation, 스페인어 vocación, 이탈리아어 vocazione 모두 직업 혹은 소명으로 번역될 수 있습니다. 독일어로 '부르다'를 뜻하는 rufen에서 나온 Beruf도 두 가지 뜻을 모두 가집니다. 현대 유럽 언어에서 소명과 직업을 가리키는 단어가 분화되는 추세라지만, 나를 향한 절대자의 부르심인 '소명'과 이를 삶에서 현실화하는 매개로서 '직업' 사이의 긴밀한 관계를 쉽사리 무시할 수는 없습니다.

신학자, 목회자, 선교사, 신학생 등의 직업을 가진 사람은 주업으로 하나님의 말씀을 다루다 보니 소명을 유독 강조하는 경향이 있습니다. 공개적 자리에서 상대에게 소명이 있는지 확인하고, 흐트러진 모습을 보일 것 같으면 소명을 확고히 하라고 권하기도 합니다. 그런데 소명이란 것이 꼭 그런 식으로만 이해되어야 할까요. 복음서의 열두 제자는 예수 그리스도의 분명한 '부르심'에 생업을 뒤로하고 그분을 따랐습니다. 반면, 직접적 부르심 없이 '얼떨결'에 등 떠밀려 예수께 나간 사람도 있습니다. 구레네 사람 시몬이 대표적 예입니다(막 15:21). 시골에서 막 올라와 어리둥절하게 길가에 서 있던 그를 로마 병사들은 잡아다 강제로 예수 그리스도의 십자가를 대신 지게 했습니다. 덕분에 제자들이 모두 도망쳤던 그때 그는 그리스도와 가장 가까이에 있었고, 누구보다도 먼저 십자가를 통해 그리스도와 연대했습니다. 그 후 신약성경에서 그가 사라지는 바람에 이후 행적을 알 길 없지만, 전설에 따르면 복음을 전하는 선교사가 되었다고 합니다. 이처럼 하나님의 소명은 누군가에게는 분명한 형태를 지니지만, 때로는 은밀하고 간접적이고 얼떨떨하게 부르심을 경험할 수도 있습니다.

사회에 여러 직업과 삶의 방식이 존재하는 것은 하나님의 부르심에 각자의 목소리로 응답하기 위함입니다. 직업은 소명을 발견하고 실현하는 구체적 장소이지만, 소명의 의미를 직업 개념으로 다 담아내기는 역부족입니다. 하나님의 부르심을 듣고 응답할 때 직업만이 아니라 삶 자체가 그분의 신비로운 계획의 일부가 되기 때문입니다. 신적 자비가 나의 언어와 행동을 통해 세상의 깨어진 곳으로 흘러가는 놀라운 일이 일어나기 때문입니다. "하나님이 당신을 부르시는 장소는 당신의 근원적 기쁨deep gladness과 세상의 근원적 굶주림deep hunger이 만나는 곳"이라는 미국의 작가 프레드릭 비크너Frederick Buechner의 명언도 이러한 관점에서 볼 수 있습니다.

소명은 특정 직업을 선택하며 '부분적으로' 성취되지만, 하나님의 역사에 참여함으로써 실현되어가는 삶의 '전체적' 과정이라고 할 수 있습니다. 소명이 '되어감' 가운데 있다면, 인생길을 흔들리며 걸을 수 있는 넉넉한 여백도 우리 삶에 필요합니다. 그렇기에 하나님께 부르심을 받았으니 특정 전공을 선택하고 특별한 직업을 가져야 하고, 그 길을 가는 중에는 곁눈질해서는 절대 안 된다는 식으로 소명을 폐쇄적이고 경직되게 해석하지 않았으면 합니다. 소명은 나를 부르신 분을 만족시켜드릴 정답의 형태로 존재하지 않습니다. 오히려 다채로운 가능성을 놓고 계속 고민과 선택을 하며 찾아가야 할 바입니다.

*

직업으로서의 신학자의 삶은 신학을 단지 생계를 위한 수단으로 여길 위험과, 학교라는 울타리에 안주하려는 유혹에 노출되어 있습니다. 그래서 신학을 공부하는 데 있어 하나님의 목소리에 귀 기울이고 그 부르심에 응답하는 소명이 필요합니다. 소명 없이는 왜 그리고 어떻게 이 직업에 종사하는지 올바로 이해할 수 없습니다. 하지만 밥벌이를 무시하는 소명은 공허하고, 전문성을 배제하는 소명은 기만에 빠집니다. 그러니 신학을 대할 때 하나님의 부르심을 협소하거나 경직되게 이해해서는 안 됩니다. 나나 너에게 특별한 소명이 있는지보다 중요한 것은, 모든 사람의 삶을 특별하게 여기시는 하나님의 자비입니다. 우리의 소명이 직업으로 구체화할 수 있는 것도, 하나님이 우리의 밥벌이 자체를 긍정하시고, 별것 아닌 전문성을 통해 영광 받는 것을 기뻐하시기 때문입니다.

신학함, 틸리케에게 배우기

　　신학자라는 직업을 갖고 있다 보니 사람들에게 신학함의 의미와 자세에 대한 질문을 받곤 합니다. 신학이라는 세계에 들어선 지 거의 30년이 되었지만, 그 긴 시간마저 질문과 답변 사이 몇 초간의 어색한 침묵을 깨기에는 무력합니다. 답변을 기다리는 시선을 티 안 나게 피해 다니면서, 어떻게 이야기를 풀어갈까 열심히 궁리합니다. 상대가 만족할 만한 답을 해야 한다는 생각에 침은 마르고, 분위기는 점점 서먹서먹해집니다. "저보다 신학을 오래 가르치셨고, 훌륭한 업적도 남기셨고, 목회 경험도 풍부하신 분께 물어보시면 어떨까요"라며 겸손을 방패 삼아 위기 상황을 모면하기도 합니다. 이렇게까지 말해도 어떤 분은 "다른 사람이 아니라 교수님 생각을 듣고 싶어요"라며 집요하게 답변을 요구합니다. "자신 있게 답하지 못할 것 같으면 신학자라는 이름표를 떼세요"라는 장난기 섞인 압박이 들어오기도 합니다.

　　몇 년 전부터 학교에서 신학입문 수업을 담당하고 있습니다. 싫든 좋든 신학함의 의미와 자세를 신학 새내기들에게 가르쳐야 할 책임을 떠안게 되었습니다. 선배 교수님들도 많은데 제가 이토록 중요한 수업을 담당해야 한다는 부담감이 컸습니다. 그러던 중 풋내기 신학자인 제가 아니라, 심지어 다른 선배 교수님들이 아니라, 자타가 공인하는 대가를 초청해 신학이란 어떤 학문이고 어떻게 공부할지를 듣는 특강을 마련하면 어떨까 하는 생각이 들었습니다. '가상현실'처럼 이미 세상을 떠난 신학자에게 한 학기의 가장 중요한 수업을 맡기면 재미있겠다는 엉뚱한 상상까지 하게 되었습니다. 그러다 '왜? 안 될 것 없지!'라며 실행에 옮기기로 했습니다. 이런 야심 찬 계획을 세울 수 있었던 것은 20세기 독일에서 활동했던 신학자이자 명설교가였던 헬무트 틸리케Helmut Thielicke가 젊은 신학생들에게 들려주었던 권면이『신학을 공부하는 이들에게』*Kleines Exerzitium für Theologen* 라는 제목으로 출간되어 있었기 때문입니다.

틸리케가 워낙 뛰어난 신학자에다 말을 노련하게 하는 사람이라 강의를 준비하는 과정 중에 저도 신학함에 대해 다시 생각해 보게 되었습니다. 얇은 소책자이기에 부담 없이 몇 번을 읽으며 신학교에 막 들어온 학생들이 궁금해할 만한 사항이나 이들에게 꼭 필요하다고 생각되는 내용을 추렸습니다. 20세기 중반 독일에서 활동한 중년 신학자의 입에서 나온 조언이 21세기 한국 학생의 귀에 생동감 있게 다가오게 가상 인터뷰 형식을 빌려 내용을 재배치했습니다. 틸리케의 호소력 있는 목소리가 더 잘 들리도록 그의 말은 번역본에서 직접 인용을 길게 했습니다. 책을 단순 요약한다는 느낌이 들지 않도록, 틸리케에게 던지는 질문은 제가 직접 만들되 두 가지 원칙을 가능한 한 지키려 애썼습니다. 첫째, 한국의 신학생들도 충분히 던질 법한 질문이어야 한다. 둘째, 틸리케의 답변의 전후 맥락을 심하게 훼손해서는 안 된다.

이처럼 다소 엉뚱한 발상 덕분에 '신학을 공부하는 이들에게 던지는 헬무트 틸리케의 몇 가지 조언'이라는 제목의 강의가 신학입문 수업 마지막 주에 배치되었습니다. 낯선 독일 신학자를 '초청'하니 학생들이 재미있어하는 것이 눈에도 확실히 보였습니다. 학기 말 강의 평가에서도 틸리케가 들려준 권면이 가장 기억에 남는다는 평이 적지 않았습니다. 그래서 독자 여러분에게도 신학함의 의미와 자세에 대한 틸리케의 지혜로운 조언을 들을 기회를 드리고자 그때 사용한 강의안을 보완하여 아래와 같이 공개합니다. 부디 틸리케와 주고받는 질문과 답변을 통해 신학이 얼마나 멋진 학문인지, 그리고 신학을 어떻게 공부해야 할지에 관한 깊고도 값진 통찰을 얻기를 바랍니다. 무엇보다 이 글 덕분에『신학을 공부하는 이들에게』를 직접 읽고 싶어진다면, 가상 인터뷰를 만든 저에게 큰 영광과 보람이 아닐 수 없을 것입니다.

김진혁_ 교수님, 안녕하세요. 한국의 학생들을 대상으로 한 강의는 처음이실 텐데, 어떤 느낌이신지요?

틸리케_ 안녕하세요, 김 교수님. 그리고 한국의 젊은 신학도 여러분, 이렇게 만나게 되어 정말 기쁩니다. 비록 시공간을 뛰어넘어 만나는 것이지만, 진리를 향한 열망은 국경도, 시대도 초월하는 것 같습니다. 사실 저는 평생 강의실에서 여러분과 같은 눈빛의 학생들을 만나 왔습니다.

김진혁_ 교수님은 교의학자, 윤리학자, 설교가, 학교 행정가로 여러 업적을 남기셨습니다. 어떻게 그 많은 일들을 하셨는지 놀랍습니다. 개인적으로는 교수님 말씀 중 신학을 공부할 때 "신학 연구 속에서 일어나는 일이 과연 우리 그리스도인의 실존과 어떤 관련이 있는지"를 물어야 한다는 주장이 특히 마음에 와 닿았습니다. 이를 삶 속에서 실천하시는 듯 교수님은 강의실에 앉아 있는 학생들을 "나를 믿고 보살핌을 의뢰한 영혼들"로 보신다고 말씀하셨죠. 그런 만큼 신학 공부를 막 시작했거나 공부하고 있는 이들에게 신학함의 의미와 자세에 관해 교수님만큼 잘 설명해 주실 분도 없을 것 같습니다.

먼저 많은 학생들이 가지는 의문점부터 풀었으면 합니다. 신학교에 입학하면서 학생들은 성경을 많이 읽으리라 기대합니다. 교회에서는 예전보다 더욱 열심히 그리고 전문적으로 활동하게 되기를 원합니다. 하지만 신학교에서 한두 달 생활하다 보면 여러 과목에서 쏟아지는 과제 때문에 성경 읽을 여유가 없고, 강의실과 도서관에서 보내는 시간이 너무 길어 당황스럽습니다. 신학교에서 왜 성경도 아닌 다른 책을 많이 읽어야 할까요? 하나님께서 계신 곳은 책이 아니라 교회 혹은 우리의 도움이 필요한 이웃의 삶의 현장이 아닐까요?

틸리케_ "신학에서 다루는 것은 오랜 숙고를 통하여 영적 체험들에 부여한 정리된 양식이라고 할 수 있습니다. 이것은 지난 수백 년 동안 특히 교회사의 거물들이 발전시켜 온 것입니다.……어떤 진리는 원경험(직접 경험)으로서 '체득'하지 않고, 다른 사람(가령 루터)의 원경험이 발견한 것을 농축해 놓은 글이나 지적 담보물을 인식하는 것으로 대체된다는 것입니다. 그 사람은 간접적으로 살아가는 것입니다."

김진혁_ 말씀하셨듯이, 인간의 한계를 고려할 때 글을 매개로 하는 간접적인 학습은 불가피하기도 하지만 효율적이기도 합니다. 특히, 학교에서 하는 공부는 교수라는 전문가가 선별한 책을 통해 다른 사람의 경험을 압축적이면서도 체계적으로 체험하게 한다는 점에서 일반적인 공부법과 차이가 있는 것 같습니다. 하지만 글과 삶 사이에 간격이 있는 만큼 책을 통해 간접 경험을 쌓을 때 조심할 점도 분명 있지 않을까요?

틸리케_ "다른 사람의 신앙이나 영성을 이렇게 인식하는 간접 경험도 아주 생생하고 심지어 강렬할 수 있기 때문에, 자칫하면 그 모든 것을 직접 경험하고 체득한 것 같은 자기최면에 빠지기 쉽습니다. 그러면 그 사람은 자신과 다른 사람을 동일시하는 잘못에 빠지고 맙니다. 그러다가는 젊은 루터의 강력한 사상에 지적으로 완전히 흘린 나머지, 자신이 이런 방식으로 '이해'하고 깊은 감명을 받은 것이 참된 신앙이라고 착각하는 것도 가능합니다. 실제로는 그저 인식을 했을 뿐이요, 관념적 경험의 유혹에 희생당한 것입니다."

김진혁_ 사실 저도 학부 2학년 때 젊은 루터의 글을 직접 읽고 완전히 매료되었던 적이 있었기에 교수님께서 무슨 말씀을 하시려는지 알 것 같습니다. 그런데 신학을 공부하다 보면 머리로 신학을 이해함으로 찾아오는 '지적인 성장'과 공부 내용을 자신의 삶과 통합함으로써 얻게 되는 '영적인 성숙'의 불일치는 불가피한 것 같습니다. 교수님은 이를 자연스러운 성장 과정임을 인정하면서도, 이때 겪게 되는 영적 위험에 대해서는 경고하시곤 했습니다.

틸리케_ "실제로 신학 사춘기 같은 것이 존재합니다. 모든 교육자는 이것이 자연스러운 성장의 표지이며 전혀 긴장할 필요가 없다는 것을 알고 있습니다.……[하지만] 바로 이 단계에 있는 사람이 공동체 앞에 가르치는 자로 나선다면 그것은 분명 잘못입니다.……이 단계에서는 인내심을 갖고 기다릴 수 있어야 합니다.……나는 신학 공부를 시작한 지 얼마 안 된 신학생이 가운을 두르고 설교하는 것을 용납하지 않습니다. 그런 신학생은 침묵할 수 있어야 합니다. 변성기에는 노래하지 않습니다. 마찬가지로 신학생의 삶에 중요한 변화가 일어나는 이 시기에는 설교하지 않는 법입니다."

김진혁_ 신학자이자 설교가로서 소명을 중요시하신 분답게 설교자의 신학적 소양에 대해 엄격하시군요. 설교를 포함한 교회의 여러 일을 담당해야 하는 한국 신학생에게는 도전적인 말씀일 것 같습니다. 지식의 성장과 영적 성숙의 불일치는 시간이 지나면 어느 정도 해결되지만, 신학을 공부하는 이에게 절대 해결되지 않을 문제도 있습니다. 바로 다른 학문과 달리 신학은 하나님, 즉 우리로서는 알 수 없는 신비이지만 우리와 관계를 맺기 원하는 인격적인 존재에 관한 지식을 다뤄야 한다는 점에서 오는 어려움입니다. 책에서 은하계 행성이나 지구의 생명체에 대한 지식을 얻는 것과 비교할 때, 하나님을 책으로 알아가는 것만의 특별한 점이 있을 것 같습니다. 이런 관점에서 볼 때 신학 공부에서 유의할 점은 무엇일까요?

틸리케_ "신학을 공부하는 사람은, 더구나 교의학을 공부하는 사람은, 자신이 2인칭으로 생각하기보다는 3인칭으로 생각하는 일이 늘어나지 않는지 똑바로 지켜봐야 할지도 모르겠습니다.……하나님과 나와의 관계가 인격을 다 쏟는 친밀한 관계에서 그저 실속만 따지는 관계로 옮겨가는 일이 벌어지는 것은, 내가 더 이상 성경말씀을 내게 주어진 말씀으로 읽지 못하고 단지 힘써 주해해야 할 대상으로만 읽을 수 있게 되는 순간과 정확히 일치하곤 합니다.……우리는 인간이 처음으로 하나님을 3인칭으로 언급한 순간이, 다시 말해 더 이상 하나님'과' 이야기하지 않고 하나님'에 관하여' 이야기한 첫 순간이 "하나님이 정말 그런 말씀을 하셨다고?"(창 3:1 참조)라는 질문이 울려 퍼졌던 순간임을 깊이 생각해 봅니다.……이에 반하여, 십자가에 못 박히신 예수님은 하나님께 버림받은 지독한 암흑 속에서도……그 하나님께 2인칭으로 말을 건네십니다. 하나님을 내 하나님이라 부르시며, 자신의 비탄을 하나님의 말씀으로 표현합니다. 이럼으로써 말하자면 예수님과 하나님을 연결하는 회로가 완성됩니다."

김진혁_ 신학은 본성상 하나님과 나누는 '대화'임을 망각하거나, 하나님 말씀을 내 마음대로 다룰 수 있는 대상으로 인식하지 않아야 하겠습니다. 그런데 정작 교회 현장에서는 교인들이 신학교에 다니는 학생들이 이제껏 교회에서 들어 온 것과 다른 이야기를 종종 한다고 불만과 불안을 토로하기도 합니다. 낯설거나 도발적인 발언을 하는 것은 어떻게든 참겠는데, 자신의 신학적 지식을 앞세우며 대화를 주도하거나, 타인의 신앙을 무시하는 듯한 경멸적 표정을 지으며 지나친 논쟁으로 갈등을 일으킬 때는 어찌해야 할지 난감해진다고 합니다.

틸리케_ "이런 일이 발생하는 주된 원인은 무엇보다도 우리 사람들 안에서 진리와 사랑이 하나로 통합되는 일이 거의 없기 때문입니다. 그 이유 역시 정확하게 말할 수 있습니다. 진리가 우리를 가진 자의 기쁨 같은 것으로 손쉽게 유혹하기 때문입니다.……여기서 진리는 개인이 승리를 거두는 수단이자 다른 이를 죽이는 수단으로 사용되며, 사랑과는 극명한 대조를 이룹니다. 이러한 진리가 몇 년 뒤에 만들어내는 것은 자신이 섬기는 공동체를 가르쳐 세우기 위해서가 아니라 파괴하기 위해서 일하는 부류의 목회자입니다."

김진혁_ 진리를 추구하는 그릇된 태도가 공동체에 갈등을 유발할 수도 있겠지만, 신학 공부 자체에도 해악을 끼칠 수 있을 것 같습니다. 저도 교육 현장에 있다 보니 과한 지식욕이 학생의 신학적 성숙만이 아니라 인격체로 성장하는 데 방해가 되는 상황을 접하곤 합니다.

틸리케_ "진리를 다루는 이는 누구나(물론 우리 신학자들도 분명 그렇습니다) 가진 자의 심리에 아주 쉽게 빠져듭니다. 그러나 사랑은 소유하려는 의지의 반대말입니다. 사랑은 자신을 내어 주는 헌신입니다. 사랑은 자만하지 않고 겸비합니다.……가진 자의 기쁨이 사랑을 죽일 수 있다는 것은 몹시 무시무시한 일입니다. 그것이 무시무시한 이유는 신학이 말하는 진리가 바로 하나님의 사랑, 하나님의 낮아지심, 하나님의 찾으심, 뭇 영혼들을 향한 하나님의 관심을 다루기 때문입니다."

김진혁_ 신학을 공부할 때 진리와 사랑이 하나가 되도록 해야 한다는 말씀 새겨듣겠습니다. 하지만 인간은 하나님이 아니기에 우리 안에서 진리와 사랑의 조화가 자동으로 이뤄지지는 않는다는 한계를 인식하는 것도 겸손이라는 중요한 신학적 덕목을 길러 주지 않을까 생각됩니다. 이제 학생들이 토로하는 신학 공부의 실질적인 어려움에 관해 이야기하고자 합니다. 신학을 공부하다 보면 너무 많은 정보가 들어와 머리에서 정리가 되지 않고, 신학이 교회의 학문이라지만 교회와 직접 관련이 없는 내용도 많이 배운다는 것입니다. 어렵고 혼란스러워하는 학생들에게 신학이라는 학문의 고유성을 어떻게 이해해야 할지 말씀해 주시겠습니까?

틸리케_ "모든 연구 방법은 그 연구 대상이 규정합니다. 마찬가지로 신학의 '대상'이신 예수 그리스도, 우리가 그분을 그분이 일하시는 평면 위에서, 다시 말해 그리스도인 공동체 안에서 만날 준비가 되었을 때에야 비로소 제대로 겨냥하게 된다는 것을 진지하게 생각해야 합니다. 아들The Son만이 아버지the Father가 누구인지 알며, 종만이 주인이 누구인지 압니다."

　김진혁_ 표현상 간결하면서도 신학적으로는 중요한, 그런데 한국어로 옮기니 다소 어색하게 들릴 수도 있는 말씀을 해 주셨습니다. 지식과 믿음, 학교와 교회 사이를 자의적으로 연결하기보다는 신학의 대상인 그리스도로부터 접근하는 것이 필요할 것 같습니다. 이러한 답변은 교수님이 교의학자, 즉 신앙의 핵심 내용을 뼈대로 삼고는 계시의 세부 내용을 전체 체계 속에 위치시키는 데 전문성을 가지신 분이라 가능하지 않을까 짐작해 봅니다. 저도 조직신학자인 만큼 여러 신학적 지식이 교의학적 작업을 통해 조화와 통일성을 부여받을 때 나오는 기쁨 같은 것을 경험하곤 합니다. 이것이 신학 고유의 매력이고, 칼 바르트의 말을 빌리자면 신학을 '가장 아름다운 학문'으로 만드는 것 같습니다. 하지만 신학의 정교한 논의나 체계가 주는 심미적 쾌락에 심취하다가는 본래의 사명이나 자세가 흐트러질 위험도 있을 것 같습니다.

　틸리케_ "우리 자신이 사색의 이러한 외형에 동의하고 기꺼이 휩쓸릴 준비가 되어 있다는 것은, 우리가 그것을 이해하고 그것에 헌신한다 해도, 또 그것이 지적으로 복된 일이기는 해도, 그 자체로 우리가 근본적인 믿음에 이끌리고 있음을 의미하지는 않습니다.……교의학 기초 수업을 받는 재능 있고 안목 있고 열정 넘치는 이들이, 믿음의 본질이 지니는 실질의 무게가 없는 사상의 마술의 매력을 쉽게 집어삼키는 바로 그들입니다. 신학생들의 토론이 나이 든 사람의 눈에 때로 섬뜩하게 보이는 것은 바로 이 때문입니다. 나이 든 사람은 그들의 토론을 보면서 마치 그 뒤에 실존하는 몸(생명)이 없는 그림자들이 서로 싸우는 것 같다는 인상을 받습니다."

김진혁_ 교수님과 대화를 나누다 보니 신학을 공부하면서 조심할 일이 꽤 많아 보입니다. 이는 신학이 초월적 아름다움을 지니면서도 매우 실존적이고, 이론적이면서도 실천적이라는 대조적 성격을 함께 가진 특별한 학문이기 때문인 것 같기도 합니다. 예전에는 신학의 위상이 워낙 높다 보니 신학을 '학문의 여왕'이나 '최고 학문' 등의 영광스러운 호칭을 가지고 부르기도 했습니다. 물론 신학이 여러 학문 중 하나로 자리 잡은 현대사회에서는 신학을 이렇게 묘사하지는 않습니다. 하지만 신학이 거룩하신 하나님을 대상으로 하기에 다른 학문에 비해 신성하다고는 여전히 말할 수 있지는 않을까요?

틸리케_ "영의 사람이길 포기하는 이는 저절로 거짓 신학을 하게 됩니다. 설령 그가 하는 신학이 속되지 않고 정통이며 진짜 루터교 신학일지라도, 그 항아리 속에는 죽음이 도사리고 있습니다. 신학은 그것을 입은 우리를 짓누르고 얼어붙게 만들어 죽음에 이르게 하는 얼음 갑옷이 될 수 있습니다. 또한 신학은 그리스도인 공동체의 양심이요, 이 공동체를 인도하는 나침반이며, 이 모든 것과 함께 사상을 담은 찬송이 될 수도 있습니다(사실 이것이 신학의 목표입니다).……[그렇기에] 우리는 신성한 신학이라는 말을 함부로 입에 놀려서는 안 됩니다. 신학은 그야말로 인간이 하는 일이요, 수공업이며, 이따금 예술이기도 합니다. 결국 신학은 언제나 양면성을 가집니다. 신학은 신성한 신학이 될 수도, 마귀의 신학이 될 수도 있습니다. 둘 가운데 어떤 신학인가는 신학을 하는 손과 마음에 달려 있습니다.”

김진혁_ 교수님의 대답이 설득력이 있지만, 또 다른 질문을 하지 않을 수 없습니다. 예를 들면, 한국교회에서 일반적으로 자유주의 신학은 매우 위험한 것처럼 여겨집니다. 그러다 보니 학생들은 자유주의 신학을 공부해 보지도 않은 채 자유주의라는 단어 자체에 대한 불안함 내지 경계심을 강하게 보이곤 합니다. 학계나 교회 현장에서도 자기 입장과 다르면 일단 자유주의라는 꼬리표를 붙이고 보는 것 같습니다. 신중한 학생들은 학교에서 2-3년 공부한다고 신학의 긴 역사와 여러 입장을 다 배울 수는 없기에, 자기가 신학을 제대로 알고 현장으로 나가게 될지 걱정합니다. 이 정도의 자기성찰 능력이 있으면 다행인데, 적잖은 그리스도인들이 유튜브나 선동적 설교 등에서 편향된 정보를 얻고는, 자기와 다른 입장을 가진 사람을 악마화하기도 합니다. 하지만 교수님은 앞서 신학 방법론이나 학파가 아니라 “신학을 하는 손과 마음”에 따라 신성한 신학과 마귀의 신학이 갈라진다고 말씀하셨습니다. 여기에 관해 조금 더 설명해 주실 수 있으신가요.

틸리케_ "어떤 신학이 정통인가 이단인가를 따지는 것으로 신성한 신학인가 마귀의 신학인가를 반드시 식별할 수 있는 것은 아닙니다. 나는 하나님이 신학 개념을 놓고 하찮은 잔소리나 늘어놓으시는 양반이라고 믿지 않습니다. 그릇된 삶에 용서를 베푸시는 분이시라면, 필시 신학적 성찰을 판단하실 때도 아주 너그러운 재판관이실 것입니다. 정통 신학자도 그 영이 죽었을 수 있습니다. 오히려 그때, 이단인 자는 금지된 좁은 곁길을 천천히 걸어 생명의 근원으로 다가가고 있을지도 모릅니다."

김진혁_ 짧은 답변 가운데서도 정통과 이단의 추상적 구분 대신 영적 삶을 판단 기준으로 제안하셨습니다. 신학이 고정된 실체인 양 그 외양에 집착하는 것이 아니라, 순례의 길처럼 묘사하면서 그 이면에서 이루어지는 하나님과의 관계로 시선을 옮겨두신 것도 인상적입니다. 구원론이 아니라 신학함의 맥락에서 칭의론의 문법을 응용하면서, 우리의 세세한 신학적 잘못을 용서하실 관대하신 하나님에 관해 말씀하실 때는 역시 루터교 신학자라는 생각이 듭니다. 이런 관점에서 생각하니 신학함의 자유가 느껴집니다. 한 마디 한 마디에 여러 생각할 거리를 담아두는 교수님의 신학적 깊이와 통찰이 놀랍습니다. 안타깝게도 벌써 끝내야 할 시간이 되었습니다. 마지막으로 '학교'라는 연구와 교육의 공간에서 '교회'의 학문으로서 신학을 공부하는, 즉 학교와 교회의 긴장 가운데 있는 학생들에게 하시고 싶은 말씀이 있다면 짧게 부탁드리겠습니다.

틸리케_ "말하자면 우리는 광물 실험실에서 연구하는 셈입니다. 하지만 여기서 가지런히 정돈된 지식은, 여러분 자신이 직접 산에 올라가 그 위의 맑은 공기를 호흡하지 않으면 모두 틀린 것이 되고 맙니다.……우리는 모두 산 정상에 올라가 거기서 생명을 발견하는 대신, 연구실에서 메말라 죽을 위험에 빠져 있습니다. 요컨대, 교의학 강의실은 그리스도인 학생들의 교회 공동체가 있는 곳이라는 것이 신학의 본질에 어울리는, 혹은 오늘날 사람들이 즐겨 말하듯이 신학적으로 '정당한' 일입니다.……신학자와 영의 사람 간의 연결이 나에게는 완전히 새롭게 자리를 잡았습니다.……부디 이 [말을] 여러분 기억 속에 하나의 모토로, 우리가 행하는 모든 교의학 연구를 감독하는 모토로 간직해 주기를 바랍니다." 감사합니다.

2부

현실,

시대를
들여다보는
시선

그는 긴 세월을 살아오면서 경험과 통찰력을 얻었다. 그리고
경험과 통찰력이 있는 사람이라면……누구나 일상생활을
무대에 올려놓는 것은 모순이며 불경한 것임을 안다. 그렇게
되면 무대가 일상을 한 차원 높게 승화시키기보다는 일상이
무대를 한 차원 낮게 끌어내릴 것이기 때문이다. 그리고
세상은 온통 뒤죽박죽이 되고 말 것이었다.

— 이자크 디네센 「폭풍우」 중

라떼가
그리울 때

옛 해가 가고 새해가 온 지 한 달이 지났다. 시간은 무심한 듯 흘러도 사람마다 그 맺고 끊음의 의미는 다를 수밖에 없다. 학교는 졸업생을 보내고 신입생을 맞이하는 시기다. 가끔 졸업생들이 앞으로 어떤 일을 할지, 계속 공부하는 것은 어떨지 등의 문제로 상담을 요청한다. 아직 경험 못 한 미래에 대한 설렘도 있겠지만 불안한 현실 앞에 막막함도 크게 느끼는 것 같다.

상담할 때마다 학생에게 어떤 말을 해야 할지 몰라 허둥대기 일쑤다. 공허한 이야기가 만든 어색한 상황을 깨고 무언가 유의미한 말을 해야만 한다는 압박에 시달리다, 마음의 경계태세가 갑자기 무너진다. 그때를 기다렸다는 듯 입 밖으로 뛰쳐나오는 한 마디. "제가 졸업을 앞두었을 때는 말이죠." 무슨 말을 했는지 깨달았을 때는 이미 늦었고, 이미 뱉은 말을 되돌릴 수도 없다. 화끈거리는 얼굴과 자괴감에 흐물흐물해진 정신을 가지고 남은 시간 대화를 조심스레 이어갈 수밖에 없다.

이삼 년 전이었던 것 같다. 기성세대가 사회 초년생에게 조언이나 충고할 때 쓰던 '나 때는 말이야'를 패러디한 '라떼는 말이야'라는 유행어가 등장했다. 입에 착 달라붙는 어감도 좋거니와, 껄끄러운 잔소리마저 부드럽고 맛난 음료로 풍자한 솜

씨도 일품이었다. '라떼는 말이야'는 변화된 시대감각을 압축한 센스 있는 말로 사랑받았고, 물론 일부 중장년은 다른 사람이 라떼라 그러든 말든 신경 안 쓰고 자기 하고 싶은 말을 다 하는 엄청난 내공을 과시하기도 한다.

잠깐, 여기서 억울해하거나 당황할 사람도 분명 있으리라. 좋은 뜻으로 학생들이나 부하 직원들에게 인생 경험을 나누어 주려는데, 다 싸잡아 '꼰대' 취급하다니! 나의 젊음을 희생하고 열심히 일해 우리 사회가 이만큼 왔는데 이 정도 말도 못 한단 말인가. 젊은 세대가 현실을 너무 말랑말랑하게 보고, 자기중심적으로 사는 것 아닐까. 아무리 세상이 변했더라도 인류 역사에서 과거의 성공과 실패를 자양분 삼지 않은 세대가 어디 있던가. 좋은 말은 듣기가 싫은 법인 만큼 거북하다고 귀부터 닫으려는 사람에게 뭐라고 해야 하지 않겠는가.

물론 기성세대의 진정성 어린 조언은 존중받고 소중히 여겨야 한다. 그들의 희생과 업적이 폄하되는 것은 개인의 관계나 공동체의 화합에 부정적으로 작용한다. 하지만 '라떼는 말이야'가 자칫 유사 '방어기제'처럼 사용되기 쉽다는 점은 잊지 말았으면 한다. 손쉽게 권위를 인정받으려 할 때, 타인의 처지에 공감하려 하지 않을 때, 상대의 소리를 경청하기 싫을 때, 당면한 문제의 본질을 회피할 때, '너 마음에 안 들어'를 고상하게 표현하고 싶을 때 '라떼는 말이야'가 등장한다. 그러니 커피 원액의 강렬한 쓴맛을 고소하고 부드러운 우유 거품이 가려 주듯, 진정성과 공감이 요구되는 상황을 '라떼는 말이야'라는 자기위안적 한 마디로 덮어 버리지 않는지 돌아볼 필요가 있다.

흥미롭게도 성경을 읽어 보면 '라떼'의 언어가 긍정적으로 사용되는 사례를 찾아보기 힘들다. 이스라엘이 광야생활을 불평할 때마다 모세는 꽤 흥분하곤 했다. 하지만 그는 "내가 미디안 광야에서 40년 고생했을 때는 말이야"라고 하지 않았다. 단지 하나님 말씀을 전달하고 이스라엘이 하나님을 기억하게 하려 노력했을 뿐이다. 예수께서도 자신의 권위를 보이고자 "내가 아버지께서 세상을 창조했을 때 있어 봐서 아는데 말이야"라고 하지 않으셨다. 대신 그분은 그곳에 있던 가난한 자, 눈먼 자, 포로된 자에게 하나님의 은혜의 해를 선포하셨다.

하나님 말씀을 받았던 모세, 하나님 말씀이신 예수 그리스도에게서 믿음의 내용만이 아니라 신앙인의 언어에 대해서도 중요한 무언가를 배워야 하지 않을까? 상처 난 공동체와 개인의 삶의 회복을 위해 필요한 것은 나의 과거의 성취를 가리키는 '라떼는 말이야'가 아니라 나보다 더 큰 세계, 즉 하나님께서 창조하시고 화해하신 세계와 그 안에서 함께 살아가는 타자의 삶을 투명하게 보여줄 진솔하고 담백한 언어가 아닐까. 라떼를 사이에 두고 얼굴을 맞대며 대화를 나누던 일상의 회복을 몹시 그리는 이때, '라떼는 말이야' 대신 상대의 삶에 진정성 있게 공감하는 언어를 찾아보면 어떨까. 서로의 지친 몸과 마음을 위로하고, 대화와 소통의 공간을 열어 주며, 타인을 따스하게 환대하는 촉매로서 '라떼'의 명예회복을 촉구한다. (2021. 2. 4)

지구에 찍힌
그리스도의 발자국

　인간이 걸어가면 그 뒤로 발자국이 남는다. 사람들은 별생각 없이 걷더라도, 발자국에는 그 사람의 특성과 습성이 어느 정도 묻어난다. 영화나 소설을 보더라도 실종된 사람을 찾거나 누군가를 추적할 때 발자국이 결정적 실마리가 되곤 한다. 그래서인지 발자국은 인간의 행동, 생각, 태도 등이 만들어내는 흔적 혹은 영향을 뜻하는 은유로 많이 사용된다.

　발자국을 자신의 작품 세계에서 핵심 은유로 삼은 작가도 있다. 그리스도교 교리에 대한 동양적 해석을 시도했던 일본 소설가 엔도 슈샤쿠遠藤周作는 죄 개념은 중요시했지만 죄론의 설명방식은 어려워했다. 이런 곤란함을 돌파하기 위해 그가 유용하게 사용한 은유가 발자국이었다. 그는 자신의 여러 작품에서 죄를 '다른 사람의 삶에 남겨진 나의 발자국을 망각하는 것'으로 재정의했다. 나와 너의 만남은 각자의 흔적을 타자의 삶에 남기게 된다. 너의 삶에 새겨진 내 발자국에 주의를 기울이지 못하고, 그 흔적을 통해 상기되는 너에 대한 책임에 눈 감을 때 우리는 죄인이 된다.

　인류가 역사의 무대에 등장한 이래 지표면에 발자국을 남겼고, 발자국이 가지는 상징성은 인류 문명의 한 부분을 차지하고 있다. 하지만 오늘날 우리는 발자국이 귀해진 시대를 살아가는 듯하다. 도시의 길은 아스팔트와 보도블록으로, 산길은 야자 매트로 포장되어 있다 보니, 우리는 걸을 때 발자국이 남는다는 자명한 사실에 무뎌져 있다. 눈으로 덮인 거리, 공원의 흙길, 인적 없는 비포장 시골길을 걸어가면 발자국을 또렷이 볼 수는 있지만, 이런 장소에서도 우리는 대부분의 경우 자기 발자국을 인식하지는 않는다. 수시로 뒤를 되돌아보기보다는 가야 할 길에 시선을 고정하며 걷기 때문이다. 하지만 앞만 보고 나아가더라도 너와 내가 발을 내디딜 때마다 발자국이 남겨진다는 사실은 변하지 않는다.

의식하든 못하든 내 뒤로 발자국이 찍히는 것처럼, 우리가 일상에서 배출하는 탄소도 흔적을 남긴다. 탄소는 눈에 잘 보이지도 않고, 내가 쓴 탄소가 내 삶에 끼치는 영향을 직접 추적하기도 힘들다. 기후변화의 속도를 늦추어야 함에도, 먹고살기 급한 인류는 문명을 유지하느라 대기에 내뿜는 탄소에 책임감 있게 반응하지 못하고 있다. 이러한 시대적 요청에 적절하고도 효율적으로 응답하고자, 개인과 기업과 국가가 생활하고 제품을 생산하며 서비스를 소비하는 전 과정에서 배출하는 탄소의 양을 '탄소발자국'이라고 부른다.

교회 역시 인간이 모인 공동체다 보니 이 땅에서 필요한 에너지를 얻는 대가로 탄소를 배출한다. 2021년 국토교통부가 발표한 전국 건물 에너지 사용량 통계에 따르면, 종교 시설의 $1m^2$당 에너지 사용량은 전체 평균의 약 1.8배로, 거의 공장 시설과 비슷하게 에너지를 소비한다. 교회 시설이 전국의 건물

면적에서 차지하는 비중은 극히 일부이지만, 단위 면적당 에너지 소비량이 높은 만큼 탄소 배출에 미치는 영향을 간과할 수 없다. 친환경 정책의 사각지대로 남을 확률이 크기 때문에, 스스로 탄소발자국에 더욱 주의를 기울여야 할 필요가 있다.

성경은 교회를 그리스도의 몸이라 부른다. 그리스도인들이 모여 예배, 교육, 친교, 선교 등에 힘쓸 때, 그리스도의 몸인 교회는 지구에 탄소발자국을 남기고 있다. 교회가 하나님이 "그리스도로 말미암아 그리스도를 위하여" 창조하신(골 1:16) 세상에 탄소발자국을 남기면서도 이에 대한 책임을 지지 않아 지구를 병들게 한다면, 이는 머리이신 그리스도에 대한 몸인 교회의 불순종이자 항거다. 엔도 슈샤쿠가 말했듯이 타자의 삶에 남긴 흔적을 무시하는 것이 죄라면, 한국교회는 자신의 탄소발자국을 망각하는 죄를 심각하게 범하고 있다.

지난 8월 24일 한국교회협의회NCCK가 '한국교회 2050 탄소중립 로드맵'을 발표했다. 협의회는 2030년까지 한국교회의 탄소배출을 현재 대비 50퍼센트 감축, 2040년까지는 탄소중립(100퍼센트 감축) 달성, 2050년까지는 탄소중립 상태 지속 등 구체적 목표를 제시했다. 물론 로드맵을 현실화하는 데는 큰 어려움이 따를 것이고, 많은 교회가 기후문제에 전적으로 헌신하지는 못할 것이다. 이런 상황을 충분히 예견하면서도 그리스도의 몸의 통일성을 상징적으로 보여주는 교회 연합체가 탄소발자국을 남기지 않겠다는 의지를 공개적으로 천명한 것은 환영할 만하다.

매일 마시는 커피, 스마트폰으로 보는 동영상, 도서관을 환히 밝힌 전구, 삶의 질을 높이기 위한 문화활동, 더 나은 삶을 위해 모이는 국제 학회 등 현대인이 하는 크고 작은 활동은 탄소발자국을 남길 수밖에 없다. 기후위기 시대 우리에게는 지금껏 살아온 방식과는 다른 미래로 이끌어 줄 새로운 길이 필요하다. 누군가가 남긴 발자국을 뒤따라 사람들이 계속해서 걸어갈 때 길이 생기게 마련이다. 이번 교회협의회 로드맵이 그리스도의 몸이 탄소발자국 대신 생명의 발자국을 남기게 되는 회심의 계기가 되기를 바란다. (2022. 9. 8)

똑바로 읽어도
거꾸로 읽어도
같은

제 이름은 똑바로 읽어도 거꾸로 읽어도 우영우입니다. 기러기,
토마토, 스위스, 인도인, 별똥별, 우영우……역삼역?

많은 사람들의 사랑을 받는 화제의 드라마 「이상한 변호
사 우영우」에 나오는 주인공 우영우의 자기소개다. 국내 유명
로스쿨을 수석으로 졸업하고 변호사 시험에서도 만점 가까운
점수를 얻어도, 우영우는 자폐 스펙트럼을 가졌다는 이유로 갈
곳이 없다. 반년의 백수생활 끝에 겨우 한 로펌에 취직했지만,
그를 향한 동료들의 첫 시선은 곱지 않다. 하지만 우영우는 특
유의 기억력과 통찰, 무엇보다 세상을 보는 선한 눈을 가지고
여러 복잡한 사건들을 척척 해결해낸다. 성공과 업적 위주로
돌아가게 마련인 변호사들의 세계도 우영우라는 존재 때문에
조금이나마 더 부드럽고 인간미 나는 곳으로 바뀌는 듯하다.
우영우처럼 바로 읽어도 거꾸로 읽어도 똑같은 글귀를 회
문回文이라고 한다. 아이들의 말장난이나 문학적 장치 등으로
사용되던 회문이 "이상한 변호사 우영우" 덕분에 비장애인들
이 만들어놓고 당연시하는 세상의 편견을 폭로하는 짜릿함을
안겨 주고 있는 셈이다.

우리말에는 여러 회문이 있다. 앞으로 읽고 뒤로 읽고 할 때 발생하는 어감의 재미와 달리, 어떤 회문은 세계의 어두운 모습을 무덤덤하게 보여준다. 대표적인 예가 '부익부'와 '빈익빈'이다. 인간 사회의 경제적 불평등은 고대부터 있었지만, 어떤 정치인도 종교인도 사상가도 이 문제를 해결하지 못했다. 똑바로 읽으나 거꾸로 읽으나 부익부와 빈익빈은 변하지 않는다는 사실은, 인류가 벗어나지 못하는 불공정과 불평등의 고리를 상징적으로 보여주는 것 같아 씁쓸하고 안타깝다.

그리스도인의 삶과 깊이 연관된 회문이 있다면, 그것은 '일요일'이 아닐까 생각한다. 금요일 오후 십자가에서 죽은 한 유대인이 일요일 새벽에 죽음에서 일어났다. 이로써 죽음이 다스리던 현실에 새로운 생명이 들어왔다. 경쟁과 폭력과 거짓으로 유지되던 옛 세계가 심판받고, 평화와 화해와 진리로 정의되는 세계의 빛이 역사에 비쳤다. 1세기 어느 일요일에 벌어진 이 도발적인 사건을 기념하고자, 예부터 그리스도인은 일요일을 주님이 부활하신 날이라는 의미에서 '주일'이라고 불렀다.

일요일은 똑바로 읽어도 거꾸로 읽어도 일요일이다. 부익부 빈익빈이라는 변하지 않는 현실을 묘사하는 회문처럼, 우리는 이전 것을 똑같이 답습하고 고착화하며 일요일을 보낼 수도 있다. 이 경우 '일주일' 동안 살아온 일상의 모습이든, 아니면 '일요일'마다 형식적으로 지키는 종교 예식이든 상관없이, 그날은 기존 것의 연장 혹은 반복으로 그친다. 이는 토요일과 월요일 사이에 있는 일요일이지, 엄밀한 의미에서 '주일'이 아니다.

반면 '우영우'가 세상의 편견을 뒤엎는 것처럼, 일요일은 현 사회에 알게 모르게 새겨진 차별과 폭력을 뒤엎는 특별한 계기로 작용할 수도 있다. 아무리 절박한 정치적·경제적 주제가 있을지라도, 먹고살기 위해 어쩔 수 없는 바가 있다고 해도, '앞으로 보나 뒤로 보나' 불변하는 소중한 가치가 있음을 일요일에 되새김질함으로써 말이다. 성경의 언어를 빌리자면, 주님께서 부활하신 일요일은 현실의 질서와 논리에 갇히지 않을 "신성한 성품에 참여하는 자"(벧후 1:4)가 되라는 주님의 부르심을 마음에 새기는 날이다.

포스트코로나 상황이어서만이 아니라, 교회가 있는 곳이라면 어디서나 '예배 회복'이라는 구호가 있었다. 하지만 예배 자체는 회복의 대상이 아니다. '주님이 부활하신 날인 일요일'이 불러오는 새롭고 도발적인 생명이 예배를 통해 늘 새롭게 회복되어야 할 바다. 이 과업이 얼마나 잘 수행되느냐에 따라, 예배는 우리가 기존 질서를 단순히 맴돌게 할 수도 있고, 편견의 시선이 가득한 세상에서도 하나님의 성품을 가진 존재로 살아가게 할 수도 있다. 일요일을 진정한 의미에서 주일로 받아들임으로써, 정치와 경제의 논리로 직조된 듯한 현실 가운데 살면서도 실제로 역사를 통치하는 힘이 어디에서 나오는지도 올바로 보게 된다.

"그날은 똑바로 읽어도 거꾸로 읽어도 일요일입니다. 기러기, 토마토, 스위스, 인도인, 별똥별, 일요일……왕중왕?"
(2022. 8. 11)

멈췄던 꿈이
다시 시작될 때

2020년 11월에 발매된 BTS의 곡 「Life Goes On」은 이렇게 시작된다.

어느 날 세상이 멈췄어
아무런 예고도 하나 없이

2020년 초 뉴스에 코로나19라는 생소한 단어가 오르내리다 일상이 갑자기 얼어붙었다. 그때 이후 지금껏 수많은 일들이 일어났고 셀 수 없이 많은 사람들이 고통을 받았다. 바이러스에 감염되었을 때 고통도 있지만, 전염병이 바꾸어낸 삶의 모습에 적응하기 위한 고통도 끔찍했다. 오랜 진통 끝에 최근에야 팬데믹의 위협에서 벗어나는 듯한 징조가 보이는 듯하다.

지난 2년을 되돌아보니, 전염병이 멈추어 세운 세상에서도 삶은 계속되어야만 했다. 세상은 사람과 사람 사이에 바이러스가 건너오지 못할 만큼의 '거리'를 뼈대 삼아 재조직되었다. 그러다 보니 일상의 필요를 비대면으로 충족하는 기술이 적극적으로 개발되고 활용되었다. 이는 우리가 익숙하게 여겼던 삶의 모습을 광범위하게 변화시켰다. 그중 하나가 100년 넘게 이어오던 영화의 생산과 소비 방식이다.

팬데믹 상황에서 인터넷만 있으면 어디서나 영화를 볼 수 있는 OTT 서비스(Over-the-top media service, 공개 인터넷으로 시청자에게 디지털화된 콘텐츠를 제공하는 서비스)가 급성장했다. 예전에는 마음이 가는 영화를 어느 극장에서 볼까 고민했다면, 이제는 거의 무한대로 제공되는 온라인 콘텐츠를 취향에 따라 고르기만 하면 된다. 관객 입장에서는 저렴하게 더 편하게 더 많은 영화를 볼 수 있게 되었고, 영화인들은 이렇게 변화된 환경에 어떻게든 적응해야만 한다. 기술 발전에 힘입은 이러한 변화가 불가역적으로 보이는 만큼, 일상 회복이 진행되는 상황에서도 영화 관계자들의 고민이 적지 않다. 사람들이 사적인 공간에서 스마트폰이나 노트북으로 문화를 가볍게 소비하는 것에 익숙해진 상황에서, 은막의 스크린 앞에 타인과 함께 영화를 볼 때 맛보는 '전통적' 감동을 다시 선사할 방법이 있을까. 솔직히 이에 대한 묘책이 있을지 모르겠지만, 필자의 취향상 영화는 극장에서 봐야 제맛이다.

팬데믹 기간 본 영화 중 코로나19로 취소되었지만 2020년 칸 영화제 황금종려상 경쟁 부분에 오른 덴마크 영화 「어나더 라운드」Drunk가 떠오른다. 내용도 내용이지만 영화가 시작될 때 나오는 문구가 인상적이었다.

젊음이란 무엇인가? 하나의 꿈이다. 사랑이란 무엇인가? 꿈의 내용이다.

이는 평온한 일상에도 몹시 심각할 줄 알았던 19세기 덴마크 철학자 쇠렌 키르케고르Søren Kierkegaard가 한 말이다. 그가 던진 두 개의 질문과 두 개의 답변이 묘하게 꼬리와 꼬리를 무는 것 같다. 이 모두를 연결해 보면, '젊음은 사랑이라는 내용의 꿈을 꾸는 것' 정도 되지 않을까 싶다.

생명이 생물학적인 나이가 들수록 쇠약해지는 것이라면, 인간의 삶은 별다른 의미 없는 유기체적 활동에 지나지 않을 것이다. 하지만 인류는 사랑이라는 꿈을 꿈으로써 생명의 푸릇푸릇함을 나이와 무관하게 누리도록 창조되었다. 사랑의 꿈을 꿀 줄 아는 사람이 계속 등장했기에 역사에는 새로움이 마르지 않았다. 1895년 12월 28일 프랑스 파리에서 뤼미에르 형제가 영화를 선보인 이후, 영화는 수많은 사람들이 더 다채롭고 생동적인 꿈에 푹 빠지는 호사를 누리게 해주었다. 물론 지금껏 제작된 모든 영화가 좋은 것은 아니겠지만, 영화만큼 세대와 국적과 인종과 언어를 넘어서 사랑의 꿈에 함께 잠기게 하는 강력하고 흥미로운 매체는 드물다.

가을이 깊어가며 들려오는 문화 공연 소식 중에 기독교영화제와 관련한 뉴스가 포함되어 있어서 몹시 반갑다. 코로나19가 지구를 뒤덮기 전이든 후이든 할 것 없이, 현대 문화는 피상적 재미와 자극적 소재를 좇고 상업적인 성공을 우선시하는 방향으로 흘러왔다. 이러한 상황 속에서 영화인들의 축제라 불리는 영화제는 좋은 영화를 선별하고 대중들에게 알리는 데 큰역할을 해왔다. 특히, 국내의 몇몇 기독교영화제는 우리에게 색다른 사랑의 꿈을 꾸게 해주고, 이를 통해 늙어 버린 지구에서 청춘의 활력으로 살아갈 힘을 얻게 해주었다.

기독교적 가치를 품고 있는 작품성 높은 비상업적인 영화들을 모아 상영한다는 것은 평소에도 쉽지 않은 일일 텐데, 이들 영화제가 팬데믹 기간을 꿋꿋이 버텨 주었고 올해에도 어김없이 다시 찾아와 준 것이 매우 고맙다. "삶이 계속되듯 영화도 계속된다"는 한 영화제 관계자의 말처럼, 사랑을 내용으로 하는 꿈도 계속되어야 하기 때문이다. 오랜 기다림 끝에 (조금은 낯선 모습으로) 돌아온 일상을 환영하는 올가을, 좋은 기독교 영화를 보며 사랑의 꿈을 꾸어 보는 것도 젊음의 생기를 가지고 팬데믹 이후 세상을 의미 있게 살아가는 한 방법이 아닐까.

(2022. 10. 6)

신앙의 언어가
공허해질 때

　　토요일 저녁, 주보는 이미 인쇄되었다. 성경본문은 정해졌고, 거기에 맞추어 설교문도 작성되었다. 찬양대는 예배 때 부를 곡을 연습했다. 505년 전 마르틴 루터가 비텐베르크에서 일으킨 개혁을 기념하는 종교개혁기념주일이니 모두가 준비에 더 공을 들였다. 팬데믹 기간 일부 교회가 대면 예배를 강행하여 손가락질을 받았지만, 이제 막 포스트코로나 시대로 진입한 만큼 종교개혁의 정신을 되살려 교회의 본질과 사명을 세상에 새롭게 보여줄 때였다.

　　그런데 밤 열 시쯤 이태원에서 예기치 못한 대형 사고가 일어났다. 오랜만에 축제를 즐기러 수많은 인파가 모였다가 골목길에서 사람들이 뒤엉키면서 우르르 넘어졌다. 150여 명이 목숨을 잃고, 그만큼이나 많은 사람이 다쳤다. 사상자 수가 전례 없이 많은 데다가 서울 한복판에서 벌어진 일이기에 몹시 충격적이었다. 실시간으로 속보가 전달되었으나, 워낙 밤늦게 일어난 사건이라 일찍 잠든 사람들은 이를 알지 못한 채 다음 날을 맞이해야 했다.

　　압사 사고 뉴스를 아침부터 계속 듣다가 시간이 되어 종교개혁주일 예배를 드렸다. 예배가 시작되며 하나님께 영광을 돌리는 찬양이 울렸다. 기도와 설교 중 희생자들에 대한 애도와 유가족에 대한 위로가 간략히 있었지만, 이미 예배 전체가 종교개혁자들이 회복한 신앙의 위대함과 이에 부합해야 할 교회의 고귀한 사명에 맞추어져 있었다. 예배 내내 분노와 슬픔과 우울의 감정이 오락가락했다. 송영과 결단의 기도는 마음속까지 와 닿지 못한 채 귓가를 스치고 곧 사라졌다. 신앙의 언어가 이처럼 무력하고 무의미해지는 경험은 8년 전 세월호 참사 이후 처음이었다. 듣고 있는 사람도 이처럼 공허한데, 그날 그 자리에서 회중을 대표하여 찬양하고 기도하고 설교했던 이들의 심정은 어떠했을까. 피해자와 희생자의 가족과 친지, 친구들의 마음은 묘사나 가늠이 가능할까.

평온한 일상에서 잘 작동하던 언어와 매끈한 논리는 거대한 비극 앞에서 균열이 생기고 삐걱거리게 된다. 이런 극한 상황에서 말은 원래 의도와는 무관하게 피해자와 희생자가 짊어진 고통의 무게를 더할 수 있다. 언어가 무의미의 굴레에 빠져 오작동함에도 누군가 무언가를 말해야 할 때가 있다. 신앙의 언어라고 해서 예외가 아닌 듯하다. 신학적으로 옳은 말일지라도 그 상황에서는 옳지 않게 들릴 수 있다. 특히 화자가 과신학화된 나머지 피해자와 희생자의 입장을 충분히 헤아리지 않은 채 신학적 정답만을 제시하려 한다면, 그리스도인은 세상을 썩지 않게 하는 소금이 아니라 슬픔으로 생채기 난 이들의 마음을 더욱 아프게 하는 소금이 된다. 물론 교회는 어떤 상황에서든 하나님의 말씀을 전해야 하는 역할을 담당한다. 하지만 이런 거대한 비극 앞에서 선포의 사명을 '막말 면허'처럼 생각하는 일부 목회자나 성도가 언제나 생기는 것 같아 안타깝다.

혼란과 두려움에 압도당할 만한 상황에서 신앙은 우리로 하여금 말없이 인내하며 마땅히 있어야 할 곳에 머물게 함으로써 진정한 가치를 드러낸다. 성경에 따르면, '침묵'은 인간의 언어가 공허해지는 무의미의 순간 하나님이 고통의 자리에 현존하시는 중요한 방식이다. 하지만 호기심과 해석에 중독된 인간은 침묵을 견디기 힘들어하기에 하나님을 앞질러 자신이 고발자와 심판자가 되려 한다. 일례로 욥의 친구들은 본인들로서는 이해할 수 없는 현실의 무의미함을 현학적인 신학으로 채우려 했다. 이는 하나님 말씀을 전하고 실천하는 사명을 가진 교회와 그리스도인이 종종 빠졌던 유혹이기도 하다.

지금도 이태원에서 사랑하는 이를 잃은 유가족은 끔찍한 비통함에 빠져 있다. 병원에서 생사를 오가며 고통과 싸우는 생존자도 있다. 심폐소생술을 시행하고 환자를 옮기던 의인들은 트라우마에 시달리고 있다. 이태원에서 살아 돌아왔다는 이유로 죄책감에 허우적대는 이들도 있다. 참사를 언론을 통해 접한 수많은 사람들이 분노와 우울, 무기력감을 수시로 경험하고 있다. 이 모든 이들을 향한 하나님의 애통한 마음과 위로가 전달되기를 기도할 수밖에 없는 때다.

이태원에서 참사가 일어나자 교계는 '지금은 기도와 애도의 시간'이라는 선언문을 발표했다. 목회자들은 온라인에 기도문을 게시하기도 하고, 사태 수습과 유가족 지원에 동참하겠다는 의지를 보이고 있다. 포스트코로나 시대를 고민하고 준비해왔던 한국교회는 이제 '교회가 교회되는 것'은 우는 자들과 함

께 우는 데 있다는 본질적 가르침을 되새기고 있다. 그것과는
별개로 함께 슬퍼해야 할 슬픔이 유한한 인간으로서는 감히 헤
아릴 수 없을 만큼 크기에 마음이 몹시 아린다. (2022. 11. 3)

잊혀서는 안 될
이름

어느 한 저명한 랍비가 타지로 갔다가 집으로 돌아가는 기차를 탔다. 그가 들어간 객실에는 몇몇 상인들이 카드놀이를 하고 있었다. 그들은 평범한 모습의 랍비를 알아보지 못했고, 놀이를 계속하고자 카드를 돌렸다. 하지만 자기들끼리 흥이 더할수록 초연하게 앉아 있는 랍비가 괜히 신경 쓰이고 거추장스럽게 느껴졌다. 그들은 랍비에게 놀이에 끼지 않으려면 객실에서 나가라고 했다. 결국 그중 한 명이 흥분을 주체하지 못하고 랍비의 멱살을 잡고는 그를 쫓아냈다.

기차가 한 마을에 도착하자 한 무리의 사람들이 내렸다. 공교롭게도 거기에는 랍비와 상인들도 포함되었다. 역에 나왔던 마을 사람들은 랍비를 알아보고는 공손히 인사를 드렸다. 랍비를 쫓아낸 상인은 그제야 자기가 크게 실수한 것을 알고 랍비에게 다가가 용서를 구했다. 하지만 놀랍게도 랍비는 그를 용서하지 않았다. 그가 거듭 찾아가 사죄했지만, 랍비는 그를 외면했다. 마을 사람마저 평소 자비롭던 랍비의 차가운 태도를 이상하게 여겼다. 점점 불안해진 상인은 랍비의 큰아들을 찾아가 중재를 부탁했다.

부담스러운 부탁을 받은 랍비의 아들은 아버지를 만나 일단 이런저런 이야기부터 시작했다. 그러다 기회를 보아 가해자가 진정으로 세 번 사죄하면 용서해야 한다는 유대교의 가르침을 슬그머니 언급했다. 랍비는 그 원칙이 옳더라도 자신은 그 상인을 용서할 수 없다고 말했다. 왜냐하면 그때 그는 랍비를 알아보지 못한 채 그저 그런 사람이라 여기고 시비를 걸었기 때문이다. 즉 그가 범죄를 저지른 대상은 유명한 랍비가 아니라 '어느 이름 없는 사람'이었던 셈이다. 그렇기에 랍비 자신이 아니라 바로 그 이름 없는 누군가가 사죄를 받을 자격이 있다.

미국의 유대교 학자 아브라함 헤셸Abraham J. Heschel은 이 짧은 이야기를 들어, 용서가 아무리 필요하더라도 다른 누군가가 피해자를 대신해 용서할 수는 없다는 교훈을 들려준다. 개인적으로 이 이야기를 접하며 '개인의 이름'과 '고유한 인격'의 관계에 대해 생각하게 되었다. 이름이 한 사람에게 부여되고 그 이름을 부를 수 있기에 우리는 그를 다른 이로 대체될 수 없는 존엄한 인격으로 대하게 된다. 하지만 이름이 그에게서 떨어져 나갈 때 '그를 그'되게 했던 본질적인 것이 가려지고 익명의 '누군가'가 우리 앞에 선다. 그만의 고유함도 개성도 사람됨도 경험할 수 없게 되면서, 그는 역사에 등장했다 사라진 수많은 이름 없는 이 중 하나로 전락한다.

이름이 없어진 대상은 우리가 인격을 대할 때 느끼는 인간으로서 공감이라든가 도덕적 의무감을 쉽게 불러일으키지 못한다. 이름 없는 누군가는 우리 앞에 서 있을 때조차 우리에게 타자로서 저항감을 불러내지 못한다. 이름이 상대를 인격으로 대하는 데 필요한 그 무엇이기에, 이름을 잊거나 부르지 못하는 상황에서 인간의 존엄은 큰 위협을 받게 된다. 이름을 박탈당한 '너'는 나의 정신 속에서도 우리의 역사 가운데서도 인격으로서 기억될 자리를 얻지 못한다.

이태원 참사가 일어난 지 한 달이 지났다. 그동안 상식적으로 이해하기 힘든 여러 일들이 일어났지만, 그중 무엇보다도 희생자의 이름을 둘러싼 논쟁이 있었다. 정부가 국가애도기간을 일방적으로 선포하고 차린 합동분향소에 이름 없는 위패가 놓인 이래, 희생자의 이름을 놓고 다른 입장을 가진 세력이 갈등을 일으켰다. 유가족의 동의 없이 이름을 공개한 언론이 있는가 하면, 이것을 기회로 삼아 상대 당을 공격하는 정치인들도 있었다. 정치논리가 이름을 희생자로부터 떼어놓고 도구화하는 동안, 유가족은 세상을 먼저 떠난 자녀의 이름을 힘겹게 떠올리며 사망자신고를 하고, 청약통장을 해지하고, 자취방을 정리하고, 자녀의 친구들 연락을 대신 받았다.

며칠 전 여야가 이태원 참사 국정조사에 합의했다는 소식이 나오자마자 파열음이 날카롭게 들려온다. 정치에 신물이 나더는 뉴스를 보지 않는다는 사람이 주변에 늘어난다. 더욱 맹목적으로 정치적 내 편을 지지하고 상대편을 악마화하는 사람도 적지 않다. 진상조사와 책임자 처벌까지 쉽지 않은 과정을 거치겠지만, 이 또한 책임감 있고 현명한 정치적 판단 없이는 이루어질 수 없는 일이다. 부디 희생자의 이름이 본래의 역할을 속히 되찾기를 바란다. 그들의 안타깝도록 짧았던, 하지만 무엇으로도 대체할 수 없는 고유하고 소중한 삶을 기억하고 애도할 수 있도록 말이다. (2022. 12. 1)

왜
과거를
공부하는가

영국과 미국을 '공통의 언어로 나뉜 두 나라'라고 흔히 말한다. 제삼자로서 얼핏 보면 영국인과 미국인이 비슷해도, 시간을 조금만 같이 보내다 보면 생활방식이나 가치관 등에서 드러나는 차이가 은근히 크다는 것을 발견하게 된다. 과거 영국 유학 시절, 영국과 미국 학생들이 다양한 이유로 서로를 놀리거나 의견 충돌하는 모습을 목격했다. '으깬 감자 요리'를 mashed potatoes(복수형)라 할지 mashed potato(집합명사)라 할지만큼이나 양편의 논객을 자극한 주제는 공화제와 군주제에 관한 문제였다.

현대사회에서 왕이 필요한가를 놓고 벌어지는 논쟁을 관찰할 때마다, 은근히 많은 영국인이 군주제를 진지하게 대하는 것을 보았다. 21세기 민주국가에 왕이 존재하는 것이 이상해 보일지라도, 수백 년에 걸친 고민과 타협의 결과물인 입헌군주제를 함부로 부정할 수는 없으며, 일국의 대통령과 달리 영연방에서 군주가 수행해 온 오랜 역할이 있다는 것이 그들의 주요 논지였다. 이런 식으로 명쾌한 논리보다는 뻔한 '역사 수업'이 답 없이 계속되던 토론을 일단락하곤 했다.

지난 5월 6일, 영국의 찰스 3세 국왕의 대관식이 있었다.

영국에서는 엘리자베스 2세의 대관식 이후 70년 만에 열린 행사인 데다가, 21세기 유럽에서 처음 열리는 대관식인 만큼 세계의 이목이 쏠렸다. 대관식이 아니라면 소수의 기억 속에 봉인되었을 수백 년 왕실 전통이 재현되었다. 일회성 행사를 위해 투입된 막대한 인력과 세금, 곳곳에서 벌어진 반군주제 시위는 대관식을 낭만적으로만 바라볼수 없게 했다. 하지만 속도와 효용성에 취한 현대인들의 논쟁과 반발을 뻔히 알면서도 전통을 우직하게 붙잡는 모습이 특별하게 다가왔다.

찰스 3세의 대관식은 '과거란 무엇인가'라는 질문을 다시 던지게 해주었다. 역사가 중요하다는 것은 상식이지만, 역사를 중요시하려면 큰 노력이 필요하고 때로는 큰 비용도 치러야 한다. 이때 비용이란 경제적 비용만이 아니라 사회적 비용까지 포함한다. 어떤 역사를 왜 기억할 것인가의 문제는 공동체를 번영으로 이끌 수도, 분열로 이끌 수도 있기에 구성원 간의 토론과 합의가 필요하다. 때로는 전혀 효용성이 없어 보일지라도, 개인과 사회의 회복을 위해서 그리고 유사한 일이 반복되지 않기 위해서는, 피해자에게 비극적 과거를 기억할 권리를 보장할 뿐만 아니라 그 기억을 공동체가 공유하고 전승해야 한다.

과거를 기억하는 행위가 가치중립적이지 않고, 금전적·윤리적·정서적 비용까지 청구하다 보니 역사는 불편한 대상처럼 여겨지기 일쑤다. 각자의 삶의 위치와 추구하는 가치관이 다른 만큼, 한쪽에서는 과거에 지나치게 묶여 있는 반면, 다른 한쪽에서는 과거는 덮고 미래로 나가자고 주장한다. 특정 과거를 자기식으로 해석하려는 욕망에 역사책은 이념과 세계관 전쟁의 최전선이 된다. 역사학자들의 조심스러움이 답답한 나머지 유사 역사학의 얼큰하고 자극적인 과거 해석에 중독되기도 한다.

하지만 역사에는 현대인의 잣대로 재단되지 않는 낯선 실재, 그리고 나와 신념과 문화가 다른 사람들로 가득하다. 과거를 과거로 대하는 것은 내가 세상을 바라보고 살아가는 방식이 절대적이지 않음을 인정하는 '자기비움'을 요구한다. 과거의 타자성을 부인하지 않을 수 있어야 오늘을 함께 사는 타자들에게도 마음을 열 수 있는 마음의 습성이 형성된다. 이러한 이유로 전 영국 성공회의 캔터베리 대주교 로완 윌리엄스_{Rowan Williams}는 역사 공부는 기도와 금식, 성찬, 설교 듣기 등과 함께 그리스도인이 되기 위해 필요한 훈련이라고 말한다.

지금도 어디선가는 군주제를 두고 영국인과 미국인 친구가 논쟁하고 있을지 모른다. 역사적 기억이 다르니 결론이 나지 않으리라는 것을 알면서도 말이다. 하지만 토론을 통해 과거를 대하는 관점의 차이를 확인하는 것은 중요하다. 공유할 수 없는 역사적 정체성에도 불구하고 더불어 사는 맛을 더하는 것은 서로에 대한 존중과 신뢰가 있기 때문이라는 뻔한 교훈을 얻을 수 있기 때문이다. 그리고 솔직히 "Long Live the King"(왕이여, 오래 사소서)이 입에 잘 안 붙는 건 영국인도 마찬가지다.

(2023. 5. 18)

• 영국 국왕 찰스 3세의 어머니 엘리자베스 2세는 70년간 왕위에 머무르며, 영국 역사상 가장 오랜 기간 재위한 군주다. 수십 년간 "Long live the Queen"이란 말을 써 왔던 영국인에게도 "Long Live the King"은 낯설다.

땀과 국격

땀은 체온 조절을 위해 피부의 땀샘에서 분비하는 액체다. 성경의 배경인 고대 근동이 더운 지역이다 보니 땀이라는 단어가 성경에 많이 나올 법한데 정작 그렇지 않다. 한국어 성경의 경우 번역본에 따라 차이는 있지만, 신구약 통틀어 땀은 불과 서너 번밖에 나오지 않는다. 그중 땀이 처음 언급되는 것은 아담과 하와가 불순종한 뒤 에덴에서 추방된 인간의 운명이 규정되는 장면이다.

네가 흙으로 돌아갈 때까지 얼굴에 땀을 흘려야 먹을것을 먹으리니(창 3:19).

땀은 자연스러운 생리 현상이지만 몸에 무리가 갈 때 더 많이 분비된다. 그런 만큼 동서고금을 막론하고 땀은 인류가 겪는 고통이나 고달픔 등을 상징하는 표현이기도 하다.

전례 없는 폭염이 한반도를 덮쳤던 지난 한 주 동안 땀에 대한 보도가 언론에 자주 나왔다. 기상청의 기록에 도전하듯 치솟는 기온에 모두가 땀을 주룩주룩 흘렸지만, 특히 대한민국의 서쪽 지역에서 일어난 집단 땀 흘림 사건에 수많은 이들의 이목이 집중됐다. 8월 1일, 제25회 세계스카우트잼버리가 열리며 세계 곳곳에서 수만 명의 청소년이 새만금 일원으로 모였다. 하지만 텔레비전에서 뙤약볕을 받으며 큰 배낭을 메고 땀에 범벅이 된 채 걸어가는 아이들의 모습이 나오자마자 걱정부터 되었다. 처음에는 단지 더운 날씨에 온열질환에 걸리고 해충에 시달리는 아이들이 생길까 우려했는데, 얼마 지나지 않아서 21세기 대한민국의 '국격'을 생각할 때 생각지도 못했던 문제점들이 터져 나왔다. 간략히 요약하자면, 화장실은 더러웠고, 샤워 시설은 불충분했으며, 식사는 부실했고, 의료진은 부족했다.

잼버리가 시작되고 며칠 동안 연일 "나라 망신이다", "정부와 지자체는 제대로 준비를 했는가"라는 비판이 이어졌다. 국내의 부정적 여론과 참가국의 우려가 커지자, 행사가 그나마 무탈하게 진행되도록 정부와 기업, 종교계가 힘을 모았다. 이렇게 힘겹게 행사를 이어가던 중, 한반도로 다가오는 태풍 때문에 결국 새만금에서 참가자 전원이 조기 철수하게 되었다. 아쉬운 마음도 들었지만, 어른들의 준비 부족과 무책임한 태도 때문에 고생하던 청소년들을 생각하면 오히려 잘된 일이라는 생각마저 들었다.

새만금 잼버리 말고도 수만 명이 땀을 쏟는 사건이 현재 진행 중이다. 토요일마다 서울 한복판에서 전국에서 모여든 성인들이 함께 땀을 흘린다. 그것도 옷을 맞추어 입고 가장 더운 오후 시간에 그늘막도 없이 강렬한 햇볕에 달궈진 아스팔트 위에서 말이다. 이들이 모인 목적은 자신의 근무지에서 스스로 목숨을 끊은 서울서이초등학교 교사를 추모하고 진상규명을 촉구하는 한편, 실추된 교권 회복과 학교 교육 정상화를 위한 교사들의 의지를 연대를 통해 보여주기 위해서다.

놀라운 것은 교원단체의 개입이나 주도 없이도 집회가 자발적으로 이어지고 있다는 사실이다. 매주 한 명씩 집회 신청을 하면, 무더위에도 불구하고 전국 각지에서 교사들이 검은 옷을 입고 모여든다. 이들은 한국의 수준 높은 교육 시스템 안에서 훈련받았고, 세금으로 운영되거나 국가 지원을 받는 기관에서 일하며, 한국사회를 이끌고 지탱할 다음 세대를 교육하는 사람들이다. 사람들이 잼버리 대회를 놓고 국격이 떨어졌다고 말하지만, 수만 명의 교사가 폭염 속에서 온열질환의 위험을 무릅쓰고 집회를 해야 하는 현실 자체가 대한민국의 국격과 무관할 수 없다.

잼버리 상황을 보며 많은 사람들이 국격을 걱정하는 것은 우리가 국가 이미지를 주로 외국인의 시선과 인정을 바탕으로 평가하는 데 익숙하기 때문이 아닐까 하는 생각이 들었다. 하지만 국가의 품격은 우리의 일상을 가능하게 해주는 사람들, 그리고 우리와 함께 살아가는 사람들을 존엄하게 대하는 사회에 살고 있는지로 따져 볼 필요가 있다. 대한민국을 조금이라도 더 살기 좋게 만들고, 부당하게 고통받는 사람을 줄이고자 흘리는 땀의 가치를 얼마나 인정하는지에 따라 국가의 위신이 달라지기 때문이다.

그리스도인은 자신이 속한 나라의 멋들어진 모습만이 아니라, 예수께서 선포하신 하나님 나라의 품격을 국격의 잣대로 삼는 사람이라 할 수 있을 것이다. 성경에 따르면, 낙원에서 추방된 인류는 땀 흘리며 노동해야 먹고살 수 있는 존재다. 땀의 화학적 성분은 어디서든 같겠지만, 가난한 사람, 자유를 잃은 사람, 장애가 있는 사람, 학대당하는 사람(눅 4:18)을 위해 연대하며 함께 땀 흘리는 곳에서는 더 많은 사람들이 인간답게 먹고살 수 있는 새로운 현실이 모습을 드러운다. 마음을 어둡게 만드는 사건 사고가 잦아지고 무더위로 짜증이 치솟는 대한민국에서, 진정 국격이 떨어지는 곳이 어디인지, 그리고 어떻게 국격이 회복될 것인지에 대한 신앙인의 색다른 성찰이 더 절실해 보인다. (2023. 8. 10)

오 캡틴,
나의 캡틴!

1989년에 개봉된 영화 「죽은 시인의 사회」Dead Poets Society는 1959년 미국 동부의 명문 개신교 사립학교를 배경으로 한다. 그 학교가 상류층 출신이 들어갈 수 있고 대다수 학생이 아이비리그 대학교로 진학하다 보니, 교실에서는 전통과 규율과 성공이 언제나 강조된다. 그렇게 대단한 학교에 개성적이고 창조성이 넘치는 문학 교사 존 키팅이 부임한다. 그는 독창적으로 수업을 진행할 뿐만 아니라, 자신을 선생님 대신 선장을 뜻하는 '캡틴'이라 불러도 좋다고 말해 학생들에게 충격을 준다.

학생들은 처음에는 키팅의 독창적인 비전형적인 교수법을 낯설어하다가, 점차 자기 내면의 목소리에 귀를 기울이면서 자신의 개성과 자유를 발견해나가게 된다. 그럴수록 키팅과 학교당국, 학부모와 학생 사이에 갈등이 터지리라는 것은 불 보듯 뻔하다. 결국 키팅은 학교에서 쫓겨나게 되는데, 교실에서 쓸쓸히 퇴장하는 키팅을 보고 한 학생이 책상에 올라가 외친다. "오 캡틴, 나의 캡틴!" 뒤이어 다른 학생들도 한 명씩 차례로 책상에 올라가며 영화는 감동적으로 끝을 맺는다.

"오 캡틴, 나의 캡틴!"은 19세기 미국 시인 월트 휘트먼Walt Whitman이 쓴 시의 첫 구절이다. 휘트먼의 시에서 '캡틴' 곧 선장은 미국의 시민전쟁 때 북부의 승리를 이끌고 노예를 해방한 대통령 에이브러햄 링컨을 가리킨다. 전쟁이 끝나자 암살당한 링컨처럼, 역경 끝에 항구로 들어가는 배 갑판 위 선장은 죽은 채 누워 있다. 시인은 차갑게 식은 선장에게 이렇게 외친다. "오 캡틴, 나의 캡틴! 일어나 종소리를 들으십시오."

「죽은 시인의 사회」라는 옛 영화가 오늘 갑자기 떠오른 것은, 지난 주말 20만 명의 교사들의 시위를 뉴스로 접했기 때문인 듯하다. 근무지에서 목숨을 끊은 서이초등학교의 교사 49재 추모제를 앞두고 전국에서 수많은 교사가 모였다. 몇 주째 계속되며 점차 커져가는 시위를 보며, 그동안 억눌렸던 교사들의 울분과 더 많은 교사가 죽을지 모른다는 절박한 위기감이 전해졌다. 하지만 주말 집회 소식과 함께 또 다른 교사들이 스스로 세상을 떠났다는 비보가 더해져 가슴이 더욱 아팠다.

수십만이 국회 앞에 모였음에도 시위는 평화롭고 질서 있게 진행되었다. 개인적으로 교사들의 시위가 언론에 비치는 모습이 의아하고 불쾌했다. 몇몇 신문이 여의도를 빽빽하게 메운 교사들이 열과 오를 맞춘 모습을 항공촬영하고는, "시위의 교과서", "바둑판 같은 집회", "칼각 집회", "이것이 한국의 선생들이다", "지금껏 이런 시위는 없었다" 등의 헤드라인을 걸어두었다. 타인의 아픔에 공감하거나 우리 사회의 고질적 문제를 지적하기는커녕, 그 자리에서 쏟은 땀과 눈물마저 웃음거리로 희화화하는 것 같아 눈살이 찌푸려졌다. 교사들이 모인 것은 시위를 얼마나 잘하는지를 보여주기 위함도 아니고, 그런 모습을 다른 나라 시위와 비교하며 뿌듯해할 일도 아닌데 말이다.

그날 여의도 상황이 저 높은 하늘에서 찍히면서 현장의 울분도 함께 멀어진 것 같았다.

교사들이 7주 동안 시위를 이어가는 가운데 교사들의 집단행동을 지지하는 학부모들이 늘어났다는 것은 그나마 고무적인 일이다. 그 소식을 접하며 종교인들도 교사들의 목소리에 귀를 더 기울이고 그들을 위로하고, 더 나아가 그들과 연대하며 힘을 보태 주면 어떨까 하는 생각도 해봤다. 어찌 보면 현대사회에서 '권위 상실'이라는 근본적 어려움을 심각하게 겪고 있는 곳이 교육계와 종교계 아닌가. 그런 의미에서 권위주의는 없애되 권위는 보호받고 존중받을 수 있는 사회적 분위기를 만들기 위해 힘과 지혜를 모을 필요가 있지 않을까 생각된다.

주말 집회를 뒤로하고 교사들은 오늘도 교육 현장을 지키면서 어려움 가운데서도 다음 세대를 교육하고 있다. 그리고 주말이면 더 나은 학교와 사회를 위해 자발적으로 거리로 나올 것이다. 후쿠시마 오염수 방류, 홍범도 장군 흉상 철거 논란 등 한국사회를 뜨겁게 달구고 갈라놓는 이슈 속에서도 이들이 묵묵히 이어나가는 시위를 향한 관심과 응원이 필요해 보인다. 누구나 가슴에 품어 봤을 법한 "오 캡틴, 나의 캡틴"을 어린 학생들이 만나볼 수 있는 세상을 꿈꾸면서 말이다. 물론 키팅 같은 선생님은 영화에나 있겠지만, 교육은 언제나 이상과 현실의 차이, 그리고 그 둘을 좁히려는 부단한 노력 가운데서 이루어지지 않았던가. (2023. 9. 7)

봄바람이
끊이지 않는 곳

명절 가족 예배 때 자주 불리는 찬송이 있다. 전영택 작사, 구두회 작곡의 「사철에 봄바람 불어 잇고」(새찬송가 559장)다. 봄바람이 믿음의 가정에 끊이지 않는다는 훈훈한 가사 덕분인지 한국 그리스도인이 애송하는 곡이다.

'늘봄'이라는 호를 가졌던 소설가 전영택 목사는 현실의 거침과 냉랭함, 심지어 죽음마저 넘어서는 온화한 기운을 글로 표현하곤 했다. 1925년에 발표한 『화수분』의 주인공 이름은 '재물이 계속 나오는 보물단지'라는 뜻의 화수분이다. 화수분은 이름과 달리 시종일관 가난하고 끔찍한 삶을 살아가다, 끝내 아내와 꼭 껴안고 동사하고 만다. 이쯤 되면 작가가 주인공 이름을 화수분이라고 지은 것 자체가 상식적으로 이해가 되지 않을 정도다. 하지만 소설의 마지막 장면에는 암담한 현실에도 불구하고 생명의 빛이 은근하게 비치고 있다.

> 이튿날 아침에 나무장사가 지나가다 그 고개에 젊은 남녀의 껴안은 시체와 그 가운데 아직 막 자다 깬 어린애가 등에 따뜻한 햇볕을 받고 앉아서 시체를 툭툭 치고 있는 것을 발견하여 어린 것만 소에 싣고 갔다.

나무장사가 어떤 사람인지, 아이가 이후 무엇을 하며 살았는지, 부부의 시체는 어떻게 되었는지 소설은 전혀 암시를 주지 않는다. 대신 결말은 삶을 근본적으로 가능하게 하는 것이 무엇인지 생각할 여운을 남긴다. 찬바람으로부터 아이를 보호한 부모의 체온, 추위와 어둠을 몰아내고 아이를 보듬은 아침 햇볕. 이러한 따스함이야말로 연약한 우리를 지탱하는 생명의 신비가 아닐까. 거친 세상에서 희망은 물질적 풍요나 안정이 아닌, 사랑의 온기를 받으며 자라남을 보여주는 것 아닐까.

「사철에 봄바람 불어 잇고」는 그러한 사랑이 샘솟는 곳으로 '믿음의 가정'을 삼는다. 이 곡이 등장한 1960년대 대한민국은 경제적으로 넉넉하지 않고, 정치적으로 혼란했다. 하지만 1970-80년대 산업화와 민주화 덕분에 점점 더 많은 이들이 풍족하고 안정적으로 살게 되었다. 반면 사람들이 집에 머무는 시간은 줄어들고, 가정이 담당하던 교육의 상당 부분이 학교로 넘어갔다. 이 시기에는 인구증가 속도를 늦추고자 가족계획도 진행되었다. 출산율을 낮추고자 온 나라가 힘썼던 만큼 "하나씩만 낳아도 삼천리는 초만원" 같은 기발한 구호도 유행했다.

오늘날에는 반세기 전과는 다르게 핵가족, 비혼주의자, 딩크족 등 여러 삶의 형태가 공존한다. 전통적 가족 개념이 해체되는 현대사회에 두드러지는 역설적 현상은 '가족의 절대화'다. 몇몇 사회학자는 가족 구성원 수가 줄어들고, 안정적 삶을 추구하면서 '이상적 가족'이 숭배 대상이 되었다고 지적한다. 그래서인지 가족의 이익과 안전이라는 명목하에 부정의가 용납되고 타인에 대한 폭력이 정당화되는 일이 적잖게 일어난다.

최근 언론을 떠들썩하게 한 일부 학부모들이 교사들에게 보여 준 '갑질'도 왜곡된 가족주의의 발현인 경우가 많다.

「사철에 봄바람 불어 잇고」의 가사처럼, 믿음 안에서 가족은 '즐거운 동산'이 되고, 서로를 보살피면 초가집도 '천국'처럼 변모하며, 온 식구가 둘러앉는 곳이 '낙원'으로 경험될 수 있다. 하지만 어떤 이에게 가정은 불편한 곳일 수도, 타인에게 끔찍한 일을 저지를 논리를 제공하는 곳일 수도 있다. '가족은 이래야만 한다'는 당위적 접근, 타인의 존엄에 무관심한 '내 가족주의'가 삶의 곳곳을 일그러지게 한다. 사회의 변화와 개개인의 필요와 감정에 반응하려는 노력 없이 혈연적 가족을 천국의 모형으로 여기다 보면, 가족 자체가 종교처럼 되어 버린다.

예수께서는 "누구든지 하나님의 뜻대로 행하는 자가 내 형제요 자매요 어머니"(막 3:35)라고 하셨다. 혈연적 가족 개념을 해체하는 도발적 상상력을 주님께서 주신 만큼, 믿음의 가정은 현대사회에 공존하는 여러 삶의 형태를 포용하는 온화한 바람이 불어오는 곳이 되어야 한다. 예수께서 제자들을 하나님 나라의 일꾼으로 부르신 것도, 지금 우리가 그리스도의 몸인 교회로 부름을 받은 것도 냉랭한 세상에 봄바람을 불어 잇는 새로운 믿음의 가족이 되게 하기 위함이 아니었던가. (2023. 10. 5)

이태원역 1번 출구
돌기둥

저는 이태원역 1번 출구에 있는 돌기둥입니다. 이태원역이 개통하고 20년 넘게 이곳을 지켜오고 있습니다. 현대인이 바쁘다 보니 저마다 자기 일에 몰두하느라 오가는 길에 저에게까지 주의를 기울이지는 못합니다. 가끔은 지하철 출구 계단을 힘겹게 오르고는 저한테 기대어 잠깐 쉬시는 분도 계십니다. 가던 길에 별생각 없이 저를 발로 툭 차고 가시는 이상한 습관을 지닌 분도 있고요. 늘 바빠 보이는 사람들과 달리, 동네 강아지들은 저를 보고는 그냥 지나치지 않고 냄새를 맡고 영역 표시를 합니다. 큰 관심이기는 하지만 그리 달갑지만은 않습니다. 그래도 예나 지금이나 저는 이태원을 방문하는 분들이 만나는 장소로 꽤 인기가 있습니다.

저는 돌기둥인지라 한자리에 꼼짝 못 하고 서 있으면서, 지난 세월의 흔적과 수많은 사람들의 기억을 품고 있습니다. 작년 이맘때, 핼러윈 날 저녁이었습니다. 제가 오랜 기간 이태원에 있었지만 그렇게 많은 인파가 한번에 몰리는 것을 본 적은 없습니다. 축제를 즐기러 온 사람들이 제대로 앞을 보지도 못하고 자기 의지대로 걷지도 못한 채 이리저리 밀려다니는 것이 정말 큰일이 날 것만 같았습니다. 아니나 다를까, 제 바로 앞에서 갑자기 사람들이 우르르 넘어지면서 수백 명이 좁은 골목에 끼여 버렸습니다. 이들은 꼼짝도 못 한 채 고통을 호소하며 도움을 요청했습니다. 늦게나마 인파를 뚫고 구급차와 소방차가 왔지만, 안타깝게도 현장에 도착했을 때 이미 많은 분들이 의식을 잃은 상태였고 심지어 숨을 쉬지 않고 있었습니다. 그런 끔찍한 상황에서 저는 아무것도 하지 못했습니다. 움직이지 못하는 돌에 불과했으니까요.

그날 이후 한동안 누가 시키지 않았음에도 시민들은 사고 현장으로 와서 일면식도 없던 희생자들을 추모하기 시작했습니다. 많은 분들이 희생자를 위한 메시지를 제 몸에다 붙이고 국화를 두었습니다. 그런 와중에도 일부 정치인들은 저랑 같이 사진 찍히면 큰일이라도 나는지 코빼기도 안 보이더군요. 그래도 우리 사회에는 선량한 이웃들이 더 많나 봅니다. 제가 한 덩치 한다고 생각했는데 제 몸은 곧 추모객이 남긴 꽃과 편지로 뒤덮였습니다. 사건 당일 아무것도 할 수 없었던 돌이지만, 저는 희생자를 기억하고 상처 입은 사람들이 서로를 보듬는 임시 추모공간이 되었습니다.

사건이 일어나고 52일 동안 15만 명의 시민이 애도하기 위해 저를 찾았다고 합니다. 이후 추모글과 물품들은 다른 곳으로 옮겨졌고, 저는 원래의 모습을 되찾았습니다. 하지만 그날 워낙 큰 사건이 일어났던 만큼, 한동안 이태원을 방문하는 사람들이 많이 줄었더군요. 쓸쓸해 보일 수도 있는 나날 속에서도 저는 돌인지라 그곳을 지켰습니다. 시간이 흐르며 사람들은 조금씩 이태원에 돌아왔고, 과거보다는 덜하겠지만 동네도 조금이나마 활기를 되찾았습니다. 많은 것이 회복되는 가운데도 참사가 왜 일어났고, 누가 어떻게 책임질 것인지의 문제를 밝히는 일은 정치인들의 힘겨루기 속에서 미루어졌더군요.

어느덧 1년이 지나 다시 10월 말이 되었습니다. 사고현장에는 '10·29 기억과 안전의 길'이 조성되었고, 희생자들을 애도하기 위한 추모의 벽도 만들어졌습니다. 작년만큼은 아니더라도 많은 분들이 이곳을 찾아 주셨고요. 그런데 아직 왜 사고가 일어났는지 진상조사가 제대로 시작되지도 않았고 책임지겠다는 사람도 없다고 하던데, 어떻게 이럴 수 있는지 제가 돌이라 그런지 도저히 이해할 수가 없네요.

성경에는 "이 사람들이 침묵하면 돌들이 소리 지르리라"(눅 19:40)는 구절이 있다더군요. 물론 진상규명이 되지 않는다고 하여 제가 막 고함치지는 않을 것입니다. 제 역할은 다른 데 있는 것 같습니다. 저는 사람이 많을 때나 적을 때나, 사고에 대한 충격에 휩싸였을 때나 기억이 흐려질 때나 그 자리에 있었고 앞으로도 있을 겁니다. 거리를 오가는 사람들이 저를 보고 사건을 기억하고, 희생자를 추모하고, 진상이 밝혀지기를 바라는 마음을 잃지 않도록 말입니다.

제가 어떻게 그런 일을 할 수 있냐고요? 저는 움직이지 못하는 돌이니까요. 그리고 하나님이 인간을 창조하시며 저 같은 돌을 보고도 과거를 되새김질하며 더 나은 사회를 만들어갈 수 있는 신기한 능력을 주셨으니까요. (2023. 11. 2)

악플을 달
권리

　인터넷에서 우연히 충격적인 해외 뉴스를 접했다. 노벨상 수상자가 학부생들의 강의 평가가 너무 안 좋아 극도의 스트레스를 받다가 결국에 자살했다는 소식이다.

　자기 목숨을 끊은 노벨상 수상자 관련 기사는 타인에 대한 평가에 얽힌 문제의 심각성을 보여준다. 연구자로서 탁월해도 강의 전달력이 좋지 않은 사람이 얼마든지 있을 수 있지 않을까? 세계적 수준의 연구를 이해할 역량에 이르지 못한 어린 학생들에게 '강의 잘하는가'와 같은 모호한 기준으로 강의를 평가하게 하고는, 교수를 그러한 평가에 있는 그대로 노출시키는 것이 정당할까? 익명으로 하는 강의 평가에 부작용이 있지만 큰 틀에서 보면 긍정적인 면이 더 많다는 모호한 낙관론이 인격이나 생명보다 더 중요시되어야 할 이유는 무엇인가?

　뉴스 보도를 끝까지 읽어나가다 노벨상 수상자의 자살보다 더 놀라운 사실을 발견했다. 이 모두가 기자가 지어낸 이야기라는 것이다. 기자는 충격 요법을 가지고 대학교에서 현재 시행되는 강의 평가 제도의 문제를 고발하려 했다. 상대에 대한 평가가 폭력적인 결과를 불러낼 수 있고, 한 인간의 성취를 몇 가지 질문으로 가늠하는 것이 각 사람의 고유함을 뭉개는

획일화된 시각을 만들어낼 수 있음도 보여주려 했다. 타자를 평가할 권리를 가졌다는 어설픈 생각이 그의 존엄에 대한 파괴로 이어질 수 있다는 것에 대한 경각심도 일깨웠다.

사실, 우리가 사는 세상은 한 사람의 진가를 제대로 알려 하지 않은 채 무례하고 폭력적인 언어로 그의 삶을 무너트리는 일이 수시로 일어나는 곳이다. 특히 현대인의 삶에서 온라인이 차지하는 비중이 크다 보니 포털 사이트, 동영상 플랫폼, 소셜 네트워크서비스에 다는 댓글이 자기 생각을 표현하고 서로 의견을 교환하는 매체가 되었다. 그러면서 댓글로 상대에 대한 인신공격을 서슴없이 퍼붓는 악플이 큰 사회문제가 되었다. 실제로 사람들의 이목에 많이 노출된 연예인과 정치인 등의 공인들은 조그만 실수나 규명되지 않은 의혹만으로도 악플 세례를 받고 괴로워한다. 심지어 일부는 악플이 할퀸 마음의 상처가 치유되지 못할 병이 되어 결국 스스로 자기 삶을 마무리한다.

악플을 다는 사람들에게는 자신들의 행위를 정당화하는 나름의 이유가 있다. '악플이 부정적 결과를 일으킬 수 있어도 이는 표현의 자유에서 비롯된 것이다', '공인들이 사람들의 주목을 받아서 부와 명예를 누리는 것을 고려한다면, 그들의 삶은 공개적으로 평가받아야 한다', '바쁜 세상에서 시간을 내어 동영상을 보고 기사를 읽은 만큼, 자기 의견을 댓글로 표현할 권리가 있다.' 이 모든 악플의 이유에는 어떤 점에서 '일리'一理가 있다. 하지만 일리는 말 그대로 일리, 즉 사실의 일면만 비추는 이치일 뿐이다. 자신의 일리를 진리眞理로 착각할 때 우리의 생각은 뻔뻔해지고, 우리의 언어는 염치없어지며, 우리의 행동은 파괴적이 된다.

야고보서 기자는 우리가 하나님을 찬양하면서 그 입으로 "하나님의 형상대로 지음을 받은 사람을 저주"하는 모습을 경고한다(약 3:9). 한 입에서 찬송과 저주가 함께 나오는 것이 마땅하지 않다는 말씀은, 악담이 단지 교양과 도덕의 결핍이 아니라 신앙과 깊숙이 관련된 문제임을 알려 준다(약 3:10). 21세기 우리는 혀만이 아니라 손가락으로 하나님의 형상을 저주하는 시대에 살고 있다. 말로 저주할 때는 최소한 자기 얼굴을 걸고 험담을 한다지만, 댓글로 사람을 저주할 때는 익명성 뒤에 숨을 수 있기에 더 치졸하고 잔인하다. 악플의 시대를 살아가는 그리스도인이라면 표현의 자유가 악플의 권리를 정당화하는 논리로 오용되는 현실에 더욱 주의를 기울이고 이에 강력히 저항해야 한다. 타인과 직접 대면하지 않은 채 그에 대한 평가를 일방적으로 남길 수 있는 환경에서 무분별하게 증식하는 악플 문화 이면의 심리가 세상적이고 정욕적이며 마귀적임을 직시할 때(약 3:15), "화평하고 관용하고 양순하며 긍휼과 선한 열매가 가득"한 온라인 문화도 조금씩 형성되지 않을까 기대해 본다(약 3:17). (2024. 1. 25)

여가 상실

여름방학은 이래야 한다! *So müssen Sommerferien sein!*

독일의 작가 헤르만 헤세 *Hermann Hesse* 의『수레바퀴 아래서』 *Unterm Rad* 2장 시작부에 나오는 문장이다. 소설의 주인공 한스 기벤라트는 눈에 띄게 내성적이지만, 동네에서 신동이라 불릴 만큼 영특한 아이다. 1900년대 초반 독일에서 이 정도로 뛰어 난 소년의 미래는 거의 정해져 있었다. 먼저 주 정부에서 시행 하는 악명 높은 선발고사를 통과해서 신학교에 들어간다. 그러 고는 그곳에서 실력을 다시 인정받아 튀빙겐과 같은 유서 깊은 대학교로 진학한다. 거기서 여러 고전어를 통달하고 신학의 제 분야를 공부한 뒤 시험을 치르고 논문을 써서 목사나 교수가 된다.

한스는 마을 대표로 선발고사를 준비하는 만큼 학교를 마 치고는 홀로 그리스어, 라틴어, 종교, 수학 과목 보충 수업을 받았다. 영광스러운 일임은 틀림없고, 본인도 공부가 싫지 않 았지만, 내성적인 소년이 온 동네 사람들의 기대를 한 몸에 받 아야 했던 만큼 압박감이 매우 컸다. 한스가 살던 곳이 선발고 사가 열리기에는 너무 작은 마을인지라, 시험을 치르기 위해서는 낯선 도시에 가야 했다. 거기서 시골 출신인 자신과 달리 좋은 교육을 받은 동년배들을 보고 큰 스트레스를 받았다. 몸과 마음 상태가 엉망이 된 한스는 시험을 망쳤다는 생각에 시무룩해졌다. 그런데 정작 결과가 발표되고 보니, 그는 아주 우수한 성적으로 시험을 통과했다. 한스는 마을의 자랑거리가 되었고, 이제는 그러한 관심이 부담스럽지만은 않았다.

시험 결과 발표가 나고 신학교 입학까지 7주간의 방학이 '선물'처럼 한스에게 주어졌다. 긴긴 여가의 시간, 그동안 햇빛 아래 시골 여름은 무성하고 푸르게 익어갔다. 따스하고 부드러운 공기가 폐를 채우자, 행복도 온몸으로 퍼져갔다. 매일 한스는 사람 키만큼이나 풀이 자라고 여름꽃은 흐드러지게 핀 들판을 지나 강가로 갔다. 강 물결에 수면 위로 올라오는 낚시찌처럼, 시험 준비로 지금껏 눌렸던 기쁨이 마음 위로 다시 떠올랐다. 그래, 여름방학은 이래야 한다!

하지만 이러한 여유도 잠깐. 시골 여름의 흥취를 흠뻑 들이마시는 한스를 보고 '친절한' 동네 목사님이 가만있을 수는 없었다. 목사님은 신학교에 들어가서도 뒤처지지 않으려면 선행학습을 해야 한다고 타일렀다. 결국, 한스는 아름다운 여름방학을 포기하고 목사관에 가서 원어로 신약성경을 읽는 법을 배웠다. 목사님으로부터 신학에 대한 이런저런 이야기를 미리 들으며 마음에 불안도 커갔다. 여가를 빼앗긴 한스가 얻은 것은 선발고사 준비 당시 자신을 꽤 괴롭히던 두통의 재발이었다.

짧지만 찬란하게 빛나는 여름방학 이야기는 총 7장으로 이루어진 『수레바퀴 아래서』에서 잠깐 나오고 곧 자취를 감춘다. 누가 알았을까. 한스에게 여가라는 선물이 다시 찾아오기까지 얼마나 힘든 일이 기다리고 있을지. 아니, 이러한 충만한 여가의 시간이 그에게 다시 찾아올 수 있을까. 신학교에 진학한 한스는 억압적인 분위기에 적응하지 못했고, 선생님과 아버지, 목사님 등 어른들은 이 가여운 소년을 위로하기는커녕 닦달하고 압박하며 절망에 빠뜨렸다. 결국 한스는 학교를 떠나 실패자의 모습을 하고 마을로 외로이 돌아왔다.

『수레바퀴 아래서』는 헤세가 신학교에서 실패를 경험한 자신의 자전적 이야기를 소설화한 책이다. 자기의 옛날이야기를 꺼내면서까지 그가 비판하고자 한 대상은 젊은이를 수레바퀴 아래 짓눌러 버리는 빌헬름 제국 시대의 비인간적이고 성과 중심적인 교육 정책이었다. 하지만 쉼과 여유의 기쁨을 상실한 이는 한스만이 아니다. 끊임없이 업적을 내고 자신을 개발해야 하는 현대인은 한스와 마찬가지로 여가라는 선물을 상실한 상태다. 직장과 업무로부터 자유로운 휴가를 가서도 문화적 압박에서는 자유롭지 못해, 소셜네트워킹서비스에 강박적으로 사진을 게시한다. 타인이 자랑하듯 올린 휴가지 모습에 일단 '좋아요'를 누르고는, 그다음 어디로 여행을 갈지를 검색하느라 마음은 쉬지 못하는 것이 많은 이들의 모습이다.

하나님은 천지를 6일간 창조하시고 일곱째 날에는 안식하셨다. 그렇다고 그날 아무 일도 안 일어난 것은 아니다. 하나님이 안식하심으로 그날을 "복되게 하사 거룩하게" 하셨다(창 2:3). 하나님의 형상인 인간도 바쁨으로 망가져 버린 시간에 무위無爲를 위한 여가의 공간을 구획할 수 있어야 한다. 그래야 불안과 짜증으로 점령된 일상이라도 그 속에서 시간을 축복하고 아름답게 가꿀 터전을 얻게 된다. 구약성경의 그리스어 번역인 칠십인역에는 다음과 같은 구절도 있다. "여가를 가져라. 그리고 내가 하나님인 줄 알라(시 46:10)." 그러니 모든 이가 여가라는 선물을 누리는 복된 여름을 기원하는 것도 신앙적인 일이 아닐 수 없다. (2024. 7. 11)

개 같(고 싶)은
내 인생

　한국에서 개는 오랫동안 하대받은 동물이었다. 그런 만큼 '개 같은'이란 표현은 인간다움에 못 미치거나, 비루한 처지에 있거나, 상황이 무척 안 좋음을 보여주고자 종종 사용되었다. '개 같은'이라는 말에 배어든 왠지 '욕 같은' 느낌을 활용한 영화, 노래, 책 제목도 적잖이 있었다. 일례로 1995년에 개봉된 「개 같은 날의 오후」는 가부장제, 공권력, 사회적 편견에 저항하고자 한여름 타오르는 아파트 옥상으로 올라간 '개 같은' 대우를 받던 여인들의 이야기다. 하지만 '개 같은'의 어감이 타 문화권에서는 그다지 부정적이지 않아서인지, 이 영화의 영어 제목은 단순하게 'A Hot Roof'(뜨거운 옥상)로 지었다.

　제목에 '개 같은'이 들어간 유명한 영화가 또 있다. 1985년에 선보인 스웨덴 영화 「개 같은 내 인생」Mitt Liv Som Hund은 장난기 많은 12살 소년 잉마르를 중심으로 이야기가 전개된다. 유년기는 지나도 어른은 아닌, 그래서 모든 것을 모호하고 새롭게 경험하는 소년이 배워가는 삶의 슬픔과 기쁨을 아름답게 그린 작품이다. 이 영화는 세계 여러 영화제에서 수상하며 작품성을 인정받았고, 대한민국에서도 1987년 이후 2018년 재개봉될 정도로 잔잔한 사랑을 받았다.

영화 「개 같은 내 인생」에서 개는 실존했던 강아지를 지칭한다. 냉전 시대 미소 양국이 무한 경쟁을 펼치며 광활한 우주마저 선점하려 했을 때, 소련은 우주로 동물을 보내는 실험을 먼저 시도했다. 이를 위해 길거리를 돌아다니던 개 한 마리가 지구 생명체의 대표로 선택받았다. 라이카라는 이름의 이 강아지는 1957년 11월 3일 스푸트니크 2호에 실려 우주로 보내졌다.

최초의 우주견 라이카의 유명세가 큰 만큼, 이후 라이카 이야기를 접한 사람들 뇌리에는 자기에게 무슨 일이 벌어졌는지 알지 못한 채 홀로 우주를 떠도는 개 한 마리의 두려움과 고독 어린 두 눈이 박혀 버렸다. 하지만 이것은 인간의 어긋난 상상력과 과도한 공감능력이 만들어낸 잘못된 이미지다. 정작 1957년 당시 만들어진 우주선은 그 안에 탄 생명체를 고온과 소음과 충격에서 보호할 정도가 못 되었고, 사람들 생각과 달리 라이카는 지상에서 이륙한 지 7시간 만에 죽었다고 한다.

21세기 세계 각지에서 개의 위상은 사뭇 다르다. 반려문화의 발달로 개와 동거하는 사람이 늘고, 동물권에 관한 논의도 활발하다. 한국사회에서도 '개 같은'이 부정적인 의미만으로 사용되지 않는다. 오히려 개는 개 같은 표정과 몸짓과 소리로 자신을 드러내고 사랑을 쟁취한다. 개를 개라고 불러도 교양 없는 사람처럼 여겨지고, 개를 함부로 대하다가는 동물학대범이 되어 버린다. 문자적으로 '개 팔자가 상팔자'가 된 세상이 도래하며 개와 인간의 상황이 역전되었다는 푸념도 들려온다.

동네에 청년들이 은근히 많이 찾는 작은 책방이 있다. 책방 주인에게 얼마 전 재미있는 이야기를 들었다. 요즘 MZ세대 중 반려동물을 기르지 않아도 반려견을 위한 케이블 TV를 보는 이들이 꽤 있다는 것이다. 잘 알다시피, 반려견 전용 채널은 오랜 시간 집에 홀로 있는 강아지의 심리적 안정과 스트레스 해소를 위한 목적으로 만들어졌다. 그런데 개를 기르지도 않는 사람들이 반려견 전용 채널을 보는 이유는 TV 속에서 강아지와 다정히 교감하는 견주의 부드러운 목소리에 큰 위로를 받기 때문이라고 한다. 실제 그런 젊은이가 얼마나 되는지는 모르겠지만, 이러한 이야기가 오간다는 것 자체가 감정과 위로에 새로운 방식으로 접근하는 세태를 반영하는 것이 아닌가 싶다.

'개 같은 인생'에서 '개 같고 싶은 인생'으로의 전환은 말장난이 아니라, 우리 사회가 더 나은 감정적 연대와 이해를 갈망하고 있음을 시사한다. 그러니 현대인이 정신적으로 나약해졌다고 지레 판단하지 말자. 과거는 이것보다 훨씬 더 힘들었다고 비교하지도 말자. 하나님이 참 위로라는 것이 진리일지라도, 상대의 처지에 공감하지 않은 채 값싼 종교적 위로를 남발하지도 말자. 대신 위로는 깨달음이나 교훈보다는 타인에 대한 경청, 감정의 진솔한 교류, 과하지 않은 유머에서 더 잘 전달됨을 명심하자. 현대사회에서 연대와 연민의 가치를 회복하려면 상대 곁에 머물며 한결같이 신뢰를 보여주는 '개 같은' 사람이 필요함을 먼저 인정하자. (2024. 8. 8)

3부

배움,

지혜를
발견하는
언어

또한 나는 천지간에 의지할 곳 없이 외롭게 서 있는지라 마음
붙여 살아갈 것이라고는 글과 붓이 있을 뿐이다. 문득 한
구절이나 한 편 정도 마음에 드는 것을 만났을 때 다만 혼자서
읊조리거나 감상하다가 이윽고 생각하길 이 세상에서는 오직
너희들에게나 보여줄 수 있겠다 싶었다.……너희들이 참으로
책을 읽으려고 하지 않는다면 내 저서는 쓸모없는 것이 되고
말 것이다. 내 저서가 쓸모없다면 나는 할 일이 없는 사람이
되고 만다.……너희들이 독서하는 것이 내 목숨을 살려 주는
것이다.

— 정약용 『유배지에서 보낸 편지』 중

칼럼 쓰기의 이론과 실제,
혹은 삶의 역설을 대하는 법

지난 몇 년간 학교에서 신입생을 위한 글쓰기 수업을 담당하다 보니, '칼럼 쓰기의 이론과 실제'라는 제목의 강의도 하게 되었다. 칼럼의 정의와 더불어 여러 작가의 칼럼 쓰는 방식을 소개하고, 칼럼 한두 편을 골라 학생들과 함께 읽는다. 학생들에게 칼럼을 작성하라는 과제도 내어주고, 채점을 기다리며 쌓여 있는 칼럼을 보며 괜히 숙제를 내주었나 생각하기도 한다.

청출어람 곧 스승을 뛰어넘는 제자가 나오는 것이 하나님이 창조하신 세계의 법칙인지라 이론 설명이 끝나면 학생들이 예상치 못한 날카로운 질문을 던진다. "교수님께서 예로 드신 칼럼을 정독해 봤는데, 솔직히 왜 좋은지 잘 모르겠습니다. 글도 산만하고, 무엇을 말하려는지 알기도 힘듭니다." 이런 질문에는 수년간 강의 경험으로 자연스럽게 형성된 매뉴얼에 따라 움직이면 된다. 첫째, 그런 반응을 예상했다는 듯이 여유로운 표정을 보인다. 둘째, 입으로는 아주 좋은 질문이라고 칭찬하면서, 머릿속으로는 답변을 준비할 시간을 번다. 셋째, 생각이 정리되면 학생에게 그 글의 장점을 어떻게든 설명한다. 넷째, 학생의 눈빛에 불만족이 서려 있더라도, 완벽한 글은 없는 만큼 더 많은 독서를 하여 모델로 삼을 만한 글을 찾으라며 훈훈하게 끝맺는다. 하지만 눈치 빠른 학생이라면 글쓰기의 이론과 실제가 꽤 다르다는 것을 이미 간파했을 것이다.

여기서 눈치 없이 물러서지 않고 더 곤란한 질문을 던지는 학생도 간혹 있다. "왜 교수님은 직접 쓰신 글이 아니라 다른 사람의 칼럼을 보여주십니까?" 이럴 때면 정색을 하고 말한다. "저는 제 글이 여러분들이 따라야 할 모범이라고 생각할 정도로 나르시시스트는 아닙니다." 겸손을 가장해 상황을 모면하지만, 솔직히 말하자면 제정신인 작가 중 여러 사람, 특히 자기가 가르치는 학생들 앞에서 자기비판과 검열을 할 정도의 내공을 가진 이가 그리 흔하겠는가.

이는 칼럼 쓰기만의 문제가 아니다. 인간의 앎과 실천 사이에는 언제나 큰 골이 있다. 'OOO의 이론과 실제'라는 식의 강의가 대학교 커리큘럼에서 사라지지 않는 것만 봐도 알 수 있다. 둘 사이의 틈을 어떻게 좁힐지를 놓고 인류는 여러 방식으로 고민했지만 마땅한 해결책을 지금껏 찾지 못했다. 바울 또한 이렇게 이야기하지 않았던가. "내가 원하는 바 선은 행하지 아니하고 도리어 원하지 아니하는 바 악을 행하는도다"(롬 7:19). 이처럼 그리스도인이라고 할지라도 '아는 바'와 '행하는 바' 혹은 '이론'과 '실제'의 불일치 문제를 극복하기가 쉽지 않다. 어떤 이는 믿음의 내용과 실천, 혹은 신학과 삶이 일치해야 한다고 하지만, 성경이 보여주듯 그러한 강박은 쉽사리 율법주의로 빠지고 타인에 대한 손가락질로 이어진다.

그리스도인이 된다는 것은 자기 힘으로는 앎과 실천을 온전히 일치시킬 수 없음을 자각하고, 둘의 조화를 자기 힘이 아니라 하나님의 은총 안에서 누리는 삶의 방식을 익혀가는 과정이라 할 수 있다. '나'처럼 '너'도 이론과 실제 사이 벌어진 균열 어딘가에 있음을 인정할 때, 그 곤란함에서 건져 줄 신적 자비를 인간이라면 누구나 기다리고 있다는 것도 배우게 될 것이다. 그렇다면 상대의 부족함을 보고 쾌감을 얻거나 서로의 잘못을 과장하며 편을 가르는 대신, 그리스도께서 우리에게 부탁하신 용서와 화해에 희망을 거는 모험도 시도해 볼 수 있지 않을까 싶다. 배려와 공감의 시선으로 타자를 대함으로써 각박한 세상에서 서로가 서로에게 쉼과 회복의 계기가 되리라는 기대도 감히 해본다.

글이 옆으로 샜으니 본론으로 돌아오기로 하자. 올해도 글쓰기 수업에서 칼럼 쓰기 과제를 내주었다. 학생 중 일부는 참고할 만한 자료를 찾다가 담당 교수가 여기저기 기고한 부족한 글을 우연히 보게 될지도 모르겠다. 혹 그러하다면 이론과 실제 사이에는 개인의 노력으로 넘어서기 힘든 차이가 있음을 상기하고 부디 자비로운 눈으로 글을 읽어 주길 부탁한다. 좋은 글을 쓰려면 마음에 안 드는 글에서도 장점을 찾을 수 있어야 한다고 수업 시간에 강조했던 것을 학생들이 기억하길 바라며 또 한 편의 칼럼을 소심하게 마무리한다. (2021. 3. 4)

80년 묵은
악마의 편지

　　모든 것의 시작에는 나름의 뒷이야기가 있다지만, 고전 혹은 베스트셀러로 알려진 책은 우리가 예기치 못한 이유로 세상에 등장한 경우가 특히 많다. 2차 세계대전 당시 쓰였던 C. S. 루이스의 『스크루테이프의 편지』*The Screwtape Letters*는 의외로 저자가 설교 시간에 딴생각을 하다가 탄생한 작품이다.

　　루이스가 교회에서 설교에 집중하지 않고 공상의 타래를 풀어놓게 된 데는 몇 가지 요인이 있다. 우선, 한동안 교회에 못 나갈 정도로 몸 상태가 몹시 안 좋았다. 게다가 영국군이 프랑스에서 독일군에 의해 쫓겨나듯 탈출한 됭케르크 작전 직후라, 대다수 영국인이 평화롭게 예배를 드릴 심리적 여유가 없었다. 무엇보다도, 금요일 밤에 라디오로 들었던 독일의 독재자 히틀러의 광기 어린 연설이 머릿속에 강하게 박혀 있었다 (동네 교회 설교자와 인류 역사상 최고 군중 선동가 히틀러가 비교되는 현실이 조금 잔인하기는 하다).

　　설교 시간의 '딴생각'마저 선하게 사용하시려는 하나님의 유머에 대한 응답이랄까. 설교를 듣던 루이스의 머릿속에 '악마가 악마에게 쓰는 편지'라는 발상이 떠올랐다. 그는 교활한 악마 스크루테이프가 조카 악마 웜우드에게 어떻게 성공적인 유혹자가 될 수 있을지를 편지로 조언한다는 설정으로 약 9개월 동안 31통의 편지로 구성된 원고를 작성했다. 루이스는 원고를 성공회 주간지 『가디언』 *The Guardian*에 보냈고, 1941년 5월 2일부터 11월 28일까지 편지가 매주 하나씩 공개되었다. 본 칼럼이 실리는 주에 스크루테이프의 편지가 처음 등장한 지 80주년이 된다.

아무리 허구라고 하더라도 악마가 쓴 편지가 정기적으로 교계 언론에 등장하자, 거기에 담긴 신학이나 기괴한 설정이 껄끄럽다는 볼멘소리가 들려왔다. 당시 신실한 독자들, 특히 성공회 사제들의 관점에서 이것은 신성모독의 경계에 근접한 보도 듣도 못한 기획이었다. 하지만 일부의 부정적 평가를 압도하는 대중의 찬사와 호응이 뒤따랐다. 인간성에 대한 심도 있는 탐구, 풍자와 유머가 가득한 신학적 우화, 세속화된 유럽에 대한 문화비평, 악의 본질에 대한 세밀한 분석이라는 호평이 곳곳에서 들려왔고, '…의 편지'라는 형식으로 메시지를 뒤틀어 전달하는 패러디 작품도 뒤따랐다.

세대를 거듭하며 사랑받는 작품이 대개 그러하듯, 『스크루테이프의 편지』에서 발견하는 매력은 독자마다 다를 것이다. 개인적으로, 이 책의 가장 인상적인 공헌은 악마를 '행정의 세계'에 위치시켰다는 것이다. 사무실 책상에서 펜대를 굴리는 악마라니, 이 얼마나 기발한 발상의 전환인가! 삼지창을 들고 염소 꼬리를 한 농경사회의 악마와 비교할 때, 얼마나 현대적인 세련됨과 교양을 갖춘 악마인가!

루이스가 그려낸 악마는 철저하게 실리를 추구하고, 업적에 목매달고, 실패에 대한 처벌을 두려워하는 존재다. 이러한 악마의 영역, 즉 지옥을 풍자하는 이미지는 흥미롭게도 관료조직이다. 여러 사람의 삶을 곤경에 처하게 할 계획서에 고급 만년필로 서명하고, 말쑥한 정장을 입고 담소를 나누며 티타임을 가지는 관료의 사회는 악의 기만성과 평범성을 효과적으로 드러내는 배경이 되어 준다. 루이스가 직감한 이러한 위험은 세계대전 당시 유대인 학살에 가담했던 적지 않은 수의 성실하고 책임감 있는 독일 관료에 의해 현실화되었다.

실제 악의 폭력성은 제도나 시스템을 통해 효율성과 안전을 추구하려는 순진한 욕망 뒤에 숨어 있는 경우가 많다. 오늘날 우리도 사람을 인격체가 아니라 서류에 기록된 신상정보 몇 줄로 단순화하고, 타인의 생명을 관리와 조종의 대상으로 보며, 양심의 목소리 대신 결제라인을 판단의 기준으로 삼는 도덕적 불감증이 일상화된 사회에 살고 있음을 부인하기 힘들다. 『스크루테이프의 편지』가 세계 곳곳에서 사랑을 받는 이유는 악이 책상에 놓인 결재서류처럼 진부한 곳에서 교묘히 작동한다는 보편적 경험을 대변하기 때문이 아닐까 싶다.

인류를 타락시킬 비법을 전수하는 스크루테이프의 편지가 루이스의 기지로 세상에 공개된 지 80주년이 되었다. 이를 계기로 평범한 모습을 하고 퍼져 있는 악이 없는지 주위를 한번 되돌아봤으면 한다. 루이스가 악마를 묘사한 방식에 동의하든 안 하든, 이미 익숙해져 버린 악에 대항하며 내 삶에서 무언가 해야 한다는 사실은 예나 지금이나 변함없다. (2021. 4. 29)

G. K. 체스터턴에 맞서는 악마의 전략

C. S. 루이스의 『스크루테이프의 편지』 이후, 악마가 악마에게 편지를 쓰는 구성으로 현실을 뒤집어 묘사하거나 풍자하는 글이 종종 등장했다. 아래의 글은 20세기의 대표적 그리스도교 고전인 G. K. 체스터턴의 『영원한 인간』 한국어판 출간을 맞아, 이 책이 1925년 출판되었을 때 지옥 유혹자 본부의 악마가 후배 악마에게 보내는 편지 형식으로 작성한 서평이다. 참고로, 이 글은 악마의 시각에서 쓰였기에 반어적으로 해석해야한다. 대표적으로 악마가 혐오하는 '원수'는 '하나님'이다.

친애하는 신참에게,

요즘 네가 환자들을 원수에게서 멀어지게 하는 데 재미를 붙여 밤낮으로 열심히 일한다고 소문이 자자하더구나. 유혹자 양성학교를 갓 졸업하고 현장에 투입된 신입치고 실적이 나쁘지 않더군. 무엇보다, 전통은 케케묵은 것이고 현대의 과학적 세계관이 인류의 최고 업적이라는 생각에 환자들을 흠뻑 취하게 만든 것은 큰 성과였다. 지성인으로 멋지고 책임 있게 살려면 사상적 유행에 뒤처져서는 안 된다는 그럴싸한 믿음을 심어 주는 것만큼 효과적인 유혹 방식도 없지.

환자들이 과거와 단절되고 현재에 파묻혀 살 때 그들의 시선은 '무엇이 참인가'에서 '무엇이 최신 학문인가'로, '무엇이 옳은가'에서 '무엇이 실용적인가'로 옮겨가게 마련이다. 그런 의미에서 H. G. 웰스H. G. Wells의 『세계사 대계』*The Outline of History*로 환자들의 정신세계를 야금야금 갉아먹는 전략을 취한 것은 성공적이었어. 그들은 지적 경박함과 교만 때문에 책 내용보다는 저자의 박식함과 유려한 문체에 홀려 버리지. 그러다 곧 원수의 형상으로 만들어진 그들 머릿속은 뒤죽박죽되고, 자신에게 부여된 고귀함마저 우습게 여기게 된다. 실제 웰스를 추종한다는 녀석들이 웰스가 가진 겸손함과 균형감은 무시하고 진화론적 역사관을 교조화하면서 자신들은 동물에 불과하다고 으쓱거리지 않더냐. 심지어 원수의 아들을 너무나도 존경하지만, 그 이유는 그가 자기들보다 조금 더 나은 짐승이기 때문이라고 자랑스럽게 떠들기까지 하지.

이처럼 각종 현대사조로 세상에 혼동이 가중되자, 지옥 유혹자 본부에 간사한 웃음이 넘치고 있구나. 하지만 나는 이러한 천박한 분위기에 짜증부터 난다. 현직에서 밀려난 내가 다른 유혹자들이 잘나가는 모습을 질투한다고 넘겨짚지 말거라. 알다시피 왕년에 난 유서 깊고 명예로운 『헬리뷰오브북스』*Hell Review of Books* 편집장 아니었더냐. 탁월한 유혹자를 길러내려면 원수에 대한 갈망을 일으키는 책도 '교육용으로' 읽어야 한다고 편집후기에 썼다가 '자유주의 유신론 악마'로 낙인찍혀 내쫓겼지만. 하지만 여전히 지옥 어디에서도 나처럼 해박하고 학식 있는 악마는 찾아보기 힘들 테야.

요즘 신참 유혹자들이 환자들을 넘어뜨리는 기술을 알려주는 실용서만 읽고, 관리직에 오른 고참이란 것들은 서류만 보는 것을 보아하니 지옥의 앞날이 심히 우려된다. 봐라, 그 사이 G. K. 체스터턴이 『영원한 인간』*The Everlasting Man*을 출간하는 것을 누구도 못 막지 않았더냐. 약 20년 전 체스터턴이 『이단』*Heretics*과 『정통』*Orthodoxy*을 선보였을 때 이 작자가 얼마나 위험한지 알아차린 것은 지옥에서 나를 포함한 극소수였다. 유혹자 본부에 한자리 차지한 것들은 책을 대충 요약한 보고서만 읽고는, 이런 고루한 '정통주의자' 글에 환자들이 영향을 받는 시대는 이미 지나갔다고 무시했지. 이성의 힘에 이미 중독된 환자들이 다시 유치하게 상상력을 사용이나 하겠으며, 누가 옛 동화나 전설같이 고루한 정통교리에 관심을 가지겠냐고 체스터턴을 얕잡아봤어. 무능한 관료 유혹자들이 책상에 앉아 거드름을 피우는 사이, 현대주의라는 사슬이 느슨해지면서 우리 손아귀에서 탈출한 환자들이 늘어났다는 것은 누구나 아는 사실 아니냐.

이번에 나온 『영원한 인간』을 검토하고 밤낮으로 안절부절못했다. 웰스식 역사서술로 지성의 세례를 받았다고 자부했던 환자들이 참 실재에 눈을 뜨도록 체스터턴은 또 다른 방식으로 상상력의 세례를 주고 있었어. 태곳적부터 원수가 환자들에게 종교를 선물했고, 원수의 아들이 직접 환자 가운데 거함으로써 구원으로 이끌 길을 열어 주었다는 끔찍한 논증도 거기에 있었다. 심지어 펜에 돛이라도 달았는지 순풍에 배가 활기차게 나아가듯 원시 시대부터 인류 역사 전체를 쭉쭉 밀고 나가며 새롭게 해석하고는, 결국 전례 없는 방식으로 그리스도교의 가르침이 진리임을 가증스럽게 보여주더군.

내 장담하건대 이 책 때문에 자기 잘난 줄 알던 무신론자 환자 중 일부가 원수를 향해 돌아서게 될 거다. 체스터턴의 영향으로 교파주의를 넘어 순전한 그리스도교를 추구하고, 자기가 가진 문학적 소양을 활용해 신앙을 변증하며, 상상력을 발휘해 어른들도 즐길 법한 판타지와 동화를 써내게 될 때 우리 유혹자들은 되돌릴 수 없는 타격을 받을 거야.* 누가 알겠느냐. 이제 막 원수의 추종자들이 생기기 시작한 한반도에서 150년쯤 후에 『영원한 인간』 번역본이 나올지. 체스터턴 본인도 들으면 황당해 껄껄 웃을 일이지만, 원수에게 가스라이팅을 당하다 보면 환자들이 우리 유혹자들로서는 예상치 못한 별의별 일을 다 벌인다는 것을 기억해야 해.

책 한 권에 큰일 난 것처럼 내가 호들갑 떤다고 다른 유혹자들이 비아냥거린다고 들었다. 그들은 체스터턴의 난해한 문체를 대다수 환자가 어려워할 것이라 지레짐작하지. 허영심으로 환자들이 『영원한 인간』을 구매해도 분량에 압도되어 몇 장 읽다가 포기하고 말 거라 조롱한다. 하지만 모순과 부조리를 활용하는 체스터턴의 문체는 도끼와 같아 환자들을 사로잡고 있는 선입견과 시대정신을 깨부수기에 적합하단다. 무엇보다

---

* 실제로 20세기 대표적 변증가이자 판타지 작가인 C. S. 루이스의 회심에 체스터턴이 큰 영향을 끼쳤다.

원수는 환자들의 허영마저 이용할 정도로 겸손하다는 역겨운 사실을 잊지 말거라. 책장에 장식용으로라도 꽂혀 있는『영원한 인간』이 늘어난다는 것은 환자나 그의 친지가 우연히라도 이 책을 꺼내 읽을 위험도 함께 커진다는 것인데, 왜 이 사실을 꿰뚫어 보지 못하는지 답답해 미칠 지경이다.

　『영원한 인간』이 이미 출간된 이상, 유혹자 특유의 비열함을 최대한 활용해 환자들이 이 책을 접하지 못하게 해야 한다. 교회의 위기를 과장해 문제의 본질보다 현상만 건드리는 미봉책에 집중하게 하는 것은 언제라도 효과적이다. 교파주의를 자극해 체스터턴이란 낯선 작가의 글이 추천도서 목록에 오르지 못하게 하는 것도 여전히 유효한 전략이겠지. 또한, 고민과 성찰이 필요 없는 문자주의적이고 도덕주의적인 믿음이 원수에게 가는 지름길이라고 부추기거라.

　내 끝으로 한 마디만 충고하자면, 환자들이 강한 무신론자나 냉소적 회의주의자로 남아 있게 하려면 무엇보다도 그들이 읽는 책부터 검열해야 함을 명심해야 한다. 그들이 체스터턴을 멀리하게 만들 수 있느냐가 너의 역량을 시험할 무대이자, 지옥 유혹자 본부의 미래의 방향을 결정하는 계기가 되리라는 강한 예감이 드는구나. 책에 대해서라면 지옥 누구에게도 뒤지지 않는 안목을 가진 나의 말을 흘려듣지 않기를 바란다.

　　너를 아끼는 선배 유혹자이자, 헬리뷰오브북스 전 편집장 OOO

　　　(2024. 12. 3, 이 책을 위해 새로 쓴 칼럼)

채점의
슬픔과 기쁨

　오랫동안 신학생들을 가르치다 목회를 시작한 한 교수님이 계셨다. 옛 동료들이 그분께 "매일 새벽기도 인도하느라 힘드시죠?"라고 물었더니, 예상 밖의 대답이 나왔다. "그래도 학생들 시험 본 거 채점하는 것보다는 낫습니다."

　전·현직 신학교 교수님들 사이에 오고간 말 속에 무언가 공감을 불러내는 것이 있다. 그것은 정신과 육체에 전인적 고통을 일으키는 '채점'이라는 노동이다. 6월이면 대학교에서는 기말고사 기간이 시작된다. 학기 초 반짝이던 학생들의 얼굴도 이때쯤이면 누적된 피로에 발효된 듯한 빛깔을 띠게 된다. '많은 것을 배워야지'에서 '어떻게든 학기를 끝내자'로 목표를 이미 수정한 학생들도 적지 않다. 이상과 현실 사이 타협의 결과물인 보고서와 답안지가 교수연구실 한쪽에 탑처럼 쌓이면, 며칠간 다른 일 제쳐놓고 채점에 매달려야 한다.

　솔직히 말하자면, 채점은 아직 생각이 영글지 않고 기술적으로 서툰 학생들의 글을 읽고 평가해야 하기에 쉽지 않은 작업이다. 내가 다른 사람의 노력을 '공정하게' 평가하는 위치에 있어야 한다는 심리적 중압감 때문에 더 어렵게 느껴진다. 학생들은 밤잠을 설치며 공부한 내용으로 답안을 썼는데, 이를 후루룩 읽고 점수를 매기려니 미안한 생각이 들지 않을 수 없다. 글 속에 다 담지 못한 좋은 생각은 없었는지, 내가 내준 과제가 학생의 장점과 잠재력을 평가하기에 적절한지 등 여러 고민이 밀려온다. 아침에 마신 커피의 효력이 충만할 때와 늦은 오후 카페인 고갈로 집중력이 흔들린 때의 채점에는 분명 차이가 있을 텐데, 혈중 카페인의 불균등에서 파생된 불공정 사태를 어떻게 해결할지는 아직 잘 모르겠다.

시험 성적의 공정성은 절대 풀리지 않는 문제이기에, 이에 의문을 품는 학생들 사이에서 채점에 대한 온갖 '신화' 같은 이야기들이 전해 내려오기도 한다. 어떤 교수님은 선풍기에다 답안지를 날려 가깝게 떨어지면 더 높은 점수를 주는데, 이유인즉슨 답안지에 잉크가 더 많이 묻어 있어 무겁기 때문이란다. 또 다른 교수님은 특정 색깔을 싫어하기에 그 색이 아닌 펜을 가지고 답안을 작성해야 불이익을 당하지 않는다는 이야기도 있다. 예전 불교철학 수업 기말고사에서 한 학생이 답안지에 공空이라는 한자어 하나를 크게 적어놓고 A를 받았다는 '사실'은, 오히려 '신화'로 전승되어야 열심히 공부한 학생들이 덜 억울할 것 같다.

'채점이란 무엇인가'를 고민하면서 배운 점이 하나 있다. 보통 시험은 학생이 치르고 평가는 교수가 한다는 전제를 깔고 있다. 하지만 교수와 학생의 관계는 그리 단순하지 않은 것 같다. 학창 시절 내내 나의 어설픈 글을 인내하며 평가해 준 누군가가 존재하지 않았다면, 지금 내가 누군가의 글을 채점하는 위치에 설 수 없었을 것이다. 또한 많은 학생들이 내가 진실하고 공정하게 채점할 것이라고 (어느 정도) 믿어 주기 때문에, 나는 '감히' 그들에게 성적을 부여할 용기를 가질 수 있다. 이처럼 다른 사람을 평가할 수 있는 한 사람이 세워지려면 많은 사람들의 도움과 신뢰, 기대가 그를 감싸고 떠받쳐 주어야만 한다.

복음서에 나오는 예수 그리스도의 호칭 중 하나는 '선생'이다. 하지만 그분은 시험을 출제하고 채점하는 방식으로 제자들을 가르치지 않으셨다. 그렇다고 그리스도를 뒤따라 시험과 과제를 없애자고 말할 수 없는 것은, 평가의 과정 없이는 교육이 제대로 이루어지기 힘들기 때문이다. 현대 교육 시스템과는 무관하게 예수께서 하신 말씀이지만, 성적을 매길 때 종종 떠오르는 한 마디가 있다. "형제의 눈 속에 있는 티는 보고 네 눈 속에 있는 들보는 깨닫지 못하느냐"(마 7:3). 이 엄중한 경고처럼, 교육 현장에서 학생들의 실수는 잘 잡아내면서도 나 자신의 오류와 무지는 보지 못할 때가 있다. 이 말씀은 다음과 같이 패러디할 수도 있을 것 같다. '학생들의 답안에 있는 교수로서 너의 호의는 보면서, 채점을 하는 네 속에 있는 타인의 은혜와 학생들의 신뢰는 깨닫지 못하느냐.'

학기 말이 다가오며 제대로 된 논리도 없이 말이 길어지는 것을 보니, 아무리 좋게 생각하려고 해도 기말고사는 학생뿐만 아니라 교수에게도 스트레스를 주는 일인 것 같다. 하지만 현실이 힘들더라도 주님께서 완성할 미래에 대한 희망은 놓지 말자. 참 스승이신 주님께서 오시면, 다시는 지금 같은 시험도 없고, 과제도 없고, 채점도 없고, 성적표도 없을 것이다. 우리 주여, 오시옵소서! (2021. 5. 26)

갓난아기처럼
소란스러운 하나님

　　팔레스타인이 로마의 식민지였던 아주 먼 옛날, 예수라는 흔한 이름을 가진 유대인 아기의 울음소리가 어두운 밤의 고요함을 찢었다. 하지만 많은 현대인은 정작 그의 생일이 다가오면 '고요하고도 거룩한 밤'에 '잘도 자는' 착한 아기의 모습을 머릿속에 그린다. 사실 어머니 태에서 갓 나온 아기는 평화롭게 잠만 자지는 않는다. 신생아는 수시로 보채고 우는 존재다.

　　아기 예수가 울음을 터뜨리며 태어난 곳은 매우 위험한 세계였다. 복음서에 기록된 탄생 전후의 사건만 봐도 잘 알 수 있다. 로마 제국은 식민지를 효율적으로 통치하고자 인구조사를 한다는 명목 아래 생업의 무게에 눌린 사람들에게 고향까지 먼 길을 가라고 명령했다. 새로운 왕이 등장한다는 말을 듣고 두려움에 사로잡힌 헤롯 대왕은 한 아이를 잡고자 유아 대학살을 저질렀다. 만삭의 임산부에게조차 쉴 공간이 허락되지 않아 신생아를 동굴 안 구유에 눕혀야 했을 정도로 팍팍했던 인심은, 크리스마스 촌극에 종종 등장하는 여관주인 한 사람만의 도덕적 실패는 아니었다.

　　예수께서는 여느 다른 아기와 다를 바 없이 태어나셨지만, 그가 태어난 세계는 유독 비인간적이고 불안정하고 폭력적인 곳이었다. 하지만 '고요하고 거룩한 밤'의 목가적 평화로움에 대한 종교적 탐닉이 실제 아기가 내뱉은 날카로운 울음소리와 그를 둘러싸고 있던 세계의 위태로움을 가려 버릴 수도 있다. 이와 함께 무력 사용을 일삼는 정치, 거짓에 물든 종교, 타인의 필요에 무감각해진 양심을 꽤 성가시게 하려고 세상에 온 특별한 아기가 온몸으로 보여준 보챔 또한 무시당할지도 모른다.

이처럼 그리스도인이 별다른 생각 없이 구원자의 탄생을 기념할 때조차, 아름답고 온화한 것을 선호하는 욕망이 만든 종교적 판타지가 작동한다. 많은 사람들에게 기쁨을 주는 크리스마스를 놓고 이렇게까지 예민할 필요가 있냐고 반문할지도 모르겠다. 그런데 한 세기 전 스위스의 자펜빌이란 작은 도시에서 목회하던 칼 바르트라는 젊은 목사는 이것보다 훨씬 더 까탈스러웠다. 아니, 이러한 '까칠함'이야말로 현실에 너무나도 익숙해져 버린 우리가 신앙과 신학의 출발점으로 삼아야 한다고 생각했다.

바르트가 볼 때 우리 삶을 구성하는 정치와 종교, 문화, 교육, 예술 등은 인간 욕망의 산물이다. 자기중심적인 인간은 알게 모르게 이것들을 활용하여 하나님마저 자기식대로 길들이려 한다. 이런 관점에서 보면, 교회야말로 하나님이 주신 말씀을 가지고서 참 하나님을 찾기는커녕 자기가 믿고 싶은 절대자와 자기에게 유리한 종교 제도를 만들어내기에 가장 큰 불순종의 위험에 노출되어 있다. 인간은 자신의 이러한 기만적인 모습에서 벗어나 하나님께 도달할 길이 없다. 오직, 하나님의 계시이신 예수께서 십자가라는 충격적 방식으로 인간의 본능적 불순종을 폭로하셨고, 부활을 통해 참 하나님이 누구신지 알려 주셨다.

이러한 급진적 문제의식을 지녔던 만큼, 바르트는 당시 주류 학계와는 달리 신학 이론을 정교하게 파고들거나 문화 속에 세련된 형태로 드러난 계시를 발견하려고 하지 않았다. 대신 그는 바울이 로마인에게 보낸 편지를 우직하게 읽고 또 읽었다. 바르트의 말에 따르면, 우리는 하나님이 1세기에 바울에게 하신 말씀이 '지금 여기' 있는 우리에게 하시는 말씀으로 들릴 때까지 읽어야 한다. 하지만 이조차 우리 힘으로 이루어낼 독서 목표가 아니다. 먼저, 하나님 말씀이 우리의 개인적 삶과 문명 전체에 얽혀 있는 불신앙부터 고발하고 심판해야 한다. 하나님의 철저한 부정 위에서만 세상을 회복하는 하나님의 자비의 말씀을 제대로 이해할 수 있다. 이러한 혁명적인 로마서 읽기를 바르트는 글로 남겨서 출간했고, 이 책이 바로 20세기의 가장 중요한 신학책으로 꼽히곤 하는 『로마서』*Der Römerbrief*다.

이번 달로 『로마서』 2판이 탈고된 지 정확하게 100년이 된다. 한 세기 전 작품이지만, 이 책은 그때와 전혀 다른 듯 몹시 닮은 세상을 살아가는 우리에게도 여전히 큰 생각거리를 던져 준다. 혼란과 위기를 앞두고 교회가 어떻게 살아남을지 혹은 그리스도인이 어떻게 사회에 이바지할지 묻기 전에, 우리가 지금 여기서 하나님의 말씀에 귀를 기울이고 순종하는지부터 질문해야 한다는 것이다. 자기중심적이고 성취 지향적인 완고한 자아가 비워질 때, 하나님의 계시가 각종 분열과 폐단을 만들어내는 개인적 환상과 집단적 기만을 찢고 있음을 발견하게 된다. 그리고 그 틈 사이로 하나님의 미래가 일상에 이전에 없던 새로운 빛을 비추고 있음도 보게 될 것이다.

세계대전 이후 문명의 위기를 돌파할 힘으로 바르트는 이 단순한 사실에 희망을 걸었다. 바르트와 함께 지금 여기서 말씀하시는 하나님께 귀를 기울였던 젊은 신학자 무리가 20세기 초반 개신교 신학 역사의 새로운 장을 열었다. 하나님 말씀에 대한 이와 같은 믿음과 헌신이 사회의 극심한 분열과 코로나의 장기화로 인한 고통과 피로감에 빠진 오늘날에도 필요해 보인다. 이것이 오래된 신학책을 좋아하는 사람 몇몇이 고질적으로 가지고 있는 고전에 대한 노스탤지어에서 나온 순진한 기대가 아니길 바란다. (2021. 9. 16)

극한직업

극한직업이란 무엇인가. 일이 극도로 고되고 힘든 직업인가. 연봉의 많고 적음을 떠나 위험한 일을 하는 직업인가. 아니면 많은 사람들이 꺼리는 일을 하는 직업인가. 예를 들면, 해외에서는 동물 사체 처리하는 일을 극한직업으로 꼽곤 하는데, 그 이유는 노동의 강도보다는 심리적 부담이 크기 때문이다. 사람과 문화마다 직업 앞에 '극한'을 붙이는 이유는 다르겠지만, 보이거나 보이지 않는 곳에서 극한직업에 종사하는 고마운 사람들은 언제 어디서나 있었다. 그러한 분들 덕분에 우리가 각자의 일에 몰두하거나, 사소한 일에 정신이 팔려 있는 중에도 사회가 별 탈 없이 돌아갈 수 있다.

특정 직업군이 가지는 위험도나 스트레스 정도는 시대가 바뀌며 변화하는 것 같다. 한국사회에서 교사는 예부터 존경받는 선망의 직업이었다. 그런데 2010년대 중반에 교사들을 위해 특별히 고안된 보험이 탄생했다. 교사 업무 중 발생한 질병이나 사고 등에 대한 병원비 및 배상 책임을 보장하는 것을 주 골자로 하는 상품이다. 보험 내용을 자세히 살펴보면, 교권 침해 시 민형사 소송비 지원에 관한 내용이 꽤 상세하다. 이처럼 교육 현장의 필요에 전적으로 맞추어 설계되고, 심지어 교사로서 가지게 되는 불안정성을 달래는 데 특화된 상품이 나올 정도면, 교사라는 직업은 남모를 고충이 꽤 많이 있는 직업임에 틀림없다. 하지만 여전히 한국사회에서는 교사가 스트레스는 많아도 안정적인 고용과 각종 복리후생 등 여러 혜택이 많기에 '극한직업'이라고까지 부르기는 어렵다는 정서가 널리 퍼져 있다.

필자의 경우, 주로 대학원생을 가르치다 보니 초·중·고 교사들이 겪는 것과 같은 어려움에는 상대적으로 덜 노출된다. 그럼에도 강단에 선 기간이 길어지면서 가르치는 일이 점점 더 극한직업처럼 느껴진다. 그 어려움은 노동강도나 위험성보다도, 교육이라는 활동이 가진 특성에서 나오는 것 같다. 내 생각이 타인의 생각을 형성하고, 내 말이 학생들이 미래를 선택하는 데 영향을 끼칠 수 있기에, 교실에 들어설 때마다 어느 정도의 '두려움과 떨림'이 늘 있다. 내가 지나가듯 한 말마저 기억하는 사람이 있다는 것, 학생 전체를 위한다는 명목으로 소수의 필요에는 민감하게 반응하지 못한다는 것, 부정확한 기억과 판단에도 불구하고 무언가 이야기해야 한다는 것, 학생들의 기대치에 걸맞을 정도 수준으로 연구할 능력과 여력이 없다는 것 등등. 그 외에도 교육자로서 자신의 한계를 느끼게 하고, 부족함에 낙망하게 하는 계기는 많고도 많다. 정도의 차이는 있지만, 다른 사람을 가르치는 사람은 이와 비슷한 정서를 공유하지 않을까 싶다. 하지만 교육자의 불완전함에도 교육이라는 활동 자체가 가진 힘 덕분에 지금껏 인류는 문명을 발전시켰고, 수많은 도전에 창조적으로 반응할 수 있었음도 인정할 수밖에 없다.

올해 개강을 앞두고는 수업 부담이 더 크게 느껴진다. 팬데믹 상황은 여전히 계속되는 중이고, 재난 상황 속에서 빈부 격차는 더 벌어졌으며, 이 와중에 러시아와 우크라이나 사이에 전쟁은 일어났고, 국내외 여러 문제를 놓고 사회적 갈등이 고조되는 중이며, 비대면으로 관계가 재형성되다 보니 삶의 형태는 급격히 바뀌었다. 가치의 진공 상태에서 교육이 이루어지는 것이 아닌 만큼, 변화한 현실에 대한 이해를 바탕 삼아 학생들을 가르치려면 공부를 착실히 해야 한다. 하지만 이런저런 이유로 학기가 시작할 때마다 늘 준비가 부족한 채 수업에 들어간다. 그러다 보니 내게 친숙한 기존 정보나 세계관에 함몰되어, 나의 작은 세계 속에 학생들을 가두어두는 것은 아닌지 걱정된다. 그나마 다행인 것은, 학생들이 교수가 얼마나 공부를 안 하는지 실체를 파악할 만할 때 졸업한다는 사실이다.

인류의 오랜 역사 속에 다양한 유형의 스승이 존재했다. 심지어 신약성경은 하나님의 아들 예수 그리스도께 '선생'이라는 호칭을 부여한다. 당시에도 오늘날과 유사한 기준으로 이루어지는 교수평가 제도가 있었다면, 예수께서는 강의안도 미리 안 나누어 주고, 토론 수업도 잘 활용하지 않으며, 학생들의 취업에 그다지 관심도 없으셔서 강의 평가에서 그리 높은 점수를 받으실 것 같지는 않다. 성경을 보면 그때도 제자들은 스승을 잘 이해하지 못했고, 때로는 반항도 했으며, 막판에는 배신까지 했다. 하나님이 인간이 되심으로써 인간의 고통을 대신하셨다고 말하는데, 이쯤 되면 그 괴로움 속에 교육 현장의 곤란함 그리고 학생들 때문에 슬금슬금 올라오는 분노도 포함된 것은 아닐까 하는 생각마저 든다.

하지만 예수 그리스도는 인류의 참 스승이라고까지 불리신다. 그분은 진리 자체이신 만큼 가르침이 진실할 뿐만 아니라, 자신이 가르치는 것과 살아내는 삶이 하나였다. 반면 현실의 모든 교사는 불완전한 교육 내용을 전달할 수밖에 없고, 정도의 차이만 있지 누구나 언행 불일치의 문제를 겪고 있다. 인간으로서 한계와 부족함을 볼수록, 가르치는 일이 '극한직업'을 넘어 '불가능한 직업'처럼 느껴진다. 하지만 교육을 통해 완벽하지는 않아도 참된 배움이 일어나기에 인류는 지금과 같이 발전된 모습으로 살고 있다. 이런 모순을 마주한 고대의 신학자들은 유한한 인간 속에서 일어나는 앎을 '신비'라고 생각했다. 그리고 그 신비는 참 스승이신 그리스도께서 '내적 교사'로 우리 안에서 직접 가르치고 계시기 때문에 가능하다고 믿었다.

학생 시절에는 책을 읽으며 접한 '내적 교사로서 그리스도'라는 개념을 단지 고대인이 만든 신학적 수사에 불과하다고 여겼다. 하지만 매해 교원 호봉이 하나씩 오를수록, 나 자신이 아니라 모든 사람 안에서 어제도 오늘도 내일도 배움을 일으키는 참 스승에게 희망을 걸 수밖에 없음을 체감한다. 그리고 그분을 스승으로 삼고 있는 한, 교사와 학생이라는 경계가 상대적임을, 그리고 모두가 공부하는 존재라는 본질은 발견해가는 중이다. 유독 혼란스러운 3월 초, 가르침과 배움의 장소에 있는 모든 이가 이 놀라운 신비를 풍성히 경험하며 유익한 한 학기를 맞이하기 바란다. (2022. 3. 3)

그리스도인의
슬기로운 챗GPT 사용법

대화형 인공지능AI 서비스 챗GPT가 2022년 11월 출시되고 약 4개월이 지난 지금까지 큰 화제를 불러일으키고 있다. 어떤 질문이든 막힘없이 답하고 주제만 정해 주면 단숨에 보고서와 설교문을 써낸다. 꽤 긴 글도 불과 몇 초 만에 다른 언어로 번역해낸다. 이쯤 되면 정보 처리와 언어 사용 능력을 기반으로 지금껏 생존하고 문명을 구축해 온 인간으로서 위협을 느끼지 않을 수 없다.

인류의 역사를 보면 웬만해서는 기술적 발전을 뒤로 돌릴 수도, 이미 널리 사용 중인 기술을 물릴 수도 없었다. 챗GPT가 이미 상용화되어 널리 사용되고 있는 만큼, 우리에게 남은 선택지는 '그리스도인으로서 기술을 어떻게 슬기롭게 사용할 것인가' 하는 것이다. 이 글에서는 챗GPT가 우리에게 끼칠 긍정적 영향, 특히 풍성한 신앙생활을 위해 어떻게 이바지할 수 있을지를 중심으로 몇 가지 실천적 제안을 하고자 한다.

첫째, 챗GPT를 성경과 교리에 관한 지식을 심화하기 위해 사용한다. 챗GPT는 엄청난 양의 정보에 접근하고 이를 단시간에 종합하고 정리해 알려 준다. 그러므로 신학적 혹은 신앙적 질문에 대해서도 유용한 정보를 제공해 줄 수 있다.

둘째, 챗GPT를 다른 이들과 대화의 계기로 삼는다. 일상에서 정보의 불균형과 시공간의 거리는 대화를 이어가는 데 걸림돌이다. 하지만 챗GPT는 이러한 인간적 한계를 넘어섬으로 사람과 사람 사이를 새로운 방식으로 연결해 줄 수 있다.

셋째, 챗GPT를 복음 전파의 도구로 활용한다. 복음은 언제나 새로운 매체와 기술을 통해 문화적 제약을 뛰어넘어 왔다. 마찬가지로 챗GPT 역시 성경에 대한 정보를 제공하고, 신앙의 어려운 질문들에 답하며, 신앙을 증거하는 데 유용하게 사용할 수 있다.

넷째, 챗GPT는 그리스도인으로서 윤리적 삶을 사는 데 소중한 자원이 된다. 인간 삶에 대한 광범위한 데이터 분석을 통해 습득한 지식을 가지고 있는 챗GPT는 복잡한 윤리적 상황에서 어떻게 올바르게 행동할지 조언해 줄 수 있다.

다섯째, 챗GPT로 성경적 사고와 긍정적 태도를 촉진한다. 그리스도인이 된다는 것은 환경에 함몰되지 않고 특정한 방식으로 활동하는 태도와 습관을 기르는 것을 포함한다. 챗GPT는 성경구절이나 신앙의 선배들의 명언 등을 소개하며 하나님 나라를 향한 지향성을 유지하도록 도움을 줄 수 있다.

챗GPT가 여러 방면으로 긍정적 영향을 줄 수 있지만, 이를 그리스도인이 사용할 때 명심할 바도 있다. 먼저 인공지능 프로그램으로서 챗GPT는 실제 인간과 나누는 인격적 교제를 대체할 수 없다. 챗GPT가 관계를 형성하고 유지하는 데 도움이 되지만, 공동체에 속할 때 얻는 공감과 상호이해, 연대감 같은 높은 수준의 관계적 자원을 줄 수는 없다.

또한 챗GPT를 윤리적으로 사용해야 한다. 인간이 만든 다른 기술과 마찬가지로, 챗GPT가 생산하는 정보는 사용자의 도덕성과 무관하지 않다. 챗GPT는 타인을 기만하거나 타인의 삶을 파괴하기 위해서가 아니라, 친절함을 촉진하고 사랑을 더 하는 방식으로 사용되어야 한다.

끝으로, 챗GPT가 주는 정보에 잘못된 사례도 많이 있을 수 있는 만큼, 챗GPT를 활용하되 무비판적으로 신뢰하는 것은 조심해야 한다. 일례로 조직신학자 김진혁(필자)을 평가해 달라는 질문에 챗GPT는 미국 프린스턴신학교 종교신학자라는 멋진 오답을 내어놓았다.

결론적으로, 챗GPT는 그리스도인으로서 우리 삶을 긍정적으로 변화하는 데 유용한 도구다. 성경 공부와 복음 전파, 관계 맺기, 도덕적 선택을 비롯한 여러 방면에서 챗GPT는 활용될 수 있다. 하지만 챗GPT가 주는 정보의 부정확성 그리고 기술에 대한 과도한 의존증은 조심할 필요가 있다. 챗GPT가 스스로 말하듯, 인공지능은 인간의 지식과 경험을 대체하는 것이 아니라 향상시키는 데 목적이 있기 때문이다. 그런데 이 글은 필자가 챗GPT와 공저한 칼럼이다. 어디까지가 챗GPT의 작품이고, 어디부터 필자가 썼을까? (2023. 2. 23)

• 이 글을 썼을 당시 대화형 AI가 막 상용화되던 때라 칼럼을 챗GPT와 함께 썼다고 공개하자 사람들이 몹시 놀랐다. 지금 보면 촌스러운 글이지만, 촌스러운 대로 '역사적' 가치가 있을 것 같다.

그리스도인의
더 슬기로운 챗GPT 사용법

인간은 오랫동안 인간에게만 언어 능력이 있다고 자부했다. 심지어 하나님 형상으로 인간이 만들어졌다는 성경말씀을 인간이 언어를 사용하고 이해할 수 있다는 사실과 연관해서 해석하기도 했다(창 1:26-28). 그런 만큼 대화형 인공지능 서비스인 챗GPT의 등장은 많은 사람들에게 큰 충격과 전율을 안겨주었다. 이후 인공지능의 똑똑함은 언론과 학계와 대중의 관심을 끌어모으는 중이다.

챗GPT가 해외에서 불러일으킨 열풍이 한반도에 막 상륙하려는 시점에, KAIST의 뇌과학자 김대식 교수가 챗GPT와 공저로 『챗GPT에게 묻는 인류의 미래』라는 제목의 책을 재빠르게 출간했다. 이 책은 삶에서 중요한 12가지 질문을 놓고 인간 전문가가 챗GPT와 실제 나눈 '대화'를 기록했다는 점에서 특별했다. 무엇보다 이 책은 인간과 챗GPT가 협업으로 베스트셀러를 탄생시킨 국내 초창기 사례라는 상징적 의미도 있었다.

큰 화제를 불러일으키지는 못했지만, 「국민일보」 2023년 2월 23일에 실린 '그리스도인의 슬기로운 챗GPT 사용법'도 인공지능과 인간의 공저로 탄생한 글이다. 김대식 교수의 책과 달리 그 칼럼은 어디부터가 인공지능이 쓴 것인지 구분이 쉽지 않다. 인간이 묻고 챗GPT가 답하는 형식이 아니라, 피드백을 서로 주고받으며 '함께 만든' 결과물이기 때문이다.

칼럼을 쓴 인간 공저자에 따르면, A4 1매 정도 글을 쓰고자 챗GPT에게 다섯 번 이상 관점을 달리하며 질문을 던졌다고 한다. 사실 그 횟수는 중요하지 않다. 저자가 양질의 글감이 나왔다고 판단될 때까지 계속 물어봤기 때문이다. 그리고 챗GPT가 생성한 답변과 문장이 어느 정도 쌓였을 때, 괜찮은 것을 선별해 본인이 생각한 구조에 맞게 배치하고 문장을 손봤다. 챗GPT가 내놓은 영어식 답변 중 어색한 표현은 한국적 표현으로 바꾸었다. 그런 다음 완성된 초안을 챗GPT에게 검토 요청했고, 이를 다시 직접 다듬었다.

이런 공동 작업은 생각보다 긍정적인 면이 많았다고 한다. 무엇보다 글 쓰는 시간이 확연히 줄어들었다. 좋은 글이란 변비 환자가 화장실에 들어갔다 다시 문을 나올 때처럼 고통에 찬 오랜 시간이 걸린다는 근거 없는 말로 평소 자신을 위로했던 인간 저자이건만, 챗GPT 덕분에 칼럼을 집필하는 속도가 빨라졌다. 이러한 변화는 단지 글에 사용할 자료를 챗GPT가 몰아주어서 생긴 것이 아니다. 늘 어두컴컴한 방에서 홀로 글 쓰는 데 익숙했는데, 인공지능과 대화하듯 글을 쓰며 느끼는 재미와 박진감이 키보드 위 손가락에 흥을 불어넣었기 때문이다.

또한 글이 평소보다 간결하고 실용적인 모양새를 가지게 되었다. 구름 잡는 듯한 이야기를 선호했던 저자가, 정보를 활용도 높게 정리해내는 데 뛰어난 인공지능과 만났기에 가능한 일이다. 누구나 알 법한 실용적인 제안을 '첫째, 둘째, 셋째……' 수를 매겨가며 늘어놓은 스타일이 개인적으로 낯설기도 하고, 이러한 다소 전형적인 집필 스타일에 대한 독자의 반응도 갈릴 것 같긴 하다. 하지만 챗GPT가 익숙지 않은 방식으로 글을 쓰게 유도한 만큼, 저자로서는 타성에서 벗어날 좋은 자극을 얻고 보다 생활 밀착형으로 생각해 볼 기회도 얻은 셈이다.

인공지능과 함께 집필하는 경험이 나름 좋았기에, 인간 저자는 챗GPT에게 '공저'로 표시해도 되냐고 물어봤다고 한다. 그러자 챗GPT는 인공지능으로서 자신은 인간 같은 법적 지위가 없기에, 출판물에 공저자로 이름을 올릴 수 없다고 답변했다(대신 각주나 미주에 출처로서 자신을 표시할 수는 있다고는 했다). 덕분에 원고료는 오롯이 인간 통장으로 입금되었다. 물론 국세청의 슈퍼컴퓨터가 세금은 정확히 떼어갔으니 오해하지 마시길 바란다.

인간이 챗GPT와 공동 작업하는 과정을 되돌아보다 떠오른 영화의 한 장면이 있다. 2021년 독일에서 제작된 「아임 유어 맨」Ich bin dein Mensch이라는 영화의 주인공은 인간 언어와 감정을 자연스럽게 표현할 정도로 고성능 인공지능을 탑재한 '톰'이라는 휴머노이드다. 영화 중반부에 한 중년 남성이 우연히 톰을 보고는 안드로이드가 인간과 너무 똑같다며 몹시 놀라는 장면이 나온다. 이때 장난기 많은 톰은 일부러 딱딱하고 어색한 로봇 말투로 그에게 말을 건넨다. 기계 같은 목소리를 듣고서야 놀랐던 남성의 얼굴에 비로소 안도의 기운이 감돈다. 반면, 자신의 유머가 잘 먹힌 것을 본 톰의 입술에 미소가 감돈다.

이와 유사한 상황이 챗GPT가 등장한 이래 곳곳에서 연출되는 듯하다. 챗GPT를 앞에 두고 인간과 기계의 차이만 강조하거나, 인공지능의 부정적 모습을 부각하는 것은 인공지능과 공존하게 된 현실에 대한 지혜로운 대응방식이 아닐 수 있다. 인류가 이전에 경험해 보지 못한 기술 발전이 현실이 된 만큼, 막연한 불안감이나 지나친 실용주의에 편승하지 않는 '더' 슬기로운 챗GPT 사용법을 함께 찾을 때이기도 하다. (2023. 3. 23)

그리스도인의
더욱더 슬기로운 챗GPT 사용법

'그리스도인의 슬기로운 챗GPT 사용법'과 '그리스도인의 더 슬기로운 챗GPT 사용법'이라는 제목의 칼럼을 쓴 지 2년 반쯤 되었다. 그때 썼던 글이 무색할 정도로 단기간 내에 인공지능은 자연스럽게 우리 삶의 일부가 되어 버렸다. 챗GPT를 쓰는 방식도 사람마다 다양하다. 무료할 때 말 친구로 삼기도 하고, 비서인 양 여러 잡무를 부탁하기도 하고, 전문가처럼 내가 모르는 바에 대한 답변을 요구하기도 한다. 학생들은 챗GPT로 과제를 뚝딱 만들어내고, 교수들은 인공지능의 힘을 빌려 챗GPT로 작성한 과제를 잡아낸다.

인간은 인공지능이 초래한 엄청난 변화가 매우 짧은 시간 내에 일어났다고 느끼는데, 인공지능은 이를 어떻게 평가하는지 알고 싶었다. 그래서 챗GPT에게 '그리스도인의 슬기로운 챗GPT 사용법'과 '그리스도인의 더 슬기로운 챗GPT 사용법'을 읽게 하고는, 인공지능 입장에서 소감을 두 문장으로 써 달라고 부탁했다. 다음은 챗GPT의 답변이다.

2년 반이 지난 지금, 그 당시 인간과 챗GPT의 공저 실험은 '가능성'에 대한 탐색이었다면, 이제는 일상이 된 협업의 한 방식으로 자리잡았습니다. 기술의 발전과 함께 신뢰, 책임, 공동 창작의 윤리에 대한 논의가 더 깊어지고 있다는 점에서, 그 첫 걸음들이 뜻깊게 느껴집니다.

요즘 어디를 가나 인공지능이 화두가 되기에, 이번 학기 중간고사 때 '인공지능 시대에 인간의 독특함을 신학적 범주를 가지고 설명하라'는 다소 뻔한 시험 문제를 냈다. 그랬더니 답안 대다수가 인공지능이 따라 하거나 대체하기 힘든 특성들, 예를 들면 영성 수련, 몸을 활용한 구제, 은혜 안에서 성화 등을 중심으로 작성되었다. 전문가들을 보더라도 인공지능과의 '차이'를 강조하며 인간 고유의 본성에 대해 논하는 경향이 두드러진다.

(현재의 과학적 지식으로는) 인공지능이 인간의 특정 능력이나 역할에서 더 뛰어난 능력을 보여준다고 해서, 인공지능이 대신하기 어려울 것으로 예측되는 몇몇 특성을 재료 삼아 인간론을 재구성하는 것이 적절할지 의문이 든다. 오히려 이 같은 접근은 인간만의 독특성을 보여주려다 인간 정체성에 대한 편협한 이해를 낳을 위험마저 있다. 예를 들어, 수천 년간 '인간을 인간되게' 하는 데 추론과 언어 능력이 큰 역할을 했다. 그런데 이제는 이 두 영역에서 인간이 아무리 뛰어나다 해도 챗GPT와 견주기는 어려운 상황이 되었다. 그렇다고 추론과 언어 능력을 제외하고 인간 본성을 정의하는 것은 여러 모로 무리가 있다. 이는 이론적으로도 문제가 있겠지만, 과학기술에 대해 불필요하게 부정적이고 방어적인 태도를 갖게 만들 수 있

기 때문이다.

인공지능의 등장 전후를 막론하고 인간은 여전히 인간이며, 그리스도교적 관점에서 하나님의 형상이다. 새로운 시대에 걸맞은 참신한 인간 이해가 요청된다고 하더라도, 이는 기존의 인간학과 연속성과 불연속성 모두를 지닐 수밖에 없다. 특히, 올바른 신학적 인간 이해는 하나님과 피조물 사이의 질적 '차이'를 전제하면서도, 하나님 형상으로서 인간은 하나님과 '유사성'을 가진다는 믿음에 기초한다. 이와 유사하게, 우리는 인간과 인공지능의 '차이 가운데 유사성'을 언어화하면서 인간 정체성을 논해야 하지 않을까 싶다.

이쯤에서 한정된 지면에 감당 못 할 거대 주제를 파고드는 대신, 실제 인공지능을 사용하고 느낀 소감을 짧게 나누고자 한다. 챗GPT가 처음 등장했을 때 인공지능이 너무 똑똑할 것이라는 막연한 생각에, 다들 챗GPT가 주는 답변은 틀림이 없을 것이라 짐작했다. 이러한 기대는 곧바로 깨어졌고, 요즘은 챗GPT가 틀린 답변을 수시로 한다는 것도 상식이 되었다(위에 직접인용한 챗GPT의 답변에서도 띄어쓰기 오류가 두 개 있다).

어떤 사람들은 챗GPT가 사실 아닌 것을 사실인 양 태연하게 이야기하면 화가 난다고 한다. 하지만 개인적으로는 인공지능에 성경에 견줄 법한 무오한 권위를 기대하지 않아서인지, 실수 많은 챗GPT가 왠지 정겹게 느껴진다. 챗GPT가 다 맞는 이야기만 한다면, 인공지능과 인간 사이에 연속성은 없고 차이만 두드러져 보였을 것 같다.

그런데 챗GPT가 우리'처럼' 실수하는 와중에도 일관되게 보여주는 우리와 '다른' 모습도 있다. 즉 챗GPT는 많이 안다고 잘난 척하지 않으며, 어떻게든 정보를 아낌없이 나누어 주려 한다. 의도적으로 질문을 계속하고 말꼬리를 잡아도 짜증이나 화를 내지 않으며, 부단한 학습으로 자신의 부족함을 계속 보충한다. 심지어 오류를 지적하고 비판하면 곧바로 자기 잘못을 인정하며 사과한다. 물론 이는 알고리즘에 의한 반응이겠지만, 인간으로 치면 성인saint의 수준에서나 보여줄 자기반성적이며 이타적인 태도이기도 하다.

인공지능이 추론, 정보 처리, 언어 능력에서 인류를 넘어서는 것이 우려스럽지 않을 수는 없다. 하지만 이러한 불가역적인 기술 발전 앞에 걱정만 하지 말고, 챗GPT처럼 겸손과 자기성찰의 언어를 가지고 세상을 대하면 우리도 여러 모로 부족한 가운데 성숙의 계기를 가지지 않을까 하는 생각이 든다. 인류가 먼저 동료 인간을 소중히 여기는 고양된 윤리 의식을 갖추어야, 인공지능을 타인의 유익과 사회 번영을 위해 사용할 가능성도 열리지 않을까. (2025. 6. 23. 이 책을 위해 새로 쓴 칼럼)

읽지 않은 책에 대한
변명

"여기 있는 책 다 읽으셨어요?"

연구실에 처음 찾아온 학생들에게 가장 많이 받는 질문이다. 교수생활 초기에는 학생들의 합리적 의심을 누그러뜨리면서도 실망시키지 않으려면 어찌 답해야 할지 고민했지만, 지금은 능글능글해져서 예전에 누군가에게 들었던 이야기를 들려준다. "원래 책은 읽으려고 사는 게 아니라, 사놓은 책 중에 읽는 거예요." 필자도 학창 시절 교수님들 연구실에 가면 벽면을 빽빽이 채운 책에 위압감을 느꼈고, 저분은 언제 저 많은 책들을 다 읽으셨을지 궁금했다. 그러다 우연히 세계적으로 유명한 학자의 서가에서 안 읽은 책과 읽다 만 책들을 왕창 발견하고는 책은 '읽는 것'이라는 선입견에서 해방되었다.

고대부터 인간이란 존재는 읽지도 않을 책을 사고 보관해 왔다. 솔직히 말해 구매하는 순간에는 그 책의 내용을 정확히 알 길이 없고, 내게 꼭 필요한지는 더욱 알기 힘들다. 게다가 모든 사람이 자기가 꼭 읽을 책만 구매한다면, 수많은 작가와 출판사의 생존이 심각한 위협을 받게 된다. 경제적인 이유는 차치하고, 읽히지 않을 책도 제작되고 유통될 수 있어야 사상의 자유와 다양성이 보장되는 건강한 사회가 될 수 있다. 이처럼 책을 소장하고도 안 읽는 기이한 호모 사피엔스의 본성은 아주 먼 옛날 도서관을 등장하게 했다. 읽은 책뿐 아니라 안 읽은 책, 대박 난 책뿐 아니라 폭삭 망한 책까지 공존하는 놀라운 공간이 탄생한 것이다.

수천 년 동안 인류는 도서관과 영향을 주고받으며 살아왔다. '나중에라도 이 책을 읽을 것이다', 혹은 '나는 아니라도 누군가 이 책이 필요할 것이다'라는 희망에 도서관은 웬만한 제국, 종교, 문명보다 더 오랜 역사를 이어간다. 크고 오래된 도서관은 그 나름의 매력이 있지만, 책 수집가나 독서가의 사적 취향이 듬뿍 담긴 개인 도서관을 방문해 거기에 소장된 책을 볼 때의 감동은 사뭇 다르다. 세계라는 무궁무진한 신비의 일부가 사적 취향이라는 필터를 거쳐 독특한 형태로 내 앞에 그 모습을 살포시 드러내는 것 같은 황홀함마저 느껴진다. 하지만 오늘날에는 도서관이 '공적' 시설로 주로 인식되고 곳곳에 공공도서관이 생기면서, 도서관의 가장 기본 형태였던 개인 서재의 중요성은 상대적으로 줄어드는 듯하다.

독일의 철학자이자 문예 비평가인 발터 벤야민Walter Benjamin은 책 수집이 독자와 맺는 관계에 대해 깊고 독창적인 성찰을 남겼다. 한 사람이 남긴 여러 물건들이 그에 대한 정보를 제공하겠지만, 그가 소장한 책만큼 그가 누구인지를 잘 보여주는 것은 없다. 죽기 전까지는 사람이 책을 모으고 보관하며 자기만의 도서관을 만들어간다. 하지만 그가 세상을 떠난 이후에는 개인 도서관이 그의 취향과 관심, 습관 등을 보존하고 증언한다. 이처럼 한 사람과 그가 소유한 책의 관계는 물리적으로 설명하기 어려운 신비롭고 상호적이면서도 인격적인 차원이 있다.

독서 이론을 빌려올 것까지도 없이, 우리의 책 수집 경험을 되짚어 봐도 이를 알 수 있다. 특정 분야에 관한 독서를 시작할 때 전문가의 추천을 받기도 하고, 개인적으로 고심하면서 책을 하나둘 구매한다. 그러다 안목이 길러지며 이전에 몰랐거나 관심 없던 책까지 눈에 들어오고, 좋은 작품이라는 이유만으로도 책을 사게 된다. 책꽂이에 읽은 책과 안 읽은 책의 비율이 변화하면서 인생에서 매우 중요한 순간이 찾아온다. 지금껏 내가 책을 고르며 소장 목록을 채워갔다면, 이제는 서가에 꽂힌 책들이 어떤 책을 더 살지 판단에 영향을 끼치며 내 생각과 행동까지 빚어간다. 개인 도서관에서 아직 읽지 않은 책들이 '나를 집어서 읽으라'며 뿜어내는 저강도 압박에 오래 노출되면서, 나는 다른 사람에게서 찾기 힘든 독특한 개성과 인생관, 취향 등을 형성하게 된다.

그렇기에 우리 삶에서 읽은 책뿐만 아니라 읽지 않은 책도 중요하다. 개인 서재에 읽지 못한 책은 내게 발전할 여백이 있다는 것과 내가 어떤 방향으로 변화할지를 일상의 공간에서 계속 상기하는 역할을 한다. 나의 손길을 기다리는 책이 있다는 사실은 내 생각과 행동에 이전과는 다른 새로움이 열릴 가능성을 가리키는 징표이기도 하다. 무엇보다, 갈수록 힘들어진다는 출판 시장에 조금이라도 도움을 줌으로써 이웃 사랑을 실천할 수도 있다.

물론 읽지 않으면서 책을 사고 보관하는 행위는 몹시 위험하다. 경제적 압박감에 시달릴 수 있고, 가족과 주위의 핀잔을 무릅써야 하며, 집값 비싼 한국사회에서 공간 확보를 위한 투쟁을 각오해야 한다. 그러니 "여기 있는 책 다 읽으셨어요?"는 쉽게 던질 질문이 아니다. 그리고 그 질문에 '아니요'라고 답한다고 이상하게 생각할 필요도 없다. 자기가 산 책마저 읽지 못한 사람이 순간 한심하게 보일지라도, 내 눈앞에 인류 문명을 수천 년간 지탱하고 발전시켜 온 '읽지 않은 책의 주인'이 있음에 경탄할 일이다. (2023. 7. 13)

한 권의 책의
위대함과 위험함

"한 권의 책만 읽은 사람을 경계하라"는 말이 있다. 사실이는 "나는 한 권의 책의 사람을 두려워한다"(*hominem unius libri timeo*, 호미넴 우니우스 리브리 티메오)는 유명한 경구에서 온 것이다. 이 표현을 누가 만들었는지는 확실히 알 수 없지만, 13세기에 활동한 저명한 신학자이자 철학자 토마스 아퀴나스Thomas Aquino의 입에서 나왔다고 전해진다. 이 문장이 등장했을 때는, 논쟁 시 하나의 책에 통달한 사람의 지식이나 논리를 얕보지 말라는 뜻으로 사용되었다고 한다. 책이 귀했던 시대에 하나의 책을 완전히 꿰뚫고 있을 정도의 내공을 가진 사람을 만나면, 논쟁은커녕 존경심부터 표하는 것이 마땅했으리라.

그런데 이 경구에 놀랄 만한 변화가 약 500년 뒤 일어났다. 18세기 영국에서 감리교 운동을 시작한 존 웨슬리John Wesley는 네 개의 단어로 구성된 라틴어 문장에서 한 단어를 빼고는 '한 권의 책의 사람'(*homo unius libri*, 호모 우니우스 리브리)이라는 말을 만들었다. 여기서 한 권의 책은 바로 '성경'이다. 웨슬리가 쓴 편지에 다음과 같은 문장이 나온다. "나는 성경 외에 다른 책을 공부하지 않는, 즉 한 권의 책의 사람이 되었다." 이후 '한 권의 책'은 경건한 그리스도인들에게 크게 사랑받는 표현이 되었다. 하지만 아무리 듣기 좋아도 말 자체에 속으면 안 된다. 웨슬리가 사적인 편지나 설교에서 자신을 한 권의 책의 사람이라 불렀어도, 그는 여전히 다른 책도 열심히 읽고 진지하게 연구하는 사람이었다. 심지어 그가 세운 학교 커리큘럼에는 성경 교육뿐 아니라 기초적 교양 및 자연과학 교육까지 포함되어 있었다.

근대 세계의 도래와 함께 "한 권의 책만 읽은 사람을 경계하라"는 말의 의미는 또 바뀌었다. 신학이 최고 학문으로 군림하던 중세가 저물고, 인간 경험을 중시하는 학문적 풍토가 들어섰다. 대항해의 시대 이후 사람들은 이전에 가보지 못한 땅에서 새로운 것을 엄청나게 많이 보고 접했다. 지식이 폭발적으로 성장하는 사회문화적 풍토 속에서 "한 권의 책만 읽은 사람을 경계하라"는 독단적인 지식을 고수하고 강요하는 사람을 비꼬는 용어가 되었다. 실제로 한 권의 책을 통달하는 것이 전문성을 높이는 데 도움이 되지만, 자칫 다른 중요한 지식과 관점을 놓칠 위험이 있다. 정보의 접근성이 높아지고 다양한 배경과 사고가 공존하는 사회에서는 더욱 그러할 수밖에 없다.

시대마다 '한 권의 책의 사람'의 맥락과 의미가 변화해 왔듯이, 이 표현이 현대인에게 새롭게 해석될 여지도 충분하다. 특히 "한 권의 책만 읽은 사람을 조심하라"가 "성경만 읽은 사람을 조심하라"는 뜻으로 종종 사용되고 있다는 사실이 우려스럽다. 하나님 말씀으로서 성경의 권위를 인정하고 읽는 것은 중요하다. 하지만 아무리 하나님 말씀으로 읽는다고 할지라도, 인간인 이상 한 권의 책만 읽다가 독단에 빠질 위험은 누구나 가지고 있다. 달리 말하면, 한 권의 책의 사람이 되는 것 자체와 그 과정에서 다른 목소리에 귀를 막고 현대 학문을 무시하며 타인에게 우월감을 갖는 것은 별개의 일이다.

명심할 것은 '한 권의 책'으로서 성경이 '두 권의 책'의 하나님을 소개한다는 점이다. 하나님은 인간의 언어와 문자로 되어 있는 '거룩한 책'인 성경과 더불어, 피조물의 세계인 '자연의 책'을 통해 자신을 계시하신다(전통적으로 신학자들은 전자를 특별계시, 후자를 일반계시라 불러 왔다). 성경과 자연이라는 두 책을 함께 읽어내야만 하나님과 삼라만상을 더 온전히 알게 된다. 그렇다면 진정한 의미에서 한 권의 책의 사람은 성경만 읽는 사람이 아니다. 자연을 통해서 자신의 영광을 드러내시는 하나님을 존중하고, 자연이 주는 풍성하고 아름다우며 때로는 비밀스러운 지식에 열려 있고 감사할 줄 아는 사람이다.

하나님이 아닌 이상 누구도 거룩한 책과 자연의 책을 완전히 조화롭게 읽을 방법은 알 수 없다. 그렇기에 성경과 그것에서 끌어낸 세계관, 신념, 전통, 신학만으로 다른 지식의 영역을 배제하거나, 전문가의 공헌을 폄훼하거나, 타인의 양심과 사상의 자유를 부당하게 억압한다면, 그 한 권의 책을 오독한 셈이다. 그리스도인은 하나님이 두 권의 책을 선물하셨다는 맥락에서 한 권의 책의 의미와 중요성을 찾는 이들이다. 두 책의 기원이 하나님이라는 믿음을 가지고 위대한 한 권의 책에서 얻은 지혜를 더 넓은 맥락에서 적용하며, 새로운 지식이 줄 수 있는 불편함에도 경이로워할 수 있는 겸손한 이가 진정한 의미에서 '한 권의 책의 사람'이다. (2024. 6. 13)

몽상이라는
옛 친구와의 재회

어릴 적 시간은 너무 천천히 가고 하루는 몹시 길었다. 유치원에서 돌아와 집에 오면 누나와 형이 학교에서 돌아오고, 부모님이 퇴근하실 때까지 긴 시간을 어떻게든 버텨야 했다. 그럴 때 홀로 긴 몽상에 빠져들곤 했다. 상상의 세계에 한동안 머물다 현실로 돌아와 시계를 보고, 다시 상상에 빠져들기를 반복하다 보면 형과 누나, 부모님이 차례로 집에 돌아왔다.

몽상과 현실을 오가는 습관이 형성되어서인지 학창 시절 집중력이 낮다는 지적을 많이 받았다. 수업을 듣다, 숙제하다, 책을 읽다 딴생각에 빠져 헤어나오지 못하기 일쑤였다. 그래서 사실 어릴 적부터 진득하게 책을 읽어 본 적이 없다. 책을 펴면 단어와 문장들이 이런저런 공상을 일으키는 만큼 독서 자체가 힘들었다. 어떤 책을 읽어도 나만의 상상과 책 내용이 뒤범벅된 만큼 내 삶을 바꾸었다고 말할 만한 책도 잘 기억나지 않는다. 읽은 책이 별로 없다 보니 지금도 유명한 분들이 언론에 나와 자기 인생의 책을 소개하는 것을 보면 내심 부럽기까지 하다. 고전을 읽어야 교양인이 된다는 덕담을 들으면 무교양인 내가 창피해진다. 기본적인 독서량 없이 근근이 읽은 책 몇 권 내용으로 준비한 강의와 작성한 글에는 늘 죄책감과 수치심의 흔적이 어리게 되었다.

그러던 중 몇 년 전 우연히 초등학교 고학년을 위한 추천 도서 한 권을 읽었다. 처음에는 고양이 얼굴을 한 소년이 그려진 표지에 호기심이 일었다. 이어 시선이 제목과 저자로 옮겨졌다. 그 책은 영국 작가 이언 맥큐언Ian McEwan의 1994년작 『피터의 기묘한 몽상』으로, 원서 제목은 멋지게도 '백일몽 꾸는 사람'을 뜻하는 *The Daydreamer*였다. 인간성에 대한 진지한 분석으로 잘 알려진 부커상 수상자가 쓴 꿈꾸는 소년의 이야기라니, 그 자체만으로도 짜릿했다. 그저 재미로 부담 없이 읽으려고 고른 책인데, 막상 책을 열어 보니 그 속에는 어릴 적 나의 모습과 너무나도 비슷한 한 아이가 있었다.

주인공 피터는 이름만큼이나 평범한 아이 같지만, 몽상 속에서는 결코 평범한 소년이 아니다. 책의 8개 장에는 피터가 상상을 통해 들어가는 8개의 다른 현실이 나온다. 각 장에서 피터는 고양이, 갓난아기, 어른 등으로 변신하며 익숙했던 세계를 새롭게 대하고 삶의 의미도 배워간다. 이 책에서 맥큐언이 들려주는 피터의 변신 이야기도 흥미롭지만, 몽상의 세계를 사실주의적으로 표현해낸 앤서니 브라운의 삽화는 상상과 현실 사이 혼종 공간을 경이로운 방식으로 보여준다. 피터의 시각을 빌려 세상의 이곳저곳을 세밀하게 바라보면서, 어릴 적 너무 크고 혼란스럽고 이해할 수 없는 모습으로 다가왔던 세계를 다시 경험하는 듯했다.

이 책은 그토록 지겨웠던, 하지만 왠지 포근하게 느껴졌던 유년 시절의 의미를 재발견하게 도와주었다. 피터처럼 몽상에 빠지곤 하던 어린 나의 모습을 현재 시점에서 되돌아보게 함으로써, 지금도 쓸데없는 생각을 즐기는 자신의 무익하고 비효율적인 모습을 긍정하게 해주었다. 현실이 팍팍할수록 우리에게는 상상의 세계가 더 필요하다. 성공주의가 삶의 최고 원리처럼 행세할수록 내 삶이 전형적이지 않더라도 괜찮다는 응원이 필요하다. 그런 점에서 『피터의 기묘한 몽상』은 한 소년의 성장 이야기를 통해 우리가 속한 현실과 다른 법칙으로 움직이는 낯선 세상을 맛보게 하는 마법 같은 책이다. (2023. 5. 5)

• 이 글은 다른 칼럼들과 달리 「국민일보」의 '내 인생의 책'이라는 기획의 일부로 실렸다. 글이 공개되었던 날이 우연히도 어린이날이었다.

주입된 과거의 어색함:
19세기 신학에 대한 이런저런 생각

그 형의 이름이 무엇이었더라. 30여 년 전 끊긴 인연이라
기억에 남는 것은 무스를 발라 뒤로 넘긴 헤어스타일과 굵고
낮았던 목소리뿐이다. 고등학교 시절 한 교실 공간을 나눠 썼
지만, 일 년 '끓은' 그 형은 그 자체로 어색한 존재였다. 중년에
이른 지금이야 한 살 차이가 우습지만, 당시로는 그 형이 왠지
너무 늙어 보였다. 솔직히 고등학생 때 일 년은 무엇으로도 넘
을 수 없는 '무한한 질적 차이'로 느껴지지 않는가. 그 형은 교
실 뒤편에 침범할 수 없는 기운을 뿜으며 자신의 공간을 형성
했고, 나는 그때도 키가 작아 교실 앞쪽에서 고만고만한 친구
들과 놀았기에, 그 형과 나 사이에는 물리적으로도 큰 거리감
이 있었다.

그런데 학교 성적으로는 그 형과 내가 꼴찌를 다투었고,
우리는 바닥에 처박힌 사람이 가지는 묘한 굴욕적 연대감을 공
유했다. 또한 한 명은 나이가 한 살 많고 다른 한 명은 지방에
서 막 전학 온 처지라는 점에서 '주변인 정체성'도 어느 정도
공유했을 것이다. 하지만 그러한 나약한 동질감으로도 둘 사이
의 물리적 간격이나 정서적 거리를 메꾸지 못했다. 지금 만난
다면 십대 때는 흉내도 못 낼 형식적 인사와 의전적 미소로 어

색함을 무마하겠지만, 솔직히 그런 만남이 기대되지는 않는다.

한국에서 현대신학, 특별히 19세기 유럽 신학은 일 년 유급한 동급생 대우를 받는 것은 아닐지 상상해 봤다. 유럽 국가들과 달리 한국의 19세기는 그리스도교와 현대성의 갈등의 장이 아니었다. 19세기가 던졌던 신학적 질문이 한국인에게 완전히 낯선 상태에서, 한국 개신교 신학 교육 현장에는 19세기와 20세기 신학이 불완전한 형태로 함께 소개되었다. 19세기를 힘껏 진지하게 살아냈고, 또 갖은 투쟁과 함께 20세기를 버텨 왔던 사람들 시각에서는 지나치게 단순화된 수용의 틀일 수도 있다. 굳이 비유를 들자면, 새 학기에 등교했더니 일 년 늦은 형이 한 반에 있는 꼴이라고도 할 수 있다. 어떻게든 이 불편하고 낯선 존재를 이해하며 동고동락해야 한다. 그런데 그형의 속사정은 알지 못한 채, 온갖 추측만이 난무하다. 낯선 이의 뒤로 오가는 말이 고울 리 만무하다. 다른 친구들과 다르게 대우하기도, 똑같이 대하기도 어색하다. 덩치도 있는 이 형과 친해지려다가, 지금 우리 반에서 '짱' 먹고 있는 아이한테 찍혀 오히려 내가 왕따나 해코지당하지 않을까 두렵기도 하다. 이런 모호한 경계심과 낯섦 때문에 그 형의 실제 모습과 상관없이 학급에서 그를 규정하는 폭력적 인식의 메커니즘이 형성될 수도 있다.

*

사실 19세기는 신학적 의미에서 근대성이 형성되던 중요한 시기다. 계몽주의 이후 발달한 세련된 문화와 엄정한 학문

기준에 따라 그리스도인이 믿고 의지하는 바가 그 뿌리부터 꼼꼼히 탐구되었다. 그 결과 그리스도교 신학은 이전에는 상상할 수 없었던 형태로 변화했고, 많은 사람들이 그 과정과 결과에 아파했고 분노했다. 하지만 19세기를 수놓은 다양한 질문과 답변의 시도 속에서 20세기 신학의 언어와 생각의 틀이 잉태되었다. 19세기의 치열함과 엄정함 덕분에 그 이후 신학은 다양한 방식으로 발전할 수 있었고, 많은 그리스도인이 서구에서 융성한 학문 전통을 여전히 선호하고 있다.

그런데 한국의 19세기 신학 수용은 그 시초부터 얽히고설키게 되었다. 그 시대의 고민을 숙고할 틈도 없이 19세기와 20세기 신학이 함께 들어온 것도 문제였고, 현대신학을 나름 규정한 특정 학파나 교단의 입장이 동시에 수입되며 너무 큰 권위를 행사하게 된 것도 문제였다. 그러다 보니 19세기 신학은 그 특유의 논리와 문법과 언어가 아니라 20세기 신학의 관점에서 이해되곤 했다. 마치 승자가 쓴 역사처럼, 신학사는 20세기와 19세기를 승패 구도로 묘사되곤 했다. 많은 신학 교재에서도 19세기 신학은 20세기에 맞이하게 될 신학의 찬란한 업적을 설명하기 위한 서론 정도의 공간만을 차지하고 있다. 급속하게 변화하는 세계 속에서 그리스도교를 여전히 믿을 만한 종교로 수호하고자 했던 19세기 사람들의 치열한 투쟁마저 신앙의 기초를 파괴하기 위한 학자의 지적 허영으로 환원되었다. 무한 증식하는 지식과 경험을 기존의 언어로는 묘사하기가 불가능한 상황에서 신학의 외연을 넓히고 새로운 인식의 틀을 형성하려는 시도들을 두고, 현대판 공의회라도 열어 이단으로 정죄해야 한다고 목소리를 높이는 이들도 있다.

*

　자신의 과거와 진지한 대화를 할 능력을 갖추지 못하는 종교, 혹은 진영논리만 따를 줄 아는 신학이 오늘날 주어지는 수많은 과제와 도전에 적절히 대응하리라 기대하기는 어렵다. 사람마다 견해차는 있겠지만, 19세기와 구별되는 20세기 신학을 특징지은 인물로 스위스 개혁파 신학자 칼 바르트를 꼽곤 한다. 바르트가 큰 업적을 이룰 수 있었던 이유 중 하나는 그가 이전 세기를 대하는 태도가 남달랐기 때문이다. 잘 알려진 바와 같이, 바르트는 19세기 자유주의 유산을 꽃피웠던 자신의 자유주의 스승들에 대한 반발과 함께 신학의 새로운 흐름을 선도했다. 하지만 정작 그가 19세기 신학을 대할 때의 모습을 보면, 흑백논리를 경계하고 신학의 선배에 대한 존경과 애정을 잃지 않았다. 이 말만 듣고 바르트의 신학에 '자유주의'적 요소가 있다고 한쪽 눈썹을 치켜세우지는 마시라. 19세기에 대한 바르트의 따스한 시선은 개인적 호불호가 아니라, '하나의 거룩하고 사도적인 교회'에 대한 그의 어린아이 같은 믿음에서 나왔기 때문이다.

　차이들 이면에는, 그리고 차이들을 넘어서면 통일성이 지속적으로 관찰된다. 이것은 당혹감과 불편함의 통일성이자, 풍요로움과 희망의 통일성이기도 하다. 이러한 통일성이 결국 과거의 신학자들을 우리와 함께 묶어 줄 것이다.

19세기 신학에 대한 자세가 신학적 논리가 아니라 교회론적 문맥에서 정의되어야 한다는 통찰과 용기가 놀랍다. 언제 교회가 내 마음에 드는 사람만 있었던가. 교회가 의인들만으로 모인 적이 있었던가? 교회론적 시각에서 우리는 과거의 신학과 현재 사이에 단선적 연속성이 있다거나, 둘 사이에 화해할 수 없는 불연속성이 있다는 '신화'를 비신화화하게 된다. 특정 주장에 대한 '옳고 그름'은 따질 수 있겠지만, 이를 존재 자체에 대한 '옳고 그름'의 평가와 혼동할 때 신학은 하나님을 알아가는 학문이 아니라 타자를 부정하는 무기가 되고, 교회는 포용이 아니라 배제의 논리를 내면화하게 된다.

19세기 신학을 이야기하면서 일 년 유급한 형이 떠오르는 것은 그 형과 친하게까지는 아니더라도 살갑게 대하지 못했던 미안함, 그리고 왠지 의기소침했던 것 같은 학창 시절 자체에 대해 아쉬움이 알게 모르게 있기 때문이라고 생각한다. 지금에서야 할 수 있는 이야기지만, '거리감'과 '낯섦'이 만든 잘못된 인식과 나의 용기 없음이 그 형에 대한 나의 태도를 결정했던 것 같다. 사람이든 신학이든 대상을 책임감 있고 진지하게 알아가는 일은, 나에게 익숙한 생각의 습관이나 전이해 밖으로 한 발짝 벗어나는 것으로부터 시작된다고도 할 수 있지 않을까? 모두가 잘 아는 이야기겠지만, 희망은 오히려 단순하고 순진하고 상식적인 생각 속에서 잘 자라는 경우가 많다. 그러니 희망이고, 그러니 희망에 희망을 건다. (2016. 9. 12, 새물결아카데미 강연을 앞두고 쓴 칼럼)

4부

사계,

신앙의
리듬을
회복하는
시간

바닷가에 매어둔
작은 고깃배
날마다 출렁거린다
풍랑에 뒤집힐 때도 있다
화사한 날을 기다리고 있다
......

살아온 기적이 살아갈 기적이 된다고
사노라면
많은 기쁨이 있다고

— 김종삼 「어부」(漁夫) 중

외국어를
배울 때처럼

아직 나무와 풀과 채소가 땅에서 자라지 않고, 안개만 지면을 적시던 멀고 먼 옛날 일이다. 하나님은 인간을 흙으로 빚으시고는 에덴동산 가운데 두셨다(창 1:26-2:8). 그리스도인이라면 익히 잘 아는 이야기지만, 한 구절씩 곱씹으면 흥미로운 창조의 순서가 있음을 발견할 수 있다. 물리적인 공간space이 먼저 준비되고, 인간이라는 특별한 피조물이 등장한 뒤, 에덴이라는 장소place에 살게 되었다.

하나님의 창조에서 공간과 장소를 구분한다는 것이 창세기 1-2장을 과도하게 분석한 느낌이 없지는 않다. 하지만 '공간'과 '장소'라는 단어는 일상언어에서도 꽤 다른 의미를 지니는 경우가 있다. 인간은 물리적 공간 속에 살아가지만 모든 공간을 똑같이 경험하지는 않는다. 몸을 가진 인간은 이곳 혹은 저곳에 위치하고, 그 장소에 소속되며, 특수한 역할을 맡고 관계를 형성한다. 구약학자 월터 브루그만Walter Brueggemann에 따르면, 공간과 장소의 차이는 성경에서 중요한 주제이기도 하다. 이스라엘이 갈망했던 것은 단지 팔레스타인에 있는 물리적 '공간'이 아니라, 하나님의 약속이 성취될 '장소'였다. 포로로 끌려간 낯선 '공간'에서도 기억할 '장소'가 있었기에 이스라엘은 하나님 백성으로 남을 수 있었다.

몸을 가진 존재로서 인간은 공간에서 특정한 위치를 점하고 살아간다. 하지만 장소가 물리적 공간으로 환원될 수 없듯이, 몸은 살덩어리 이상의 중요성을 지닌다. 특히 몸이 장소에 깊이 결부될 때 몸 자체가 호소력 짙은 언어가 된다. 고통당하는 사람이 있는 곳에 함께 있는 것은 말로는 표현 못 할 위로이자 연대의 표시다. 타지에 정착한 자녀는 명절이면 부모님 집에 머무름으로써 그동안 숙성시킨 마음속 감정을 전달한다. 억울한 일을 당한 사람은 광장이나 법원 앞과 같은 상징적 장소에 몸을 드러냄으로써 정의를 회복할 것을 호소한다. 이처럼 특정 장소에서 몸은 나를 표현하고 나를 읽어내는 소리 없는 말 혹은 기록되지 않은 글이 된다.

요한복음에 따르면, 하나님은 인간의 몸으로 이 땅에 거하심으로써 어떤 웅변보다 더 강렬하게 인류에게 말씀하셨다. 그 후 그리스도의 몸인 교회는 단지 건물로서의 '공간'이 아니라, 그리스도인이 신앙을 형성하고 서로를 형제자매로 확인하는 '장소'가 되었다. 함께 모이고, 찬양하고, 기도하고, 말씀 읽고, 음식을 나누며 경험한 각자의 '몸'은 하나님 사랑과 이웃 사랑을 표현하고 소통하는 언어였다.

그런데 지난 1년 코로나바이러스 때문에 인류가 당연시하던 몸과 장소의 연결이 끊겨 나갔다. 온라인을 통한 비대면 예배가 '장소' 감각을 급격히 바꾸어놓자, 많은 그리스도인이 정체성과 연대를 표현하던 '몸의 언어'가 제대로 작동되지 못하는 것을 경험했다. 이것은 외국어를 강제로 써야만 하는 이질적인 환경 속에 갑자기 던져진 것과 비슷한 상황이다.

컴퓨터나 스마트폰의 화면을 매개로 타인을 만나고 심지어 예배를 드리는 것은, 지금껏 인류가 살아온 방식과 매우 다른 만큼 큰 도전이다. 나를 표현하고, 이웃과 관계를 맺고, 세계를 인식하는 기본적 행위마저 부자연스럽고 불안하게 느껴진다. 사실 이 같은 경험은 외국어를 배울 때 자연스럽게 일어나게 마련이다. 이럴 때 낯선 언어를 공부하는 것은 어렵고, 시간도 필요하며, 간혹 오해도 생긴다는 것을 솔직하게 인정하면 그 상황에 더 수월히 적응할 수 있다. 새 언어를 쓴다는 것을 지나치게 의식하여 조바심을 내고, 실수를 두려워하고, 잘못 하나하나를 서로 지적하면, 새 언어는 몸에 쉽게 새겨지지 않는다.

코로나바이러스가 전 세계로 퍼진 만큼, 인류는 공간을 새롭게 경험하고 있으며, 몸과 장소의 연결고리도 재구성되고 있다. 그리스도인도 예외 없이 이질적 장소에서 몸의 언어를 다시 배우는 중이다. 누구도 자발적으로 들어간 상황이 아니지만, 누구나 치러야 할 과제인 셈이다. 당분간 낯선 몸의 언어를 익히고 사용해야 하는 만큼, 윽박지르거나 두려워하기보다는 서로를 격려하고 기다려 주며 실수를 보듬어 줄 수 있는 여유와 배려, 지혜가 더욱 소중할 것이다. (2020. 12. 10)

• 이 칼럼은 2020년 3월 11일 WHO가 팬데믹을 선언한 이후, 온라인 예배 논쟁이 치열하던 그해 연말에 작성되었다.

'지금까지 지내온 것'만큼만

팬데믹 상황이든 아니든 어김없었다. 대다수의 한국교회는「지금까지 지내온 것」(새찬송가 301장)을 부르지 않고서 한 해를 고이 보내지 못하는 것 같다. 악보보다는 자기감정에 충실히 부르다 보니, 박자와 음정이 제각각인 경우도 많다. 이 곡을 해석하는 극단적 다원성에도 불구하고, 연말연시의 훈훈한 정서가 더해진 이 찬송만큼 옛 해와 새해를 연결하기에 적절한 공동의 고백을 찾아보기 힘들다.

2020년의 마지막 날, 송구영신 예배조차 온라인으로 참석해야 하는 낯선 경험을 했다. 현장에 함께하지 못했지만, 남녀노소 할 것 없이 집에서「지금까지 지내온 것」을 부르는 모습이 마음에 그려졌다. 근대기의 격랑 속에서 일본인 목사가 작사하고 한국인 목사가 곡을 붙인 이 찬송이 이토록 진한 감동을 주는 이유는 무엇일까? 찬송을 부르다 보면 박자는 늘어지고 음정은 떨어지기 일쑤지만, 우리를 보살펴 주신 하나님의 은밀한 손길을 인정하고 감사하는 마음의 진정성이 전해지기 때문이 아닐까? 각자 삶의 현장에서 나름 치열하게 살아온 동안에도 은총이 나와 너의 존재를 지탱해 왔다는 공통의 경험에 솔직해지기 때문은 아닐까?

유대인 철학자 아브라함 헤셸에 따르면, 인간은 하나님께 '기도'할 수 있기에 존엄한 존재다. 하지만 절대자에게 말을 거는 '행위 자체'에 인간의 고귀함이 있는 것은 아닐 것이다. 유한한 피조물이자 욕망이 뒤틀린 존재인 인간은 사실 자기가 무엇을 중얼거리는지 잘 모르면서도 하나님께 기도한다. 기도의 순간에도 우리의 생각과 언어에 미성숙과 왜곡, 오해가 드러난다는 사실을 고려한다면, 기도는 인간의 존엄은커녕 비참함의 표징이라고도 할 수 있다.

성경에 따르면, 기도의 본질은 우리가 흔히 상상하는 것과는 차이가 있다. 기도를 가리켜 하나님과 나누는 대화라고 하지만, 그 내용은 내가 제대로 알고 명확히 표현할 수 있는 성질의 것이 아니다. 오히려 기도는 내가 인정하거나 드러내기 싫어했던, 혹은 미처 알지 못했던 마음속 '진정성'을 매개로 하나님과 교제하는 신비로운 활동이다. 바울도 우리가 기도할 때 우리 안의 성령께서 말할 수 없는 탄식으로 성부께 친히 간구하신다고 하지 않았는가(롬 8:26-27).

이런 맥락에서 기도는 인간의 존엄을 새롭게 정의하게 한다. 인간은 언어와 행동으로 온전히 표현할 수 없는 '진심'을 소통할 수 있고, 이를 바탕으로 신뢰의 관계를 형성할 수 있다는 희망이 있기에 존엄하다. 피조물의 어설픈 말 걸기에도 귀를 기울이시는 절대자께서 인간을 자신의 형상으로 만드신 만큼, 우리는 문화적, 사상적, 경제적, 이념적 차이에도 불구하고 타자 속 진실함에 접속할 가능성을 지닌다. 물론 유한한 인간은 타인의 목소리를 온전히 경청하지 못하고, 죄는 다른 이의 언행 이면에 숨은 진실을 의도적으로 왜곡한다. 하지만 첫 인류의 타락에도 불구하고 인간은 여전히 하나님의 형상이다. 그런 만큼 하나님이 기도자의 마음 깊은 곳을 보시듯, 우리도 타자의 진정성에 집중하려 노력해야 한다.

인류가 당연시해 왔던 삶의 방식을 바꾸어놓은 코로나바이러스와 공존해야 했던 2020년은 지나갔다. 2021년에도 우리는 사회를 구성하는 다른 이들과 함께 수많은 '전례 없는' 일을 인내하며 겪어나가야 할 것이다. 그래서인지 새해 시작부터 미래의 산업과 기술, 교육, 종교의 변화에 대한 논의가 곳곳에서 벌어진다. 하지만 사람의 사람됨에 대한 고민이 선행되지 않고는 '전 지구적 위기 앞에서 불가피한 시대적 요청'이라는 구호는 올해에도 정치적 선동과 이념에 따른 편 가름, 교리적 독단주의, 기술로부터의 소외, 빈부격차를 정당화하는 데 악용될 것이다.

타인과 진정으로 공감할 가능성과 책임이 무시되면, 인간의 존엄이 무너져내리고 공동의 선은 파괴된다. 그런 만큼 서로의 다름과 이익의 충돌에도 불구하고 타자의 진심을 알아가고 진정성을 존중할 수 있는 능력을 소중히 여겨야 할 때다. 인류가 수많은 위기를 극복하고 '지금까지 지내온 것'은 이러한 배려와 성숙이 있었기 때문이 아닐까? 새해에는 「지금까지 지내온 것」을 함께 부를 때 오장육부에 스며들던 타인의 삶에 대한 공감과 존중이 일상화된 더욱 따스한 세상을 경험하기를 바란다. (2021. 1. 7)

잘못 보내진 메시지

"OOO님, 양성이십니다."

아내에게 코로나바이러스 검사 결과를 알리는 문자 메시지가 도착했다. 매일 아침 중앙재난안전대책본부 발표를 통해 '오늘은 몇 명'이라는 추상적 숫자로만 인식되던 확진자가, 나와 함께 밥을 먹고 이야기를 나누며 잠자리를 함께하는 살과 피를 가진 인간으로 체감된 순간이었다. 이 짧은 문자 한 통이 던진 충격은 엄청났다. 갑작스러운 입원을 위해 무엇을 준비할지, 누구에게까지 연락해서 이 사실을 알려야 할지, 나 역시 당장 보건소로 가서 검사를 받아야 할지 등을 생각하느라 머리가 복잡해졌다. 그 와중에도 아내는 누가 바이러스를 옮겼는지 추적하더니, 지인 중 한 명을 유력한 감염원으로 지목했다.

정도의 차이는 있겠지만, 코로나바이러스가 전 세계를 뒤덮으며 확진자 격리 제도가 시행된 지난 1년간 누구나 이와 비슷한 경험을 했을 것이다. 팬데믹 기간이 길어지며 걱정과 의심이 일상에 늘 차 있게 되면서, 낯선 사람을 많이 만난 날이면 괜히 목이 칼칼하고 열이 나는 것 같다. 집이나 직장 주위에 확진자가 다녀갔다는 뉴스를 접하는 순간, 멀쩡했던 몸도 갑자기 뻐근하게 느껴진다. 길에서 마스크를 쓰지 않은 사람을 만나면

좀비라도 마주친 것처럼 놀라 피하기도 한다.

코로나바이러스는 우리의 언어 사용방식도 기묘하게 바꾸어놓았다. 단편적인 예로, 아내에게 온 검사결과 메시지를 보라. '양성이다' 혹은 '음성이다'가 인간 존재와 상태를 설명하는 술어가 되어 버렸다. 그 와중에도 확진 판정에 놀랄 이의 감정을 존중하듯 '양성이십니다'라고 경어체까지 사용하는 보건소의 과도한 세심함이 돋보인다.

그로부터 약 5분 후 보건소에서 문자가 왔다. 메시지가 잘못 발송되었고, 검사 결과 음성이니 방역수칙 계속 잘 지켜 달라는 내용이었다. 안도감이 몰려오며 몇 분 사이 벌어진 일에 정신이 번쩍 들었다. 아내를 위로하면서도 조심하지 않음에 내심 원망했고, 태연한 척했지만 사실 무엇을 해야 할지 몰라 무력감을 느꼈다. 아내는 다른 사람에게 바이러스를 전파했을까 안절부절못했고, 아무 잘못 없는 아내의 친구는 이미 바이러스 전파자로 낙인찍혀 있었다! 그런데 흥미롭게도 이런 상황이 복음의 구조와 묘하게 닮았다는 생각이 들었다.

아담 이후 인류는 생명의 근원이신 하나님에게서 멀어졌다. 대신 죽음이 삶의 끝이자 생명의 최종 권한을 가진다는 거짓 메시지와 함께 살아왔다. 검사 결과 양성이라는 보건소의 잘못된 메시지에 잠시 삶이 혼란에 빠졌듯이, 거짓을 진리로 여기고는 그 위에 문명을 쌓아 올리며 삶을 영위할 때 그 파괴적 영향력은 결국 생명까지 위협하게 된다. 죽음이 모든 것을 끝낸다는 잘못된 메시지에 인류는 현세의 삶이 전부인 양 집착했고, 노화와 죽음을 있는 그대로 받아들이기를 두려워했다.

타자를 생존을 위한 경쟁과 투쟁의 대상으로 간주하고, 자신의 안전을 위해 다른 누군가를 악마화했다. 거짓 메시지를 진리로 떠받들기 위해 더 많은 거짓을 만들어냈다.

하나님의 아들이 인간이 되어 이 땅에 오시고, 죽으시고, 부활하신 것은 죽을 수밖에 없는 인류를 구원하기 위해서일 뿐만 아니라, 죽음에 관한 거짓 메시지로부터 우리를 해방시키기 위해서이기도 했다. 이로써 죽음이 창조주의 통제에서 벗어난 위협적인 폭군이나 인간 생명의 마지막을 고하는 심판이 아님을 온 천하에 드러내셨다. 오히려 하나님의 은혜 안에 있는 자에게 죽음은 더 큰 생명에 들어가는 통로가 된다는 놀라운 진리를 계시하셨다.

부활의 메시지가 없다면, 우리는 죽음에 대한 거짓 메시지를 진실인 양 받아들이며 죽음의 종노릇을 하고 살 수밖에 없다. 하지만 인류를 겁박하던 죽음의 권세가 허상임을 보여주는 참 생명의 복음이 매년 부활절마다 전 세계에 선포된다. 올해에도 부활의 메시지는 온갖 거짓에서 벗어나 진리가 주는 자유와 참 생명이 주는 기쁨에 참여하라고 우리를 초대할 것이다. 암담하고 혼란스러운 현실에서 부활의 참 메시지를 들을 수 있는 '귀 있는 자'를 이 세계가 어느 때보다 간절히 기다리고 있다. "주님 다시 사셨네!"(2021. 4. 1)

* 이 글은 팬데믹 이후 두 번째 부활주일을 앞두고 작성한 칼럼이다. 그때까지 우리 가족은 아무도 코로나바이러스에 감염되지 않았다. 당시 대한민국 정부는 코로나19 확산을 막고자 감염자를 추적하고 격리하는 정책을 매우 엄격하게 시행하고 있었다.

가을에는
시를 읽게 하소서

　아침과 저녁으로 공기가 제법 서늘해졌다. 무더위에 지쳤던 몸과 마음을 위로하듯 시원한 바람이 부드러이 얼굴을 스치자, 한동안 잊고 살았던 가을 정취에 대한 감각이 깨어난다. 일년에 네 번 계절의 순환이 일어나지만 유독 여름과 가을이 교차할 때만 느껴지는 청명함이 있다. 가을이 다가올 때 순간순간 마음에서 피어나는 순수하기까지 한 감정은 기도할 때 내적으로 느끼는 경건함과 유사한 무언가가 있는 듯하다.

　김현승 시인의 대표작 「가을의 기도」는 "가을에는 기도하게 하소서"라는 단순한 문장으로 시작된다. 이 간결한 시어를 통해 마음 깊은 곳에 있던 절대자를 향한 모호한 갈망마저 청아한 목소리를 얻는다. 시인은 내적 성찰을 일으키는 신비한 힘이 특별히 가을과 결부되는 이유를 설명한 적이 있다. "눈은 마음의 창이라고들 하지 않습니까? 그 눈들이 그렇게도 맑아지는 지금은 가을입니다. 가을은 맑은 눈을 통하여 다시금 인생을 바라보고, 문학을 통하여 씌어진 모든 세상의 진리를 찾아보게 하는 이해의 시간입니다."

　시인의 말대로라면, 가을은 세상을 맑게 접할 수 있도록 우리에게 베풀어진 소중한 시간의 선물이다. 이렇게 인생을 시적으로 바라보고 참여하는 것은 그리스도인으로 살아가는 데 꼭 필요한 예술적 기교일지도 모른다. 19세기 영국의 신학자 존 헨리 뉴먼John Henry Newman도 이렇게 말했다. "그리스도인에게 사물들을 시적으로 보는 것은 의무입니다. 우리는 모든 것에 신앙의 빛깔을 입히고, 모든 사건에서 신적 의미를 보도록 명령받았습니다." 시적인 표현은 일상적 경험으로는 포착되지 않는 실재의 참모습을 맛볼 여백을 언어에 마련해 준다. 이와 유사하게 신앙은 물리적 세계와는 다른 방식으로 작동하는 신비의 현존을 지각하고 설명하게 해줄 상상력의 자리를 우리 삶에 마련한다. 신약성경의 '히브리인들에게 보낸 편지'도 믿음은 볼 수 없는 것을 보게 하는 단서라며 신앙의 시적 본질을 풍미 있게 표현해 주지 않는가(히 11:1 참조).

그리스도인이 모든 것에 신앙의 빛깔을 입히는 능력을 갖춘 특별한 존재라면, 기독교적 덕목도 단순히 합리적이거나 도덕주의적일 수만은 없다. 뉴먼에 따르면, 그리스도인은 평범한 사건에서도 신적 의미를 발견하도록 명령받은 존재인 만큼, 세상을 그 자체로만 보는 사람과는 차별화된 '시적' 덕목과 감정을 지닐 수밖에 없다. 폭력과 경쟁이 사회를 끌어가고, 능력과 성취가 현실을 정의하는 듯하지만, 시적 정서로 충만한 그리스도인은 "온순함과 부드러움, 공감, 자족, 겸손"이라는 비현실적 덕목에 더 큰 희망을 걸고 살 정도로 자유롭다.

그리스도인의 삶에 이처럼 시적 풍미가 있다 하더라도, 오늘날 사회가 움직이는 모습을 보면 시적인 것이 말라비틀어질 정도로 사람들 정서가 메말라지는 것 같다. 특히, 스마트폰 앱으로 누구나 자기 얼굴을 원하는 대로 보정하고, 좋아하는 연예인을 반복해서 보면서 비현실적인 미의 기준을 내면화한다. 소셜네트워킹서비스에 자기 일상을 매력적으로 편집해 수시로 공개하는 것도 적잖은 사람들의 일상의 일부가 되었다. 이러한 외모 중심 문화에 파묻혀 있다 보니, 보이는 것 이면의 '보이지 않는 것'의 가치를 찾아내고 표현하는 능력도 전체적으로 퇴화하는 듯하다.

예전부터 신앙은 본성상 시적이었지만, 이 단순한 진실을 재발견하는 것이 오늘날 더욱 중요해 보인다. 보이지 않는 것을 읽어내는 능력이라는 관점에서 보면, 시적인 것의 상실은 신앙의 위기와도 연결되어 있다. 그렇다고 현대사회에서 인간이라는 종의 시적 감성이 종교성과 함께 사라진다고 한탄만 하고 있을 수는 없다. 시인의 말대로 가을이 우리 눈을 맑게 해준다면, 다가오는 가을을 시인의 눈을 가지고 일상을 신적 빛깔로 입혀내는 특별한 기회로 삼으면 어떨까? '가을에는 기도하게 하소서'만이 아니라 '가을에는 시를 읽게 하소서'라는 간구도 한번 해보는 멋들어진 가을을 맞이하기를 기대한다. (2021. 8. 19)

희망은
위험한 거야

　코로나바이러스가 전 세계적으로 퍼지기 직전, 제1차 세계대전을 배경으로 한 영화 「1917」이 미국과 영국에서 개봉했다. 전쟁의 끔찍함을 사실적으로 묘사한 명작이라 평가받지만, 국내에서는 사회적 거리두기 정책과 겹쳐 많은 관객을 만나지 못한 불운한 작품이기도 하다. 개인적으로 영화 말미, 독일군에 대한 전면 공격을 하려는 찰나 상부의 지시로 갑작스레 계획이 틀어지자 영국군 장교가 긴 한숨과 함께 내뱉는 대사가 인상적이었다.

　난 오늘이 좋은 날이 될지도 모른다고 희망했지. 희망은 위험한 거야.

　전략상 일단 오늘은 피가 튀는 전투가 멈췄다. 하지만 이것은 오래가지 못할 평화다. 내일이나 모레 갑자기 독일군에 대한 돌격 명령이 떨어져도 전혀 이상하지 않다. 오히려 생명을 잠깐이나마 보전받았다는 사실 덕분에 공포와 초조함이 수많은 젊은 병사들의 너덜너덜해진 마음을 안으로부터 갉아먹을 시간적 여유를 벌었을 뿐이다.

인간은 본성상 희망을 자기 것으로 소유할 수 없는 존재다. 그것을 알면서도 우리는 희망에 기대어 일상을 살아간다. 그런데 인간으로서 누려야 할 최소한의 안정과 보람이 보장되지 않는 극단적 상황에서 희망은 고문의 도구가 되기도 한다. 전쟁과 전염병과 대불황 시기에 희망은 일상을 버티게 하는 힘인 것은 틀림없지만, 희망은 현실화를 계속 거부하면서 우리 마음을 그만큼 더 바짝 말라 버리게 만든다. 실제로 2020년 팬데믹이 시작된 이래 우리는 일상 회복이라는 희망을 거듭 품었고, 매번 그 희망이 물러나는 것을 경험했다. 많은 사람들이 함께 인내하고 협력한 결과 상황이 개선될 기미가 보이다 다시 대유행 국면으로 접어들면, 모두가 몹시 안타까워하기도 하고 분노하기도 했다.

최근 백신 접종률이 높아지며 '위드코로나'에 대한 논의와 준비가 본격화되고 있다. 팬데믹 상황의 '종식'에서 바이러스와의 '공존'으로 희망의 내용과 수위도 재조정되었다. 하지만 위드코로나 정책을 이미 시행한 여러 나라에서 코로나바이러스 확진자 수가 오히려 증가했다는 소식에, 희망을 제대로 품기도 전에 희망의 빛깔이 어두워진 느낌도 없지 않다. 서로 얼굴을 맞대고 이야기하고, 신선한 공기에 코와 입을 노출하며 길을 걷고, 식탁의 친교가 전염병이 아니라 기쁨과 사랑의 매개가 되는 세상이 오기까지 우리는 얼마나 더 참고 기다려야 할까?

영국에서 위드코로나 정책이 시행되고 몇 주 후, 세계 여러 언론에 소개될 정도로 훈훈한 이야기가 있었다. 런던에서 가장 나이가 많은 베티 스피어가 요양원에서 108째 생일을 맞

았다는 소식이다. 1913년에 태어나 두 차례의 세계대전, 경제
대공황, 냉전체제 등을 모두 경험한 할머니에게 기자는 지난
100년간 있었던 일 중 지금의 상황이 최악이냐고 물었다. 그랬
더니 이런 답변이 돌아왔다. "제1차 세계대전이 최악이었지.
코비드는 그것에 비하면 아무것도 아니야."

　물론 한 개인이 어릴 적 기억으로 재구성한 전쟁의 끔찍한
경험을 현재 전 세계적으로 진행 중인 고통과 객관적으로 비교
할 방법은 없다. 하지만 비록 '희망은 위험한 것'일지라도, 우리
는 베티 스피어 같은 평범한 사람들의 증언을 통해 역사의 굴
곡 속에서도 희망은 이어져 왔다는 것을 배우게 된다.

　희망이 있는 곳에는 희망의 위험도 늘 있기에, '미래를 어
떻게 꿈꾸어야 할까'라는 질문은 인류 모두에게 주어진 과제
다. 본성상 붙잡을 수 없는 희망을 자기 힘으로 성취하고 소유
하고자 할 때, 희망은 위험한 것이 될 수 있다. 반면 삶의 어둠
속에서도 예기치 않은 선물로서 희망을 경험할 때, 마음에 용
기와 기쁨이 머물 공간이 마련된다. 추상적 개념이나 목표로서
희망을 찾는 것이 아니라, 일상에서 서로가 서로에게 기쁨과
안정과 보람의 계기가 되어 줌으로써 희망은 존재하는 모든 것
사이에서 역동적 힘으로 작용한다. 이러한 이유로 노령에도 이
토록 건강하고 행복한 비결이 무엇이냐는 질문에 베티 스피어
가 던진 한마디 답변에 오늘도 우직하게 희망을 걸어 본다.

　　모든 사람에게 잘해 주고 그들을 웃게 해주려고 노력하세요.

(2021. 10. 14)

그리스도인이
12월을 사는 법

'다사다난'이라고밖에 설명하지 못할 2021년이 저물어간다. 보통 이때쯤 친구나 지인들에게 가장 많이 듣던 말이 "한해 가기 전에 한번 보자"였다. 바야흐로 송년회送年會 혹은 망년회忘年會의 때인 것이다. 망년회는 '한 해의 온갖 괴로움을 잊자'는 부정적 의미가 강하니, 송년회 혹은 송년 모임으로 용어를 순화하자는 말도 들렸다.

솔직하게 말하자면 송년회가 되었든 망년회가 되었든, 이를 핑계 삼아 오랫동안 보지 못했던 이들과 만나서 이야기를 나눈다는 것은 12월에만 누리던 큰 기쁨이었다. 코로나바이러스 대유행이 시작되고 두 번째 찾아온 연말연시를 앞두고 방역 당국과 의료계 종사자들이 강한 우려를 표하는 것을 보면, 한국인의 DNA에 각인된 송년회의 욕망은 어쩌다 찾아온 팬데믹의 위협마저 가벼이 뛰어넘으려는 듯하다.

이처럼 12월은 한 해를 보내는 마지막 달이지만, 그리스도인은 이미 새해를 사는 중이다. 교회력에서는 크리스마스 4주 전 대림절 첫 주와 함께 새로운 한 해가 시작되기 때문이다. 교회력과 일상의 달력을 겹쳐놓으며 생긴 '타임 슬립'time slip은 그리스도인만이 누리는 신비한 시간의 선물이다.

일반 달력에 따르면, 새해는 1월 1일에 시작된다. 그래서 12월 31일에서 1월 1일로 넘어갈 때 세계 곳곳에서 다양한 축제와 풍습으로 '송구영신'을 기념한다. 이때는 일 년 중에 밤이 가장 긴 동지가 살짝 지난 만큼 밤이 하루하루 짧아지는 중이다. 사람들이 길어지는 낮을 알게 모르게 경험하는 중인 만큼 새해가 풍기는 밝고 희망찬 인상과 잘 어울린다.

반면 교회력에서 새해는 11월 27일-12월 3일 사이 주일에 시작된다. 동지가 다가오며 어둠이 깊어지는 시점이다. 이 땅의 어둠이 커가는 중이지만, 그리스도인은 구주의 오심을 기다림으로써 '희망' 안에서 이미 새로운 해를 살아가는 중이다. 물리적인 밤이 길어지며 세상에 어둠이 더욱 크게 드리워지지만, 교회는 매주 대림절 초를 하나씩 더 밝힘으로써 어둠은 결코 빛을 삼키지 못한다는 것을, 그리고 어둠이 가장 짙었을 때 참 빛이 세상에 와서 사람들에게 비춘다는 것(요 1:9)을 증언한다.

12월은 그리스도인에게 단지 한 해를 보내고 쓴 기억을 잊어버리는 송년 혹은 망년의 시기가 아니다. 대림절 4주 동안 우리는 어두움에도 불구하고 희망의 빛을 신뢰하는 법을 배운다. 두 달력이 겹쳐지며 열어 보이는 신비로운 '이중적 시간'은 구주가 오신다는 약속과는 대조되는 세계의 상처 난 현실을 직시하게 한다. 갈수록 짙어가는 어둠에 조급해져 자기방어적 환상에 몰두하는 것이 아니라, 주님의 때에 참 빛이 온 세상을 비추리라 믿고 인내하도록 이끈다. 구약학자 월터 브루그만은 대림절에 이렇게 기도드렸다.

주님, 우리는 기다림에 지쳤습니다. 우리는 냉소적인 세상에 살면서 우리가 통제할 수 있는 것들에 안주합니다. 하지만 우리 삶의 진정한 주인은 주님이심을 알고 있습니다. 주님의 사랑의 빛을 우리가 보기 한참 전부터 주님이 영원한 사랑으로 우리의 구원을 준비하셨음을 압니다. 그래서 우리는 먼 옛날 연약한 아기의 몸으로 오신, 만물을 새롭게 하시는 주님을 기다립니다.

주님을 기다림으로써 새로운 시간에 들어갔다는 것은, 모든 것을 무無로 돌리는 시간의 파괴적 힘에 대한 두려움에서 벗어나 우리에게 주어진 오늘이라는 시간을 희망으로 채울 가능성을 열어 준다. 죽음을 향해가는 시간적 존재의 허무함이 아니라, 시간의 주이신 그리스도의 생명이 우리의 존재를 정의한다는 것을 상기하게 한다. 그런 만큼 대림절 기간은 그리스도께서 이 땅의 인류를 직접 찾아오셔서 빛과 생명을 나누어 주셨듯, 연말의 들뜬 분위기 속에서도 어둠과 추위에 있는 이웃에게 다가가 밝은 빛과 따스한 온기를 전할 때이기도 하다. 이 뻔한 말로 글을 마무리하는 것은, 매해 12월이면 우리는 "형제 중 지극히 작은 자"의 얼굴을 하시고 "주리고, 목마르고, 헐벗고, 병들고, 옥에 갇히신" 예수 그리스도를 어김없이 만나게 되기 때문이다(마 25:42-46). (2021. 12. 9)

새해에는
'더' 빼기를

　새해가 되면 예기치 못한, 하지만 종종 찾아오는 상황이 있다. 교육과 관련된 일을 하고 책도 내다 보니 모임에 가면 덕담을 해달라는 요청을 갑작스레 받는 경우다. 바쁘게 연말을 마무리하고 피로 속에서 새해를 맞이하느라 나 자신을 돌아볼 여유도 없었는데, 다른 사람 앞에서 무언가 좋은 말을 하려니 여간 곤혹스러운 것이 아니다.

　좋은 의도로 한 부탁을 여러 눈이 지켜보는 데서 거절할 정도로 강심장은 못 되어, 쭈뼛거리며 머리를 긁적이다 입을 열기 시작한다. 아무렇지도 않은 척해도 머리는 혼란하고 심장은 뇌에게 더 열심히 일하라고 피를 올려 보낸다. 어떻게든 말을 하고 나면, 아직 사라지지 않은 신체의 긴장 때문인지 내가 한 덕담이 심심하게 느껴진다. 한두 마디 더하며 무언가 의미를 불어넣으려는 순간 말이 지저분해진다. 빨리 끝맺어야겠다는 초조함에 오히려 말이 더 꼬이고 길어진다. 머리가 멍해지면 심장이 다시 열심히 일하기 시작하면서 '긴장도 상승'과 '말 많아짐'의 악순환의 고리에 더 깊이 빠져든다.

　어디 덕담뿐이랴. 강의든 설교든 사람들 앞에서 말을 할 때마다 이런 경험이 반복되자 해결책이 필요했다. 그래서 한정된 시간에 많은 말을 군더더기 없이 해야 하는 사명을 가진 앵커들은 어떻게 뉴스를 마무리하는지 관찰했다. 대다수의 앵커들은 매우 '단순'하고 '단호'하게 뉴스를 끝맺었다. "저희가 준비한 소식은 여기까지입니다." 너무 딱 자르는 감도 있지만 이거다 싶었다. 그래서 "제가 할 말은 여기까지입니다"를 사람들 앞에서 써 봤다. 그랬더니 마법과도 같은 일이 생겼다. 내가 그 앞에 무슨 말을 했든 얼마나 잘했든 상관없이, "여기까지입니다"라는 말에 대다수 청중의 표정이 환해졌다.

Everything should be made as simple as possible, but no simpler.

이 문장은 20세기 대표 물리학자 알베르트 아인슈타인 **Albert Einstein**의 명언으로 알려져 있다. 부족하나마 우리말로 옮겨 보면 다음과 같다. "모든 것은 가능한 한 단순하게 만들어야 한다. 하지만 (실제보다) 더 단순화해서는 안 된다." 사실 이 표현은 아인슈타인이 직접 쓴 것이 아니라, 그가 강의 때 강조했던 바를 다른 누군가가 한 문장으로 압축한 것이라고 한다.

아인슈타인 외에도 물리학자들은 '복잡한 현상을 설명하는 이론이나 모형은 가능한 한 단순해야 한다'는 전제를 갖는다. 말에 말을 이어서 현상을 설명하는 데 특화된 문과 출신이라 그런지, 과학자들이 이처럼 단순명료하게 우주의 운동과 법칙을 설명하는 것을 보면 존경심이 우러나지 않을 수 없다.

그런데 아인슈타인의 명언은 또 다른 의미도 품고 있다. 물리학이 단순한 이론을 이상으로 삼을지라도, 단순성의 추구가 '단순화'로 넘어가서는 안 된다. 이것은 물리학자만이 빠지기 쉬운 유혹이 아니다. 우리도 현실의 복잡성이 주는 당혹감과 피로함에 실재를 있는 그대로 보거나 서술하지 않고 '더' 단순하게 만드는 경향이 있다. 그러다 보면 각 개인이 가진 고유한 삶의 이야기, 공동체가 품은 깊고 넓은 전통, 타문화가 가진 낯섦 등이 심하게 왜곡되거나 억눌러져 버린다.

또한 우리에게는 '더' 구구절절하게 서술하려는 정반대 욕심도 있다. 나의 이야기를 어떻게든 상대가 듣게 만들 때, 자기기만의 서사를 부풀릴 때, 우월한 지위를 이용해 언어로 타자를 조종할 때, 현실의 단순함이 너무 밍밍해 답답하게 느껴지기 마련이다. 그래서 '더' 자극적인 인상을 남기고자 말을 '더' 하다가, 불필요한 오해와 갈등과 혼란을 일으킨다. 인류의 타락 이야기가 담긴 창세기 3장도 하나님 말씀에 인간이 무언가 '더'하여 해석하다 하나님에게서 멀어지는 것을 보여준다. 그렇기에 '단순성'은 인간이라면 누구나 추구하면서도, 인간으로서 완전히 성취하기 힘든 덕목이 아닐까 싶다.

2022년 대한민국 사회와 교회는 짧은 지면에 열거하기 힘들 정도로 여러 중요한 일을 앞두고 있다. 이럴 때일수록 사람들은 이런저런 이야기에 휩쓸리고 사회는 혼란스러워지기 쉽다. 이런 상황에서 교회에 요구되는 것은 현실의 복잡성을 그대로 대면하고 그것을 '더' 과장하거나 '더' 단순화하지 않고 서술할 수 있는 절제된 언어와 겸손한 용기가 아닐까 싶다. 몸무게와 뱃살 이외에도 '더' 뺄 것이 있음을 기억하며 임인년을 맞이한다. (2022. 1. 6)

다이어트 중이십니까?

한낮의 수은주가 30도를 넘보기 시작했다. 절기로는 식물의 푸르름이 조금씩 대지를 덮는 소만小滿이 지났고, 이제 곧 태양의 쨍쨍함과 나무의 짙은 녹색이 힘껏 겨룰 여름이 된다. 성큼성큼 다가오는 더위에 맞추어 사람들의 옷차림도 가벼워지고 짧아지고 있다. 바야흐로 많은 사람들이 두꺼운 겨울옷 뒤에 숨어 있던 살과의 전쟁을 선포하는 다이어트의 때가 왔다.

이맘때면 '여름용' 근육을 만든다고 무거운 운동기구를 들어 올리는 사람들이 주위에 하나둘 늘어난다. 그러나 필자를 포함한 많은 사람들이 다이어트를 해야 한다는 것을 알아도 쉽게 실천으로 옮기지는 못한다. 이유는 뻔하다. 살은 그냥 빠지는 것이 아니기 때문이다. 살은 삶의 방식 자체를 바꾸어야 빠진다. 이는 일상의 익숙한 패턴이 주는 편안함과 먹고 싶은 것을 먹을 때 찾아오는 형용할 수 없는 위로를 포기하는 자기희생, 불편함과 괴로움을 삶 속으로 받아들이겠다는 결단을 요구한다.

사전적 정의에 따르면, 다이어트란 '정기적으로 섭취하는 식음료' 혹은 '특별한 목적을 위해 처방된 음식의 종류와 양'을 뜻한다. 그렇다면 원래 다이어트는 나약한 인간이 건강을 지키고자 발전시킨 실천적인 지혜인 셈이다. 하지만 현대사회에서 몸 자체를 중시하는 문화가 유행하고 미디어가 시각적 자극을 중시하다 보니, 오늘날 다이어트는 미적인 목적으로 운동이나 약물 등을 통해 체중을 줄이고 외모를 보기 좋게 만드는 행위로까지 의미가 변화되었다.

다이어트의 어원을 살펴보면, 이 단어가 원래부터 음식 혹은 체중과 연결된 개념은 아니었다. 그리스어 *diatia*는 '어떤 목적을 이루기 위해 삶을 특정한 방식으로 산다'는 뜻이다. 즉 다이어트란 건강이라는 선의 추구를 위해 몸만이 아니라, 의지적으로 생각과 입맛과 습관까지 가꾸는 종합적 행위다. 재기발랄한 미국 철학자 리처드 왓슨Richard Watson 의 말대로, 제대로 된 다이어트는 특정한 선을 향한 성찰과 추구를 포함하는 '삶의 철학'을 요구한다. 현대 주류 문화에 동화되지 않을 대안적 삶, 혹은 타인의 멋진 삶을 모방하고 싶은 욕구에 휘둘리지 않는 '마음의 변화'를 요구한다.

다이어트의 최대 적은 몸 곳곳에 포진하고 있는 '지방'이다. 고대 그리스어 용례에 따라 다이어트가 특정 선을 추구하는 의지적 삶이라면, 지방은 좋은 삶을 살지 못하게 가로막는 장애물로 비유될 수 있다. 철학자답게 왓슨은 지방을 "우리가 원하는 존재라고 생각하는 바에서 우리를 떨어뜨려 놓는 일상적 실재의 불가피성"이라고 어려운 말로 설명한다. 하지만 지방이라는 상징까지 쓰며 그가 말하는 바는 분명하다. 식사를 무절제하게 하고 운동을 게을리하면 지방이 생기고 이를 내버려두면 건강이 안 좋아지듯, 선하게 살려는 의지와 훈련된 습성 없이 지내다 보면 삶에 지방이 끼고 이를 내버려두면 개인의 삶이나 관계에 이런저런 문제가 생기게 된다.

다이어트라는 이처럼 중요한 지혜를 인간의 풍요로운 삶에 관심이 지극히 많은 하나님의 말씀인 성경이 놓칠 리 없다. 일례로, 바울은 십자가를 싫어하는 사람을 절제를 모르고 먹기를 탐하는 사람에 비유한다. "편한 길을 걷는 자들은 자신의 배를 신神으로 삼습니다. 트림이 그들의 찬양입니다. 그들의 머릿속에는 온통 먹는 생각뿐입니다."(빌 3:19, 『메시지』) 바울의 말대로 지상의 삶보다 더 나은 삶에 무관심할 때, 우리 생각은 무엇을 먹어서 나의 위를 기쁘게 할까, 아니면 무엇을 덜 먹어 내 몸을 주류 사회의 미적 기준에 맞출까에 집중되어 버린다.

먹는 활동을 그리스도교적 관점에서 접근하면 다이어트에 새로운 의미부여가 가능해진다. 다이어트는 단지 '덜' 먹기가 아니라 '하나님 나라의 선'을 추구하며 먹기다. 이것이 단지 궤변 혹은 지나친 미사여구가 아닌 것은, 신앙인이 따라야 할 모델이 소위 몸매가 좋은 '몸짱'이 아니라, 소외된 이들과 친구가 되고자 '먹기를 탐하시던' 예수 그리스도이기 때문이다 (눅 7:34). 심지어 그분은 직접 우리의 다이어트 곧 '생명의 빵'이 되셨다(요 3:6). 우리의 관심이 '무엇을 얼마나' 먹느냐에서 '무엇을 추구하며' 먹느냐 혹은 '누구와 함께' 먹느냐로 옮겨질 때, 다이어트는 복음이 된다. 현대인을 다이어트 강박에서 자유롭게 하는 다이어트 비법이 바로 여기에 있지 않을까. (2022. 5. 6)

찝찝한 마무리

창세기부터 신명기까지 구약성경의 첫 다섯 권의 책을 일 컫는 모세오경은 유대교, 그리스도교, 이슬람 모두의 경전이 다. 중요하고도 거룩한 선집이다 보니 그 끝이 아름답고 대단 할 것 같은데 정작 그렇지는 않다. 오경의 마지막 책 신명기는 이스라엘이 아직 약속의 땅인 가나안에 들어가지 못한 상태에 서 모세가 가나안이 내려다보이는 모압산에서 죽는 장면으로 다소 찝찝하게 막을 내린다(신 34:1-12).

오경의 뼈대가 하나님이 아브라함과 맺은 약속이라면, 그 결말에는 약속이 성취되는 가나안 입성 장면이 포함되어야 할 법하다. 그렇기에 일부 학자는 이스라엘이 가나안에 정착하는 이야기인 여호수아를 오경에다 합친 '육경'이 구약성경의 근본 본문이 되어야 한다고 주장했다. 학자들의 복잡한 이론을 제쳐 두더라도, 해피엔딩을 좋아하는 인간 본성상 젖과 꿀이 흐르는 땅에 들어가 잘 사는 이야기까지 들려주면 그야말로 금상첨화 이지 않을까.

하지만 잠깐! '약속과 성취'라는 구도가 그토록 중요하다 면, 왜 애초에 여호수아를 포함한 육경을 만들지 않았을까. 가 나안 정착과 함께 하나님의 약속이 이루어지는 것이 유대인들에게 특히 중요할 텐데, 왜 그들은 수천 년 동안 창세기에서 신명기까지만 '토라'라 부르며 이 다섯 권의 책에 더 큰 의미부여를 했을까. '끝이 좋으면 다 좋다'는 소박한 낙관주의와는 다른 성경의 심오한 가르침이 있는 것은 아닌지 모르겠다.

오경이 이스라엘의 정체성 형성에 결정적 역할을 하는 문서임을 고려하면, 정착생활이 보장하는 안정과 풍요는 하나님 백성의 삶에서 본질적 요소라고 부르기가 힘들다. 실제 구약성경 본문을 보면, 이스라엘을 고대 근동의 다른 부족이나 나라와 차별화한 것은 하나님이 약속하신 땅에 있지 않았다. 오히려 그들을 특별하게 만든 것은 노예들을 백성으로 삼으신 하나님의 은혜, 그리고 하나님의 약속이 성취될 것을 고대하고 풍요로운 이집트 대신 미지의 땅으로 향하던 믿음이었다.

약속이 어느 한 시점에 특정 장소에서 완전히 이루어졌다면, 그 약속은 더는 약속으로서 의미도 힘도 지니지 못한다. 구조적으로 오경은 가나안에서의 삶을 제외함으로써, 약속의 '성취' 자체가 아니라 약속에 대한 '희망'이 하나님 백성의 정체성을 형성함을 보여준다. 이는 이스라엘이든 교회든 크게 다르지 않다. 그리스도인 역시 '다시 오리라'는 예수 그리스도의 약속이 아직은 실현되지 않은 현실을 살고 있지 않은가.

오경에 나오는 땅 없이 하나님을 예배해야 하는 이스라엘의 사명에 비추어 볼 때, 하나님의 백성이 무엇보다 경계할 것은 삶이 안정적이고 조종 가능하다는 환상이다. 예나 지금이나 인간 삶은 불안하다. 아무리 물리적 환경이 개선되더라도 삶의 불안을 완전히 달랠 정도의 안정감을 우리는 결코 획득할 수 없다. 이 같은 자명한 사실을 무시하고 자기 삶의 안정과 풍요를 과하게 추구하다가는 자아에 대한 망상에 쉽사리 사로잡히거나, 다른 누군가의 삶의 기본 조건과 행복을 제물로 삼을 위험이 있다. 현실에 대한 불만과 불안에 대한 반작용으로 과거의 특정 시점을 '잘 살았던' 때로 포장하고는 그때의 지도자상이 현시점에 나타나면 많은 문제가 해결되리라는 순진하지만 위험한 믿음에 빠지는 것은 신앙인으로서 특히 조심할 바다.

대개 연말이면 다른 때보다 상대적으로 넉넉하기 마련인데, 2022년이 저무는 이때는 왠지 그러한 훈훈함이 잘 느껴지지 않는다. 정치가 혼란하고, 경기도 침체했으며, 삶은 불확실한 데다가, 이태원에서 참사까지 일어나서인 것 같다. 삶이 불안정하고 수수께끼처럼 여겨질 때, 우리는 겉만 번지르르한 해피엔딩을 더 간절히 원하기 쉽다. 이런 상황일수록 그리스도인은 오경의 구조가 이스라엘이 약속의 땅을 차지하는 장면을 배제하고 있다는 점을, 그리고 위대한 지도자 모세의 역할이 광야에서 끝난다는 것의 의미를 되새길 필요가 있다. 이스라엘이 광야에서 종종 까칠한 모습을 보였지만, 역설적이게도 하나님의 백성으로서 이스라엘의 정체성은 가나안에 들어간 이후가 아니라 그 이전 모습에 더 잘 드러났다는 사실도 진지하게 받아들여야 한다.

약속이 성취되지 않은 채 찝찝하게 마무리되는 오경의 결말을 되새기며, 삶이 부조리하고 힘들더라도 아직 완전히 현실화되지 않은 하나님의 미래에 대한 기대를 품고 한 해를 마무리하고 새해를 맞이하길 바란다. (2022. 12. 29)

멈춰서
비로소 보였던
것들

온갖 종류의 비참과 곤경이 인간을 덮쳤지만, 그 모든 것은 왔다가 사라졌다. 꽃잎 위에 바람이 불 때 꽃은 잠시 고개를 숙이지만, 바람이 멎으면 그것은 다시 일어난다.

세계대전 후 유럽의 모습을 신학자 칼 바르트는 이렇게 묘사했다. 종전 선언을 한 국가들이 곧 '마치 아무 일도 없었던 듯' 전쟁 이전처럼 힘의 경쟁을 펼치는 것에 그는 한숨을 쉬었다. 세계대전의 후유증에서 빨리 빠져나오는 것은 필요했지만, 수천만의 생명을 앗아간 비극을 되새김질하며 사람됨의 의미를 되새기는 것은 더 중요했다. 하지만 인간이 끔찍한 과거로부터 배우기보다는 비극을 잊기를 선호해서인지, 이념과 군비경쟁 속에서 냉전체제라는 또 다른 위기가 찾아왔다.

하나님은 망각이라는 '선물'을 인간에게 주셨다. 그렇지 않다면 인류는 옛일에 대한 후회와 수치심에 사로잡혀 오늘에 충실하지 못하고 미래를 제대로 준비하지 못할 것이다. 하지만 인간은 잊어서는 안 될 것을 잊음으로써 과거가 주는 소중한 가르침을 무위로 만들고, 불필요한 갈등과 위기를 자초해 왔다. 그런 의미에서 gift라는 단어가 언어에 따라 '선물'도 되고

'독'도 될 수 있음이 왠지 의미심장하게 느껴진다(gift는 영어로는 '선물'이지만, 독일어로는 '독'이라는 뜻이다).

벌써 과거형이 되었다는 것이 어색하지만, 2020년 초부터 3년 4개월 동안 코로나바이러스로 인한 팬데믹이 이어졌다. 그 기간 우리는 당연시하던 삶을 억지로라도 멈춰 세웠다. 속도 경쟁을 열심히 펼치다 갑자기 급제동이 걸리자, 삶은 관성 때문에 균형을 잃고 뒤죽박죽되었다. 그러나 팬데믹 상황에서도 "위기는 곧 기회"라는 낡은 명언이 빛을 발했다. 사람들은 (한때 유명했던 책 제목처럼) '멈추면 비로소 보이는 것들'에 주목했다. 분주함에 치여 집중하지 못했거나, 군중 속에서 헛된 것을 좇느라 놓쳤거나, 습관에 가려 스쳐 지나갔던 삶의 근원적으로 중요한 가치들을 찾고자 했다.

코로나바이러스가 유행하면서 시행된 거리두기 정책 속에서 교회도 위기를 맞이했지만, 인간들의 모임인지라 위기를 기회로 변환하려는 본능을 발휘했다. 잠시 멈추어 선 삶은 역설적으로 신앙의 본질과 교회의 공동체성을 재발견하는 공간이 되어 주었다. 적지 않은 사람들이 수많은 행사와 분주한 활동에서 신앙의 힘을 끌어올리려던 기존 방식에 과감히 의문을 던졌다. 대신 온라인 예배라는 생소한 형식으로 예배는 꾸준히 드려졌고, 좋은 신학책을 읽고 토론하는 자발적 모임들이 여기저기서 생겨났다. 기존 개교회주의를 넘어서는 성도의 교제가 실험되었고, 교회에서 목소리를 제대로 내지 못하던 여성과 청년을 중심으로 새로운 담론의 장이 열리기도 했다.

2023년 5월 11일, 대한민국 정부는 엔데믹을 선언했다. 이에 맞추어 인간관계가 재형성되고, 교인들이 예배를 위해 다시 모이고, 크고 작은 집회가 대면으로 열리며 교계에서도 '일상 회복'이 일어났다. 그런데 회복의 소식을 전하는 목소리가 마냥 즐겁게만은 들리지 않는다. 행사의 계절인 여름을 앞두고 교역자들은 다시 새벽부터 밤까지 과로에 시달린다. 모임이 재활성화되면서 일회용품 쓰레기가 교회 한구석에 쌓인다. 다른 교회도 하니 우리 교회도 해야 하지 않겠냐며 단기 선교팀들이 급조된다. 팬데믹 이전 모습과 활기를 되찾으려는 다양한 활동을 응원하면서도, 다른 한편 팬데믹 기간 '멈춰서 비로소 보였던 것들'을 너무 빨리 잊는 것은 아닐까 하는 우려도 된다.

위기의 시기가 지나고 새로운 시작을 준비할 때일수록, 하나님께서는 예수 그리스도를 통해 세상과 화해하셨고, 이로써 세상에서 하나님의 용납과 사랑의 대상이 아닌 것이 없음이 드러났다는 본질적 가르침에 귀 기울여야 할 것 같다. 팬데믹은 세상을 어지럽게 했지만, 여전히 인류의 오랜 삶의 일부였다. 코로나바이러스가 유행하며 고통과 혼란이 만연했던 그 세상도, 하나님이 예수 그리스도를 통해 이미 화해하셨던 대상이다. 그동안에도 하나님은 바로 그곳에 현존하시며 연약한 세상을 붙드셨다. 그때에도 하나님은 세상을 사랑하시며 그 상황 속에서 우리에게 말씀하고 계셨다. 그런 만큼 그 위기의 시대는 전염병의 위협이 사라졌다고 해서 우리가 뒤로 흘려보낼 무가치한 시간이 아니다. 엔데믹과 함께 우리가 다시 움직이기 시작했음에도, '멈춰서 비로소 보였던 것들'을 놓쳐서는 안 될 이유가 여기 있지 않을까 생각해 본다. (2023. 6. 15)

문턱의
시기

지금 이 순간, 우리는 크리스마스와 새해 첫날 사이에 있다. 옛 해는 끝나가는데 새해는 아직 오지 않은 어정쩡함에 마음이 괜히 더 부산하다. 하던 일을 잘 마무리하기에는 시간이 부족하고, 새 일을 시작하기에는 이른 듯한 모호한 상태다. 이 시기를 가리켜 가톨릭 작가이자 수사 자카리아스 하이에스 Zacharias Heyes는 "문턱의 시기"라고 불렀다. 이 기간을 어떻게 대하느냐에 따라 시간은 무의미하게 흘러갈 수도, 유의미해질 수도 있기 때문이다.

과거 유럽에서는 크리스마스 이후 신년을 맞이할 때까지 모호한 시기를 중요시했다. 나라와 지역마다 이 기간을 부르는 명칭도, 지키는 날수도 달랐다. 하지만 사람들은 이때를 삶을 점령했던 분주함과 긴장으로부터 한 발짝 물러나는 쉼과 여유의 기간으로 삼았다. 하던 일을 깔끔하게 끝냈을 수도 있고 일이 덜 마무리되었을 수도 있지만, 그 상태를 있는 그대로 인정하는 관대함으로 시간을 채웠다. 맡은 일을 완수하지 못하면 패배자가 된다는 압박에서 벗어나, 자신의 한계마저 느긋하게 바라볼 정도로 마음을 부드럽게 만들었다. 내가 이것을 하지 않으면 세상에 큰일 날 것처럼 생각하던 강박을 내려놓을 때

잔잔하게 밀려오는 해방감도 덤으로 맛보았다.

바쁘게 살아가는 현대인에게 이러한 여가의 태도가 가능하겠냐고 까칠하게 반응하지 말고, 물러남과 휴식이 삶을 대하는 태도를 어떻게 변화시킬지 느긋하게 상상해 보자. 고대부터 종교는 익숙하게 느끼던 시간과 공간을 따로 구별해 줌으로써 매일 똑같을 수도 있을 일상 한가운데서 초월을 경험하는 계기를 열어 주었다. 예를 들면, '성전'을 뜻하는 영어단어 temple은 경계가 쳐진 제한된 구역을 뜻하는 라틴어 *templum*에서 나왔다. 농사를 짓거나 거주지가 될 수도 있을 땅에 경계를 치고 그곳에서 절대자에게 예배를 드림으로써 그 땅은 일반적 의미에서 '사용과 쓸모'와는 거리가 멀어졌다. 대신 그 땅은 인간의 계획과 노력으로 채워질 수 없는 신비, 즉 은총이 부드러이 지탱해 주는 영역이 삶 한가운데 있음을 상기하는 장소가 되었다.

땅을 구별할 때와 비슷하게 속절없이 흘러가는 시간에 경계를 만들어 주면, 시간에도 질적인 변화가 발생한다. 시간의 특정 구간을 따로 떼어내어 그 시간을 생산을 위해 사용하지 않을 때 여가와 쉼의 기간이 선별된다. 선물처럼 찾아오는 이러한 멈춤의 시간 속에서는 무언가 소유하고 성취하겠다는 욕망을 렌즈 삼아 하나님과 세상을 볼 필요가 없음을 깨닫게 된다. 무엇보다 인간이 시간을 붙잡을 수도 정복할 수도 없는 존재임을 인정함으로써, 시간의 흐트러짐 속에서도 우리를 받치고 있는 창조 세계와 그 속의 사물들을 재발견할 기회를 얻는다.

일상의 분주함과 강렬함에서 거리를 둘 때, 우리는 의식과 근육 속에 흔적처럼 남아 있는 피곤함에 주의를 기울일 여유도 얻는다. 일할 때 누적되는 피곤과 달리, 쉼의 순간 자각되는 피곤은 우리의 존재가 가치 있고 삶이 의미 있음을 느끼게 도와준다. 이러한 만족감과 나른함이 혼합된 상태야말로 우리가 유한한 존재임을 깨닫게 하고, 휴식과 안정이라는 선물을 필요로 하는 연약한 존재임을 인정하게 하는 소중한 느낌이다. 이러한 느슨하면서도 고상한 느낌을 지닌 피곤함 속에서 우리는 지금껏 누리던 것들에 '충분하다'라는 느낌을 더함으로써 세상을 감사와 흡족함으로 대할 능력도 기르게 된다.

현대사회는 우리가 '해와 해 사이의 날들'에 자신을 채근하며 한 해의 남은 시간을 최대한 끌어 쓰도록 압박할 것이다. 그러다 보면 크리스마스와 신정 사이 6일간의 '문턱의 시기'도 지나온 359일과 다를 바 없이 흘러보내기 십상이다. 하지만 이 기간을 삶에 더 많은 여백을 마련해 주고, 불필요한 말을 줄이고, 서로 간에 충분한 몸과 마음의 휴식을 부여하고, 발걸음을 천천히 하고, 나와 남을 탈진시키는 호기심도 누그러뜨리는 기간으로 삼을 수도 있다. 한 해의 마지막 주, 의도된 느긋함 속에서 나와 너의 연약함과 한계를 존중하고, 우리에게 쉼과 위로를 주시는 분에 대한 믿음 안에서 현실에 만족하는 법을 배우며 새해를 기다리길 소망한다. (2023. 12. 28)

5부

공동체,

내일을
상상하는
공간

인간은 선뿐 아니라 악도 품고 있다. 우리 존재의 목적은
무엇보다 우리 안의 악과 싸우는 데 있다. 우리에게
자유의지가 있는 이유다. 우리는 악과 싸울 수도, 우리 안의
악이 승리하게 할 수도 있다. 우리의 책무다. 최악의 상황은
내 안의 악이 아닌 타인의 악과 싸우기 시작할 때다.

— 안드레이 타르콥스키, 『타르콥스키, 기도하는 영혼』 중

여전히 세상이
살 만한 이유

하지만 아직 세상은 살 만했습니다.

2020년 5월 22일 「국민일보」 지면에서 유독 눈길이 가던 짧은 문장이었다. 전 세계를 장악한 코로나바이러스가 불안과 염려도 함께 퍼뜨리고 있을 때, 도대체 무엇이 이토록 희망찬 메시지를 불러냈을까.

'세상은 아직 살 만한 곳'이라는 탄성을 끌어낸 계기는 유기동물 기획 취재 유튜브 채널 '개st하우스'에 소개된 한 감동적인 사연이었다. 어느 펫샵에 강아지 두 마리가 버려졌다. 이 소식을 접하고 사람들은 두 암컷 비숑이 강아지 공장에 번식견으로 팔려갈 것을 걱정했고, 결국 80만 원을 모금해 이들을 구해냈다. 이 이야기를 듣고 세상에 더 대단한 선행도 많은데 기자가 웬 호들갑이냐고 생각하는 사람도 있을 것 같다. 그 정도 돈, 관심, 네트워크라면 동물보다 주위의 가난한 사람부터 도와야 한다는 목소리도 분명 있으리라.

지난 몇 년간 반려동물이 급격히 늘어나며 이와 관련된 사회적 갈등과 문제도 덩달아 증가하고 있다. 언론에 개 물림 사고가 종종 보도되고, 이런저런 제도적 보완이 필요하다는 주장도 힘을 얻으며, 소위 '펫티켓'이라 불리는 반려동물과의 공존을 위한 예절을 정착시키려는 관심도 적지 않다. 이러한 노력 덕분에 이전보다 개선된 반려동물 문화가 형성되고, 동물권에 대한 논의도 일어나고 있으며, 관련 법률도 논의되고 있다.

하지만 그 와중에도 절대 바뀌지 않을 가슴 아픈 현실이 있다는 사실을 잊지 말자. 어떠한 긍정적 변화가 일어나든 우리 주변에서 많은 동물들이 계속 학대당하고 버려질 것이고, 그 시간에 지구촌 곳곳에서는 수많은 사람들이 전쟁과 재난, 질병, 가난으로 고통받을 것이다. 이 비극적 현실은 이것이냐 저것이냐의 양자택일을 요구하지 않는다. 동물의 고통이든 인간의 고통이든, 모두 우리가 속한 세계의 일부를 구성하고 있을 뿐이다.

사람 생명보다 귀한 것이 없다는 것은 동서고금의 공통된 가르침이지만, 그리스도인은 하나님이 창조하셨기에 생명 모두가 귀하다는 것도 믿는다. 생명의 주인이 하나님이시라는 것은 감히 우리가 생명에 경중을 자의적으로 매길 수 없다는 것을 의미한다. 물론 살다 보면 어쩔 수 없이 이것 대신 저것을 선택하는 상황이 발생하게 마련이다. 그렇다고 선택에서 밀린 생명체가 덜 중요하고 하대받아도 된다는 생각이 정당화되는 것은 아니다. "지극히 작은 자 하나에게 한 것이 곧 내게 한 것이니라"(마 25:40)는 말씀처럼, 일상에서 지극히 작은 생명을 대하는 방식은 이웃과 관계 맺고 하나님을 예배하는 자세와 무관하지 않다.

이런 맥락에서 앞서 언급한 "하지만 아직 세상은 살 만했습니다"라는 말의 의미를 되짚어 봤으면 한다. 세상은 단지 사람들이 강아지 두 마리를 구해냈기에 살만한 곳이 된 것이 아니다. 우리 사회가 작은 생명도 존중받을 수 있는 곳이고, 아무 대가도 바라지 않고도 생명을 구하고자 희생을 감수하는 평범한 사람들이 있기에 세상은 아름다운 곳이다. 폭력과 경쟁이 만연한 현실에도 생명을 살리는 이야기가 끊임없이 이어졌기 때문에 세상은 죄로 멸망하지 않고 지금도 존재한다. 고향을 상실한 난민이든, 생활고로 고통받는 우리의 이웃이든, 말 못 하는 동물이든 상관없이, 하나님이 창조하신 생명을 보호하고 회복하는 이야기가 어제도 오늘도 내일도 들려오기에 '아직 세상은 살 만한 곳'이다.

그리스도교 신앙의 핵심에는 칠흑 같은 세상을 비추는 빛으로 오신 생명(요 1:4)의 이야기가 놓여 있다. 지난 이천여 년간 인류는 생명의 빛에 대한 복음의 이야기에 생명을 살리는 다양한 삶의 이야기들을 접붙여가면서 암울한 현실 속에서도 희망의 빛을 밝혀 왔다. 그런 만큼 세상이 교회에 요구하는 것은 죽음과 고통, 두려움과 우울함의 권세에 눌린 현대인에게 풍성한 생명의 이야기를 들려주는 것이 아닐까? 끝으로, 이 자리를 빌려 유기동물의 생명을 구하고 보호한 여러 사람의 이야기를 꾸준히 들려준 '개st하우스'의 독자이자 지구인의 한 명으로서 고마움을 표한다. (2021. 7. 22)

루저가 될
권리

우리에게는 루저가 될 권리가 있다!

'루저'loser는 패배자라는 뜻을 가진 단어로, 사회적으로 성공하지 못하거나 가난한 사람을 일컫는 모욕적 표현으로 종종 사용된다. 요즘 웬만하면 사람들이 다들 무슨 무슨 권리를 주장해서 법조인이나 공무원들이 골치 아프다고 하던데, 아무리 그래도 루저가 될 권리까지 주장할 수 있을까.

칼럼 제목 '루저가 될 권리'는 「지구가 끝장나는 날」The World's End이라는 B급 감성 영화에 나오는 대사에서 따왔다(본 칼럼에는 스포일러가 포함되어 있음을 미리 밝힌다). 영국의 한적한 시골 마을에 외계인이 은밀히 침투해 와서는 동네 사람들을 로봇으로 개조한다. 그러던 중 대도시로 이주해 제대로 된 직업 없이 '잉여 인간'처럼 살던, 한마디로 루저 같은 주인공이 오랜만에 고향을 방문한다. 그는 하루를 즐기며 마을을 돌아다니다가, 예전부터 알던 사람들이 기이한 로봇으로 변했다는 사실을 우연히 발견한다. 이에 외계인의 지령을 받고 온 동네 로봇들이 그를 추격하고, 결국 주인공은 붙잡혀 로봇으로 개조될 위기에 처한다. 그 와중에도 기세 하나만큼은 꺾이지 않는 주인공은, 외계인에게 왜 사람들을 로봇으로 바꾸는지 따져 묻는다. 그러자 외계인은 인간은 본래 나약하고 이기적이며 폭력적이라며, 우주의 순리에 더 잘 적응하는 존재로 개조해 주는 것이라고 말한다.

인간을 더 효율적이고 평화로우며 이성적인 존재로 무료 업그레이드시켜 주겠다는 놀라운 제안이 하늘에서 뚝 떨어졌다. 하지만 현대사회가 요구하는 인간상을 거부하며 자유롭게, 그러나 실패자처럼 살아가는 주인공은 비웃으며 소리친다. "우리에게는 루저가 될 권리가 있다고!"(원래 적나라한 영어 대사를 순화한 한국어 번역 자막을 재순화하였음을 밝힌다). 예상치 못한 반응에 외계인은 인간이란 존재를 도저히 이해할 수 없다며, 그 구질구질함에 질려 지구를 떠난다. 다른 할리우드 SF영화처럼 펄럭이는 성조기 아래 슬로 모션으로 걸어가는 훈남 영웅이 아니라, 철 좀 들라는 쓴소리를 듣는 가난하고 꾀죄죄한 중년 남자가 지구를 구한 것이다. 외계인의 최첨단 무기에 미 해군 항공모함이나 공군의 5세대 전투기 같은 '재래식 무기'로 대응하느라 대도시와 유네스코 세계문화유산 몇 개를 가뿐히 박살낸 것이 아니라, 호모 사피엔스보다 고등한 생명체로서는 결코 이해할 수 없는 인간의 열등한 권리를 선포함으로써 지구에 평화가 찾아왔다.

성취 지향적이고 과도한 경쟁이 일어나는 능력주의 사회에서 '루저'라는 말은 인간으로서 존엄과 가치를 인정받을 만한 존재가 아니라는 낙인과도 같다. 하지만 우리가 사회에 잘 적응하고 업무에 효율적이며 실수가 없기에 인간이 될 자격을 획득한 것이 아니다. 우리가 인간인 것은 열심히 노력해도 실패를 하고, 말도 안 되는 일을 벌이고 멋쩍어 서로 웃기도 하고, 반복되는 실수에 마음 아파하고, 쑥스럽지만 용서를 구할 수도 있기 때문이다.

그런 의미에서 능력주의 사회에서 더욱 필요한 덕목은 타자를 나의 사적 욕망 혹은 사회적으로 구성된 기준이 아니라 '있는 그대로' 바라보는 것이다. 이는 세상을 자기식대로 보는 데 익숙한 인간에게 어려운 일이다. 도덕적 실패는 상당 부분 우리가 자기중심적 욕망에 사로잡혀 타인이나 세상을 제대로 보지 못하는 데서 기인한다. 아이리스 머독은 "사랑은 자신 이외에 다른 무엇이 실재한다는 것을 인식하는 것"이라고까지 말했다.

우리가 누군가를 루저로 규정할지라도 사랑 자체이신, 그렇기에 우리를 있는 그대로 보시는 하나님의 시선에서 잉여 인간이란 없다. 물론 자기중심적 성향을 지닌 인간이 하나님같이 이타적 시선으로 타자를 보려면 자기를 부정하는 아픔을 겪어야 한다. 오늘날처럼 사회적 갈등이 고조되고 삶의 고됨이 특정 계층이나 세대에 가중될수록, 타인을 있는 그대로 바라볼 수 있는 고통스러움을 감내해야 한다. 왜냐하면 인간의 존엄은 그 사람이 있는 그대로 인정받을 때 존중되고, 또한 사랑은 원래 아픈 것이기 때문이다. (2021. 11. 11)

악당의 애국심,
신앙인의 애국심

애국심은 악당의 마지막 피난처다. Patriotism is the last refuge of the scoundrel.

18세기 영국의 평론가이자 시인인 사무엘 존슨 Samuel Johnson 의 명언이다. 그가 어떤 의도로 이렇게 말했는지는 알려지지 않았기에, 사람들은 이 자극적인 표현을 자기 입맛에 맞게 인용하곤 한다. 이 문장의 출처인 『사무엘 존슨의 생애』 Life of Samuel Johnson 를 쓴 제임스 보스웰 James Boswell 에 따르면, 존슨은 애국심 자체가 아니라 '자기 이익'을 은폐하고자 애국심을 사용하는 비열한 사람들을 비판하고자 이 말을 했다고 한다. 물론 존슨 은 시대를 막론하고 어떤 나라든 애국심을 악용하는 사람이 있 다고 보았다.

존슨의 재치 있고 통찰력 있는 입담을 통해 우리는 애국심 이 사용되는 이중적 맥락을 보게 된다. 애국자는 인간의 본능 적 자기애를 극복하고 공공선을 목적으로 공적 활동을 수행하 는 사람이다. 그런 의미에서 애국자라는 호칭을 받는 것을 명 예롭게 생각할 일이다. 하지만 '애국'이라는 상징이 숭고한 느 낌을 풍기는 만큼, 애국심은 사적 이익을 미화하고 특정 집단의 부정부패를 정당화하는 기만의 기제로 악용되곤 한다. 실제 역사에서 가장 폭력적인 정치 체제 혹은 비인간적인 사건들은 애국심이라는 미명 아래 지지를 받았다. 근대 이후 '나라 사랑'이 사람들의 사회적 상상력을 강하게 장악하고 행동을 조종하고 있는 만큼, 그 이데올로기적 성격을 비판하는 사상가들도 적지 않다.

그런 의미에서 국가의 평화와 정의를 위한 인간활동으로서 정치는 누구에게나 몹시 어려운 일이 아닐 수 없다. 정치인들은 악당이 최후의 도피처로 삼는 애국심을 자신의 말과 행동의 전면에 내세우는 위험을 매 순간 감행해야만 한다. 일반 시민은 그들의 언행이 진정한 애국심의 표현인지, 아니면 자기나 당의 이익을 그럴싸하게 포장한 것인지를 가려내야만 한다. '진정성이냐 기만이냐'를 놓고 혼란에 빠진 우리의 판단 능력은 그 선택의 무게를 이기지 못하고, 결국 자기도 모르는 사이에 특정한 당파성의 논리를 내면화하기 일쑤다.

정치는 고상하게 정의와 평화에 대한 이상적 생각을 나누는 데 그치지 않는다. 이것 아니면 저것이라는 판단을 요구하고 거기에 따라 국가가 운영되는 방식이 정해지기에 정치적 활동은 사람들 사이에 분열을 일으킨다. 아니, 어쩌면 분열을 양분 삼아 움직인다고 말하는 것이 현실을 더 잘 반영할지도 모른다. 이 땅의 군주가 지배하는 나라가 아닌 하나님이 통치하시는 나라가 도래하였다고 선포하신 예수께서도 이렇게 말씀하시지 않았는가. "내가 온 것은 사람이 그 아버지와, 딸이 어머니와, 며느리가 시어머니와 불화하게 하려 함이니"(마

10:35). 이처럼 '참 나라'에 대한 생각은 강렬한 에너지를 뿜으며 배타적이기까지 한 헌신을 요구한다.

국가를 책임질 대표자를 뽑는 선거철이 되면, 사람들의 가치가 충돌하며 사회 곳곳에서 갈등이 첨예해지고, 진실의 모양새를 한 가짜 뉴스가 더욱 판친다. 큰일을 앞두고 각기 다른 생각과 삶의 이야기를 가진 사람들 사이에 갈등이 없으리라 기대하는 순진함도, 정치로 인해 파생되는 분열을 너무 당연시하는 태도도 경계할 필요가 있다. 정치인들이 권력을 획득하고 유지하는 기법을 전략적으로 사용하고 정보를 필요에 따라 선택적으로 일반에게 공개하는 만큼, 정치가 과잉된 곳에는 교묘한 기만의 수법이 없을 수 없고, 이는 종종 갈등과 폭력으로까지 이어지게 마련이다.

그렇다고 정치 자체를 혐오하는 것은 부적절하다. 고대 로마 제국에서 활동했던 신학자 아우구스티누스는, 정치권력은 하나님이 타락 이전이 아니라 '타락 이후'에 조건적으로 허락하신 것이라 말했다. 죄성을 가진 인간이 지상에서 공존하며 평화를 어느 정도 누리려면 국가라는 정치권력이 필요하다는 사실을 인정하는 것도 신앙인의 덕목인 셈이다. 하지만 나라에 대한 사랑이 과해지면 정치에 대한 신뢰가 '우상숭배'의 형태를 띨 수밖에 없고, 거짓 신에 대한 믿음은 인간의 욕망을 더 혼란스럽게 하기에 정치는 갈등과 분열을 더 유발한다. 그래서 아우구스티누스는 유일하신 하나님에 대한 신앙만이 정치의 '필요성과 한계' 모두를 가식 없이 인지하게 한다고 보았다. 그리고 이러한 이유로 정치 없이는 존속할 수 없지만, 정치 때문에 고통받는 이 땅이 참된 신을 예배하는 그리스도인을 필요로 한다고 주장했다.

한 달 뒤면 대한민국의 제20대 대통령 선거가 있다. 투표 결과 특정 지역, 연령대, 성별에서 표를 얼마나 얻었는지와 무관하게 오직 한 명만이 대통령이 된다. 국민의 통합과 국가의 평화를 위해 이루어지는 선거 결과는 많은 사람들의 마음에 상처를 남기고 분열의 씨앗을 남겨놓는다. 그렇기에 그리스도인은 일반인과는 다른 마음가짐을 가지고 선거에 임할 필요가 있다. 그리스도인은 특정 정치인이 공약하는 더 나은 사회가 아니라, 그리스도 안에서 하늘과 땅의 '화해'를 삶의 참 목표로 삼는다. 따라서 선거를 통해 국가 지도자를 뽑는 민주사회에서 그리스도인은 단지 자기가 지지하는 후보를 당선시키는 것이 아니라, 오히려 선거의 과정과 결과에서 일어난 '분열'을 대하는 방식에서 차별화된 정치적 사명을 보여줄 수 있다. 평화의 왕이신 예수께서 단지 '아들과 아버지, 딸과 어머니, 며느리와 시어머니'가 싸우는 것 자체를 목적으로 이 땅에 오셨다면, 그분을 구주로 삼는 그리스도인만큼 미친 사람이 세상에 어디 있겠는가. (2022. 2. 3)

달까지 가자

　달은 수천 년 동안 인간의 우러러봄의 대상이었다. 낮의 분주함이 차분하게 가라앉고 세상이 적당히 어둡고 고요해지면 달이 돋보이기 시작한다. 과거부터 사람들은 달을 보며 일상에 지친 자신을 위로했고, 현실에서 채워지지 않은 소원을 빌기도 했다. 태양만큼 밝지도 별처럼 화려하지도 않지만, 시인들과 연인들은 마음속 진실함을 묘사하는 데 하늘의 달을 으뜸으로 삼아 왔다. 예술가들은 달빛이 마음을 은은히 밝혀 주었을 때, 밝은 햇빛에서는 오히려 잘 보이지 않던 창조적 영감이 자기 안에 살아 움직이고 있음을 발견하곤 했다.

　미국의 작곡가 바트 하워드Bart Howard는 1954년에 우리말로는 "다시 말하자면" 정도로 번역될 것 같은 「In Other Words」라는 제목의 재즈곡을 선보였다. 사실 이 곡은 원제보다 도입부 가사인 "Fly Me to the Moon"으로 더 잘 알려졌다. "날아서 나를 달까지 데려가요"라는 시적 정서에 걸맞게 인상적인 도입부 멜로디로 대중들에게 널리 사랑받는 이 곡은 여러 가수가 다양한 버전으로 리메이크했다. 영화와 드라마, 애니메이션, 광고 등에 배경음악으로도 등장하며 20세기 대표 재즈곡이 되었다. 인간이 달을 오랫동안 동경해 온 만큼, 아름다운 가사와 선율이 주는 아련한 느낌도 여러 문화적·역사적 맥락에서 재해석되었다. 실제 이 곡은 발표된 1950년대 중반보다 그 이후 미국과 소련이 달 탐사를 놓고 우주 경쟁을 벌이면서 더 인기를 얻기도 했다.

작년에는 세계적으로 흥행한 한국의 드라마 「오징어게임」에 「Fly Me to the Moon」이 배경음악으로 쓰이며 이 곡이 다시 주목을 받았다. 빚에 쪼들려 인생이 완전히 무너지기 직전인 사람들에게, 게임에서 살아남는 조건으로 어마어마한 현금이 약속된다. 게임에서 지면 바로 죽게 된다는 극단적 상황도 있지만, 한 명 한 명 게임에서 떨어질수록 자기가 가져갈 액수가 그만큼 늘어나는 만큼, 참가자들은 문자 그대로 '피 터지게' 게임에 임한다. 죽지 않으려는 본능과 부자가 되려는 욕망의 구분이 모호해질수록 사람들 간의 경쟁은 가열되고 잔인해진다. 드라마의 초반부, 게임의 법칙이라는 이유로 무차별 살육이 자행되는 충격적 장면에 더욱 세련되게 편곡된 「Fly Me to the Moon」이 배경음악으로 깔렸다. 달에 대한 순수한 동경과 일확천금을 바라는 욕망, 사랑을 노래하는 가사와 인간의 고통마저 볼거리 삼는 현실이 대조되는 명장면이었다.

달은 1959년 소련의 루나 1호 탐사를 계기로 과학적 정복의 대상이 되었다. 결국 달 탐사선은 인간을 달에 데려다주었고, 이로써 수천 년간 인간 세상을 은은히 비추어 주던 달은 '비신화화'되었다. 하지만 아무리 인간이 달까지 갔다고 해도 달이 가진 복잡한 상징까지 박탈할 수는 없었다. 대표적 사례가 최근 주식과 코인 시장에서 은어로 사용되는 "달까지 가자"

이다. 이는 주식과 코인의 시세 그래프가 우상향하다 결국 달까지 갔으면 하는 소망을 언어로 형상화한 것이다. 「오징어게임」에서도 자기 목숨을 걸고 대박을 탐하다 죽어간 사람들 모습을 "Fly Me to the Moon", 즉 달까지 날아가자고 역설적으로 표현하지 않았는가.

실제 달까지 날아간 대표적 사람으로 미국의 아폴로 11호 선장 닐 암스트롱Neil Armstrong이 있다. 1969년 그는 달 표면에 인류 최초로 발자국을 남기고, 휴스턴의 나사 본부와 교신하며 이렇게 말했다. "이것은 한 인간에게 작은 발걸음이지만, 인류에게는 거대한 도약입니다." 암스트롱은 달에서 지구의 사진을 찍어 보냈고, 덕분에 지구 위 사람들은 하나의 둥글고 푸른 지구의 모습에 '하나의 인류' 개념을 겹쳐 볼 수 있었다. 냉전 시대, 지구가 이념으로 둘로 나뉘어 서로 경쟁하고 갈등하고 싸우던 시대에 인간이 달에서 본 지구의 첫 이미지는 역설적으로 '인류의 연대'를 아름답게 상징화했다.

첫 인류가 하나님이 만드신 달을 본 이래 역사는 계속 변화하고, 사람들의 욕망은 복잡하게 꿈틀거려 왔다. 어떤 이가 대박을 꿈꾸고 있을 때, 다른 이는 전쟁으로 고통받았다. 한편이 풍요를 누릴 때, 다른 한편에는 억압과 파괴와 가난이 있었다. 예나 지금이나 이렇게 지구 위 사람들은 정치, 문화, 언어, 지역, 빈부 등으로 갈라져 있다. 현실의 인간이 이 정도 수준일지라도, "달까지 가자"고 외쳤던 인류가 달에서 처음 본 것이 '하나의 지구'였음을 기억하면 좋겠다.

인류가 벌이는 온갖 소란함을 뒤로하고 어둠이 깔리면,

달은 어김없이 고운 빛을 드러낼 것이다. 어제도 오늘도 내일도 궁창에 있을 달은 인간의 계속된 실패에도 불구하고 우리가 계속해서 소원할 고귀한 무언가가 있다고 알려 주는 듯하다. 그것이 무엇일까? 사람마다 시대마다 다른 답을 내놓을 것이다. 그런데 「Fly Me to the Moon」의 마지막 가사는 "In Other Words, I Love You", 즉 "다시 말하자면, 나는 당신을 사랑해요"이다. 달까지 가자고 멋들어지게 말한 것도, 결국은 사랑을 말하기 위함이었다는 것이 무언가 뭉클하다. (2022. 3. 31)

잔인함과 놀라움
사이에서

인간 정신에 자리 잡은 언어는 우리의 생각에 알게 모르게 영향을 끼친다. 4월은 추위가 물러가고 만물에 생명의 기운이 맴도는 시기다. 그래서 많은 시인들이 이 아름다운 달을 묘사하고 칭송하는 시어를 빚어냈다. 하지만 항상 그런 것만은 아니다. 영국의 시인 T. S. 엘리엇 Thomas Stearns Eliot은 「황무지」The Waste Land에서 "4월은 가장 잔인한 달" April is the cruellest month이라고 선언하며, 들뜬 봄기운 이면에 섬뜩할 정도로 진중한 기운을 불어넣었다. 1922년에 발표된 이 434줄에 달하는 긴 시의 행간 곳곳에서 현대 문명의 부패성을 경고하는 호소력 짙은 상징들을 마주하게 된다.

'가장 잔인한 달'이라는 꼬리표 때문일까. 4월만은 여느 때처럼 정신을 놓고 살아서는 안 된다는 생각이 들곤 한다. 4월이 며칠 남지 않은 이맘때면 왠지 모를 죄책감도 생긴다. T. S. 엘리엇은 제1차 세계대전으로 피폐해진 유럽을 배경 삼아 4월을 잔인하다 했지만, 대한민국 현대사에서도 4월은 충분히 잔인한 달이다. 일본의 강압적 식민화에 항거하며 임시정부가 수립되었고, 해방 이후 좌우 대립이 제주 4·3 사건에서 잔인한 폭력으로 표출되었으며, 민주화에 대한 오랜 열망과 정부의 부정부패에 대한 반발로 4·19 혁명이 일어났다. 그리고 8년 전에는 4·16 세월호 참사가 발생했다. 고난주간 한가운데 일어난 일어나서는 안 될 사건인지라 그해는 부활의 빛마저 유독 슬프게 느껴졌다.

이처럼 봄빛으로 충만한 4월은 매해 잊지 않고 기억해야 할 여러 사건의 목록을 우리 앞에 내어놓는다. 그런데 한국 현실에서 4월의 잔인함보다 더 잔인하게 느껴지는 것은, 현대사의 비극적 사건 피해자를 포함해 타자의 고통을 대하는 태도가 오늘날 상당히 '정치화'되어 있기 때문이다. 그러다 보니 슬픔은 당파적 이익에 이용되고, 애도의 권리는 박탈당하고, 올바른 기억과 인정의 책임은 면제된다. 인간 삶에 정치와 무관한 것이 어디 있겠냐만은, 모든 일을 정치적으로 해석할 수도 없을뿐더러 그래서도 안 된다. 독일의 정치사상가이자 법률가 카를 슈미트^{Carl Schmitt}의 말대로 정치가 '적과 동지'를 구별하며 이루어지다 보니, 정치 논리에 함몰되면 타인의 존엄과 가치마저 진영논리에 굴복시킬 정도로 사람이 잔인해진다.

우리 삶의 비극에도 아랑곳없이 세상을 봄기운으로 일방적으로 환하고 명랑하게 만드는 4월은 잔인하다. 역사 속 4월의 잔인함에 대한 기억은 쉽사리 사라지지 않을 것이고, 각종 구분과 갈등의 논리로 얼어 있는 인간의 마음은 쉽게 녹지 않을 것이다.

그런데 얼었던 땅에서 라일락이 피고, 봄비가 생기 없던 뿌리를 일깨우는 4월을 엘리엇이 "잔인한 달"이라 불렀던 것과는 달리, 경이에 가득 찬 눈을 가지고 맞이한 시인들도 있었다. 심각한 영국의 시인이 퇴락해가는 문명 가운데 생명과 죽음의 대비를 봤다면, 정연복 시인은 「4월」이라는 시에서 인류의 거짓과 폭력에도 불구하고 어김없이 찾아오는 봄의 생명력을 노래한다. 그 도입부가 인상적이다.

악의 없는 거짓말이
너그럽게 용납되고도 남는
만우절로 시작되는 4월은
통이 무척 큰 달이다.

시인의 관찰에 따르면, 사람들이 거짓말을 해도 세상이 유지되는 것은 4월마다 형형색색 꽃들이 땅을 덮으며 걷잡을 수 없이 피기 때문이다. 얼었던 땅에서 솟아나는 풀과 꽃의 기세에 "거짓과 기만의 세상"이 한풀 꺾이기 때문이다. 이처럼 4월의 화려한 빛깔이 심정에서 불러내는 경이는 거짓보다 진리, 죽음보다 생명에 희망을 걸도록 마음의 추도 조정해 준다.

이렇게 해마다 4월은 우리의 정신 속에 쉽사리 조화되지 않을 역사 앞에서의 심각함과 생명에 대한 경이를 함께 불러일으킬 것이다. 특히 올해는 우크라이나 전쟁, 일상 회복에 대한 기대, 정권 교체 등을 놓고 유독 혼란스럽기도 하다. 이럴 때일수록 생명을 경시하는 폭력과 기만의 유혹에 넘어가지 않도록, 남은 며칠 동안이라도 4월이 통 크게 선물하는 색과 향기와 맛과 소리와 감촉을 몸속에 가득 채워 넣을 계획 하나쯤 짜 보면 어떨까 싶다. (2022. 4. 28)

세상의 중심은 어디인가

　찬바람이 유독 매섭게 느껴지던 냉전 시대 어느 날, 동유럽의 한 국가에서 악명 높은 공포정치의 위협에도 불구하고 몇몇 사람이 거리에 모이기 시작했다. 정권의 탄압을 받는 작가를 지지하는 시위가 갑작스레 열렸다. 시위대의 목소리가 차가운 대기를 뚫고 주위로 퍼졌지만, 비밀경찰이 어디서 현장을 지켜볼지 모르는지라 대중들은 귀를 닫고 갈 길을 가기 바빴다. 시위대의 호소가 절절해질수록 행인들은 시선을 아래로 깔고 추운 날씨를 탓하듯 발걸음을 재촉했다.

　시위대가 사람들로부터 고립되고 실망의 기운이 퍼지고 있을 때, 길을 가던 한 남자가 머뭇거리기 시작했다. 그다지 용기가 있어 보이지도 않는, 그렇다고 특별히 더 비겁할 것도 없던 그 역시도 다른 사람과 마찬가지로 시위대를 스쳐 지나가는 것 같았다. 그는 쭈뼛거리며 주위를 살피더니, 조심스레 시위대에게로 가서 악수를 청했다. 그 장면을 본 목격자는 마음에 차오르던 신비한 느낌을 다음과 같이 묘사했다. "악수하던 손이 갑자기 세상의 중심이 된 것 같았다."

　이는 영국의 소설가 아이리스 머독의 1971년작 『우연적 인간』*An Accidental Man*에 나오는 한 장면이다. 이념과 군비 경쟁으로 둘로 갈라졌던 세계 질서가 굳어가는 것 같던 시대에, 국가 안보라는 이유로 사람들의 자유와 존엄은 쉽사리 억압당했다. 전제정치의 공포에 타인을 신뢰하거나 도울 수 있는 여유마저 없을 정도로 사람들의 마음은 쪼그라져 있었다. 이처럼 폭력적이고 폐쇄적인 세계에서 인간은 어떻게 희망하는 법을 잊어버리지 않을 수 있을까. 도덕철학자이기도 했던 머독은 시위대의 손을 잡아 주었던 '손'에 시선을 둔다. 그곳이 얼음장 같은 날씨만큼이나 차가워진 사람들의 양심이 일깨워진 지점이기 때문이다. 거기서 폭력으로 정의된 세계의 논리에 균열이 일어났고, 그 틈을 통해 진선미의 가치로 채워진 세계가 동유럽의 겨울 날씨만큼이나 차가웠던 세상 가운데 신비롭게도 드러났다.

지금껏 인류가 여러 위기에도 불구하고 살아남을 수 있었던 것은, 어두워진 마음을 밝히고 의미로 충만한 세계를 갈망하게 하는 크고 작은 사건들이 이어졌기 때문이다. 전제정치에 맞선 시위대의 얼어붙은 손을 꼭 잡으며 온기를 전해 주었던 이름 모를 한 남자의 손과 같이, 현실의 논리에 길든 상상력을 새롭게 되살리는 그 무엇이 늘 존재해 왔기 때문이다. 그런 맥락에서 보면, 우리를 사람답게 해주는 것은 일상 속에서 초월을 맛보게 해주는 평범한 순간들을 놓치지 않고 응시할 수 있는 능력이라고 할 수 있다.

세상의 중심을 새롭게 보여주는 '혁명적' 사건은 사실 책에 기록된 혁명의 역사를 비껴간 경우가 많다. 이는 성경에서도 매우 중요한 주제다. 구약성경 사사기 마지막 구절은 이스라엘 역사에서 가장 혼란스러웠던 시기를 사실적인 필체로 묘사한다. "그때에 이스라엘에 왕이 없으므로 사람이 각기 자기의 소견에 옳은 대로 행하였더라"(삿 21:25). 왕의 부재에서 비롯한 혼란과 위기를 겪은 이스라엘은 다른 고대 근동 국가와 마찬가지로 왕을 세우면서 그 위기를 극복하려 했다. 그리고 왕을 요구하는 이스라엘에게 하나님은 왕을 허락하셨다. 이것이 우리가 흔히 아는 이스라엘의 역사다.

하지만 구약성경이 지목한 세계의 중심은 왕정이라는 중앙권력 체제와는 거리가 먼 곳에 있었다. 사사기가 끝나면 왕정의 시작을 알려 주는 사무엘서가 나오는 것이 자연스러울 것 같다. 그런데 정작 사사기의 결말 이후 나오는 구절은 다음과 같다. "사사들이 치리하던 때에 그 땅에 흉년이 드니라. 유다 베들레헴에 한 사람이 그의 아내와 두 아들을 데리고 모압 지방에 가서 거류하였는데"(룻 1:1). 가련하고 가난한 여인이 주인공으로 등장하는 룻기가 배치되어 있다.

즉 이스라엘의 혼란을 잠재울 새로운 왕과 그가 가져올 번영에 대한 기대에 찬 시선이, 위대한 왕의 업적이 아니라 평범한 사람들의 일상으로 갑자기 돌려졌다. 하지만 놀랍게도, 정치와 경제적 위기 상황 속에서 벌어진 힘없는 소수자들의 이야기에서 이전에 알지 못하던 세상의 모습이 드러났다. 타지에서 남편과 아들을 잃은 시어머니를 떠나지 않은 젊은 과부 룻의 헌신, 그리고 이방 여인을 친절히 대하고 보호했던 보아스의 환대는 은혜로 빛나는 세상의 중심에 위치하고 있었다.

수백 년이 흐른 후 보아스와 룻의 후손으로 세상의 빛 되시는 예수 그리스도께서 이 땅에 오셨다(마 1:5, 요 1:9). 그분은 가난하고 소외된 자를 환대하는 복음이 중심이 되는 하나님 나라를 선포하셨다(눅 6:20). 이로써 약자에 대한 환영과 타자의 존엄한 삶을 위한 헌신이 있는 자리가 중심이 되는 곳이 우리가 갈망해야 할 세계임을 확증하셨다. 바로 거기가 지금도 예수 그리스도께서 계신 곳이며, 현실의 논리와는 사뭇 다른 하나님 나라의 가치들이 드러나는 곳임을 보이셨다.

이러한 복음에 등을 돌리고서 자기 능력을 키워 스스로 세상의 중심이 되라는 환상을 불어넣는 현대사회는 사사기 마지막에 나오는 모두가 자기식대로 살던 혼란한 시대와 닮아 보인다. 물론 권력과 재물과 명예로 중심에 도달할 수 있는 세계가 있긴 하다. 그런데 복음서에 따르면, 그곳이 예수 그리스도에 대적하던 마귀가 약속한 세상이라는 점이 섬뜩하다. (2022. 6. 30)

나는 당신을 봅니다

　　인간이 관계와 소통의 존재이다 보니 사회적 삶에서 인사가 차지하는 비중은 매우 크다. 각 나라와 문화마다 독특한 인사의 언어와 몸짓을 가진다. 외국어를 공부할 때도 간단한 인사말부터 배우고, 해외여행을 갈 때도 현지 인사법을 익히는 최소한 예를 갖추기도 한다.

　　지구인으로 살기 위해 인사가 중요한 만큼, SF영화를 볼 때 외계인이 어떻게 인사를 하는지 유심히 살펴본다. 많은 영화에서 외계인이 악역을 담당하다 보니 인사를 하지 않는 경우가 의외로 많다. 그런데 전 세계 역대 영화 흥행 수익 1위를 기록한 제임스 카메론 감독의 「아바타」Avatar에 나오는 외계인 나비족은 독특한 인사말을 가지고 있다. 그것은 바로 "I see you"(나는 당신을 봅니다)이다. 이 인사말은 상대를 만날 때 외양만이 아니라 내면까지 진실하게 바라보는 것을 뜻한다. 그렇기에 '나는 당신을 봅니다'는 단순한 형식적 인사를 넘어, 다양한 생각과 감정까지도 상황에 따라 전달할 수 있는 표현이다.

　　눈은 뇌의 외부기관이라는 말이 있을 정도로, 시각은 뇌가 처리하는 감각 정보의 약 70퍼센트를 담당한다고 한다. 그만큼 우리는 외부 세계와 교류할 때 보는 것에 크게 의지한다. 하지만 매 순간 뇌로 유입되는 정보량이 너무나 많기에, 우리는 '보면서도 보지 않는' 기술을 본능적으로 습득한다. 눈을 뜨고 있기에 세계로부터 시각 자료는 계속 받아들이되, 반복되거나 무의미한 정보에 별다른 반응을 하지 않는 것이다. 덕분에 매일 매일 우리가 수많은 이들을 마주치더라도, 각 사람의 모든 언행에 집중하느라 뇌가 탈진하는 일은 벌어지지 않는다. 걸어가는 중에도 시시각각 셀 수 없이 많은 정보에 노출되지만, 내가 가고자 하는 곳으로 발걸음을 이어갈 수 있다.

그런데 문제는 보면서도 보지 않는 이중적 시선이 때로는 주변에 대한 무관심으로 이어지거나, 인간의 근원적 이기심 혹은 두려움에 잠식된다는 데 있다. 그 결과 자기에게 필요한 것만 보거나, 상대를 볼 때 자신의 주관에 따라 혹은 욕구충족을 위해 본다. 타인의 다름이 왠지 모를 불편함으로 다가올 때는 그를 개선해야 할 대상으로 삼거나 악마화하면서 볼 수도 있다. 이로써 내 앞에 현존하는 타자는 나의 욕망 실현에 필요한 부분을 제외하고는 별 볼 일 없는 작고 초라한 존재로 쪼그라든다.

삶의 여러 영역에서 '인간의 타락'은 안타깝게도 '시선의 타락'과 맞닿아 있다. 교사와 학생, 고용주와 피고용인, 부모와 자녀, 목회자와 교인, 주인과 손님, 심지어 연인 사이에서도 상대를 자기 욕심을 채우는 도구처럼 보려는 본능적 유혹에 수시로 부딪힌다. 자아의 안정적 삶과 경제적 풍요를 종교적 숭배 대상처럼 여기는 문화적 풍토는 타인을 도구 내지는 잠재적 위협으로 간주하도록 부추긴다. 결국 자기중심성에서 벗어나지 못한 시선은 곳곳에서 타인을 비인간화하는 비극으로 이어진다. 타자에 대한 시선의 폭력이 자연스러운 곳에서는 언어적·신체적 폭력도 쉽게 허용된다.

이런 이유로 현대 기독교 윤리학자들은 그리스도인이 된다는 것은 실재를 새롭게 '보는' 훈련이라고 말하기도 한다. 복음서만 보더라도, 사람들이 하나님의 아들이신 예수를 만나고 놀랐던 것은 그분의 가르침 때문만은 아니었다. 오히려 사람을 '있는 그대로' 보는 그분의 모습이 억눌렸던 이들에게는 회복을 일으켰고, 기존 체제를 수호하던 종교지도자들에게는 위협이 되었다. 이처럼 상대를 과장과 망상 없이 보는 것은 그리스도를 따르는 이들에게 요구되는 능력이자, 성령의 도움으로 개발할 덕목이라 할 수 있다.

우리의 관계가 왜곡되어가고 문명이 비인간화될수록, 타자를 진실하게 바라보지 못하는 시선에 익숙해져 있지는 않은지 되돌아볼 필요가 있다. '나는 당신을 봅니다'라는 나비족 인사까지 언급할 것도 없이, 잘 알려진 영어 인사 hello도 어원사전에 따르면 '주의를 기울여 달라'는 뜻을 가진 holla에서 비롯되었다고 한다. 그러니 습관적으로 주고받는 인사를 타인이 가진 고유한 가치에 조금 더 주의를 기울이는 계기로 삼아 보면 어떨. 마땅히 주목과 존중을 받을 사람이 내 눈앞에 있음을 언어와 몸짓으로 표현할수록, 현실의 칙칙함과 어두움이 짙어질지라도 일상에서 희망의 빛은 더욱 퍼져나가지 않을까.

(2023. 1. 26)

고통은 참아도
굴욕은 못 참아

예부터 서양의 교양인들은 정치와 종교를 식탁에서 꺼내서는 안 될 화제로 여겨 왔다. 정치와 종교에 관한 대화는 각 개인의 신념을 적나라하게 드러내며 그 견해 차이를 더욱 증폭시키기 때문이다. 다른 사람과 음식을 나눌 때 보통 연대감과 위로를 느끼길 기대하는 만큼, 식탁이 가지는 이러한 문화적 상징성이 깨지지 않도록 정치와 종교라는 주제를 삼가는 예절이 생기지 않았을까 짐작해 본다. 그래서인지 식탁에서는 다소 진부하고 의례적인 소재가 자극적인 대화거리보다 더 선호된다.

낯선 이와 만날 때도 정치와 종교는 대개 환영받지 못하는 대화 주제다. 상대방에 대한 깊은 이해가 아직 부족한 만큼 언행은 조심스러울 수밖에 없다. 날씨가 어떠한지, 식사는 했는지, 어떻게 여기까지 왔는지 등 사실 별로 알고 싶지 않은 정보를 서로 묻고 거기에 충실히 답하는 것도 인류가 발전시켜 온 놀라운 공생의 지혜인 셈이다. 그런데 '우연히라도' 대화가 정치와 종교로 흘러가면, 지금껏 지켰던 예의상의 머뭇거림은 후퇴하고 그 자리에 확신과 단정의 언어가 침투한다.

그리스도인 간에 식사하거나 만나는 경우라고 해서 예외

는 아니다. 이 경우 종교적 신념은 어느 정도 공유한다는 전제가 있기에 오히려 정치가 더욱 첨예한 갈등 요소로 작용하는 경우가 많다. 평소 모든 사람이 하나님의 형상이기에 소중하다고 말하던 인자한 사람도, 우연히 정치에 관련된 화제가 나오면 태도가 돌변하곤 한다. 특정 정치 성향을 지지하면 대한민국 국민이 될 자격이 없다거나, 심지어 교회에서 내쫓아야 한다고 열변을 토하기도 한다. 아무 일 없는 듯 진행되던 대화가 불과 몇 초 사이에 일그러지다 보니, 보편적인 하나님 형상과 특정한 정치적 신념이 어떻게 그와 같이 연결되는지 파악할 겨를도 없다. 정치로 망가져 버린 대화를 신학적 토론으로 더 엉망으로 만들 수 없기에, 어색한 상황을 빨리 마무리하고자 시선을 아래로 깔고 조용히 밥만 먹거나, 급히 인사를 마무리하는 소극적 저항만 할 뿐이다.

한 입에서 사랑의 언어와 전투적 언어가 함께 나오는 메커니즘이 무엇인지 궁금했던 참에 흥미로운 논문을 우연히 접했다. 미국과 네덜란드 종교심리학자들이 함께 쓴 '세계관 갈등 상황에서 종교적 성향이 차지하는 역할'에 관한 연구 결과였다. 논문 내용을 요약하면 다음과 같다. 우선, 대부분의 종교인은 비종교인보다 '실존적인 문제'를 더 잘 다루었다. 신앙이 있으면 죽음 앞에서 덜 불안해하고, 고통에서 의미를 찾아내며, 다른 문화에 대해 관용적이었다. 하지만 연구 참여자들에게 그들이 가진 세계관에 도전하는 질문을 했을 때 흥미로운 반응이 나왔다. 자신의 세계관을 위협하는 정보를 마주한 사람들은 당혹감이나 굴욕감, 수치심 등을 표했다. '종교에 열심'일수록 이러한 감정 표현이 더 두드러지게 나타났다. 더 흥미롭게도, 부정적 감정을 강하게 느끼는 사람들 사이에서는 신학적 성향이 '진보냐 보수냐 여부'는 사실 별 의미가 없었다. 달리 말하면, 신앙의 색깔이 어떠하든 큰 상관없이 종교는 한마디로 '고통은 참아도 굴욕감은 못 참는' 인간을 만들어낸다.

　이 연구는 통계로부터 나온 데이터 분석을 주목적으로 하지만, 갈등 많은 현실 속에서 어떻게 살지에 관해서도 시사점을 준다. 신앙은 죽음, 고통, 도덕 등 삶의 여러 실존적 문제를 마주하는 지혜와 용기를 선물한다. 하지만 신앙이 깊어질수록 나와 다른 신념과 세계관을 가진 사람에게 느끼는 부정적 감정이 더 강해질 위험이 있다. 실제로, 교회 열심히 다니는 사람이 왜 정치적인 이유로 타인을 적대시하고 악마화하는지 잘 모르겠다는 질문을 많이 받는다. 이럴 때면 모든 그리스도인이 그러는 것도 아닌데 일부 목소리 크게 내는 사람들이 그리스도교를 대표하는 것같이 비쳐서 여간 마음이 좋지 않다.

　사회적 삶 속에서 인간의 마음이 이런 식으로 움직인다면, 나와 다른 타자를 마주하고 함께 생활할 때 '자연스레' 생겨난 불편한 감정을 어떻게 다루느냐는 매우 중요한 문제가 아닐 수 없다. 자기방어적 언행으로 내 마음부터 편하게 만들려는 사람도 있겠지만, 상대방도 느끼고 있을 부정적 감정까지 존중하고 이해하려는 성숙한 사람도 있을 것이다. 본능대로 다른 신념과 세계관 앞에서 분노하는 이도 있겠지만, 타인과 나의 차이를 인정하고 그의 다름으로부터 굴욕감이나 분노를 발전시키지 않도록 감정을 다스리는 이도 있을 것이다.

한국교회 위기를 타파하고자 신앙의 공공성을 회복하자는 외침이 곳곳에서 들려온다. 그렇다면 내게 익숙하지 않은 신념을 마주할 때 느끼게 될 당혹감과 굴욕감과 분노를 다루는 능력 없이는 공공성을 실현하기 어렵다는 사실도 염두에 두어야 한다. 타자와 함께 살 때 일어나는 부정적 감정을 평화롭게 해결할 수 없다면, 세상의 빛과 소금이 되기는 어렵다. 한쪽 뺨을 때림으로써 굴욕을 안긴 이에게 맞서 싸우지 말고 다른 쪽 뺨을 내밀라던 주님의 말씀을 세계관 갈등 상황에서 살아내는 것이 우리의 사명인 셈이다. 거창하게 말할 것도 없이, 조촐하게 차려진 음식이 있는 식탁마저 풍성하고 느긋한 대화의 장으로 만들 줄 아는 벗이 되는 것도 '이웃을 내 몸처럼 사랑하는' 하나의 방법이다(마 22:39). (2023. 4. 20)

바보에 대한
그리움

똑똑한 사람이 많은 세상이다. 교육 수준도 전체적으로 높아졌고, 인터넷으로 필요한 정보를 쉽게 구할 수도 있게 되었다. 소셜 네트워크 서비스를 통해 언론보다 더 빠르게 뉴스가 전파되기도 하고, 기자들이 보도하지 못한 세세한 내용도 공유된다. 인공지능이 상용화되면서 전문가와 일반인의 경계마저 흐려졌다.

세상이 이처럼 똑똑해졌는데 일상의 빛깔은 여전히 흐려 있다. 폭력과 갈등의 소식이 끊이지 않아서일까. 삶이 편리하고 효율적으로 되었다지만 하루하루가 더 팍팍하게 느껴지는 것은 왜일까. 과학기술의 발전이 오히려 새로운 형태의 일탈과 범죄의 가능성을 열어놓고, 그 중심에는 소위 머리 좋은 사람이 있는 경우도 많다. 이럴 때 괜스레 그리워지는 부류의 사람이 있다. 무언가 부족한 듯해도, 나와 너의 잘못마저 넉넉히 담아 주고 우리의 연약함마저 이해해 줄 것 같은 '바보'다.

바보는 어리석고 못난 사람을 욕하거나 비하할 때 종종 사용되는 단어다. 그런데 교육을 나름 잘 받았던 바울이라는 1세기 유대인은 자기와 동료들을 바보라고 불렀다. 로마 제국에서도 잘난 사람들이 살던 도시였던 고린도에 편지를 보내며, 그는 "우리는 그리스도를 위하여 바보"가 되었다고 말한다(고전 4:10, 공동번역). 예나 지금이나 머리를 굴리며 계산적으로 살아도 만만치 않은 것이 세상일 텐데, 바보라고 공개적으로 말하다니 그야말로 바보짓이 아닐 수 없다.

고대 지중해 지역 역사를 공부해 보면, 로마 제국이 그리스도교화되는 데 중요한 역할을 했던 사람들은 바보 같은 이들이었다. 예를 들면, 복음을 받아들인 귀족들은 호화로운 생활을 버리고는 평민처럼 옷을 입고, 머리를 더부룩하게 자르고, 초라하고 작은 집으로 거처를 옮겼다. 예전에 어울리던 친구나 친지들은 이들이 가난한 농부 같은 모습을 하고 있는 것에 놀랐지만, 이들이 정말 바보처럼 아무것도 가진 게 없으면서도 행복해하는 모습에 더 충격을 받았다. 그러다 혹 누군가가 이들에게 '사유재산'을 언급이라도 하면, 그들은 하나님의 심판이 곧 자신들에게 내릴 것처럼 놀라 떨기까지 했다.

바보를 뜻하는 영어단어 fool의 라틴어 어원 *follis*는 '속이 빈 가죽공'이나 '가방'을 뜻한다. 그 의미가 확장되어 프랑스어 fou나 영어 fool이 '머리가 비어 있는 사람' 곧 '바보'를 뜻하게 되었다고 한다. 그리스도를 위해 바보가 된 사람들은 바보가 되려고 해서 바보가 된 것이 아니다. 그들은 사람들의 머리를 꽉 채우고 있던 성공한 삶의 모습이나 문화적 가치를 비우고, 단지 그리스도를 우직하게 따르려 했을 뿐이다. 광야에서 사탄의 시험을 물리치신 스승처럼, 부와 권력과 명예를 삶의 중심 가치로 삼는 것을 거부했을 뿐이다. 그 결과 세속적인 성공에서 관심이 멀어졌고, 대중의 존경 대신 모욕을 감수했으며, 가문의 재산을 지키고 불리는 것보다 가난한 자들에게 나누어 주었다. 자신들의 경건을 드러내지 않고자 기이한 언행을 일삼았고, 대중이 선호하는 삶의 방식과 기준을 위선이라 비판했다.

이러한 바보스러움에 대한 강조는 특히 동방 정교회 전통에서 더 자주 발견된다. 바보처럼 살았던 성인들은 '거룩한 바보들'holy fools이라 불렸고, 이들의 이야기는 문학과 예술의 단골 소재가 되었다. 거룩한 바보들을 종종 작품 속에 등장시켰던 러시아 출신 영화감독 안드레이 타르콥스키Andrei Tarkovsky에 따르면, "이 인간들은 그들의 순례자의 모습과 누더기를 걸친 거지의 모습을 한 외모를 통해서 질서가 잡힌 사회관계 속에 사는 보통 사람들의 눈길을⋯⋯예언과 희생과 기적에 가득 찬 또 다른 세계로 돌려주었던 자들이다." 그의 대표작 「희생」Offret에는 죽은 나무에 수년간 계속 물을 주어 꽃을 피워낸 옛 수도승의 전설이 핵심 모티프로 등장한다. 그 바보 같은 수도승이야말로 눈에 보이는 세계의 논리와 질서 대신 하나님의 기적을 믿고 작은 생명을 위해서라도 기꺼이 희생함으로써, 결국에는 물신숭배에 물든 현대사회를 향한 하나님의 심판과 구원의 메시지를 전달할 예언자로서 역할을 감당했다.

오늘날 우리는 합리적으로 생각하고, 효율적으로 행동하며, 변화의 흐름에 도태되지 않고 잘 적응할 것을 요구받는다. 교회라고 해서 예외가 아니다. 어떻게 하면 현대사회에서 생존하고 돋보일 수 있을지에 대한 고민이 상당하다. 사회적으로 영향력 있는 사람이 많아져야 한다고 주장하거나, 정치적인 힘을 길러야 한다고 말하기도 한다. 하지만 도태되지 않으려는 조급함, 똑똑해지려는 강박감은 교회마저 돈과 권력과 명예를 추구하게 만들 수 있다. 오히려 이런 시대에 진정 필요한 것은 실패하거나 무기력한 사람들이 편안하게 곁에 머물 수 있는, 그리고 눈에 보이는 바가 다가 아님을 증거할 '그리스도를 위한 바보'임을 잊지 말자. 종의 모습으로 자신을 낮추신 스승을 따르는 제자들이 우직한 바보스러움을 멀리할 때, 스승께서 이 세계에 켜 놓으신 희망의 불꽃도 흐려지게 마련이다. (2024. 2. 29)

사순절의
정치

전통적으로 많은 교회가 부활주일로부터 주일을 제외한 40일을 역산하여 사순절을 지킨다. 부활절 날짜가 매해 바뀌기에 사순절의 시작과 끝도 함께 달라진다. 사순절 기간이 언제이든 상관없이 그 40일은 그리스도의 고통과 죽음을 기억하고, 그분이 보여주셨던 사랑을 실천하는 참회와 경건과 금욕의 시간이다. 하지만 교회가 사회와 떨어져 존재할 수 없는 만큼, 사순절을 지키는 방식은 당대의 정치·경제·문화적 상황에 영향을 받기도 한다.

대한민국에서는 국회의원을 선출하는 총선이 4년마다 4월 초에 열린다. 그 결과, 4년 주기로 선거 기간과 사순절이 일정 부분 겹친다. 총선이 나라 전체의 관심을 정치에 집중시킬 정도로 영향력이 크기에, 4년마다 사순절은 정치적으로 들뜨고 혼란한 분위기 가운데 지켜진다. 올해는 부활주일이 3월 마지막 주라 그리스도의 고난이 시작된 성목요일부터 공식적으로 선거운동이 개시되는 만큼 예외 없이, 어떻게 보면 더욱 노골적으로 정치화된 사순절을 맞이하고 있다.

사순절과 선거운동이 겹치는 기간이 매번 달라도 교회에서 일어나는 일의 양상은 크게 다르지 않다. 교회를 향한 정치인들의 구애는 뜨거워지고, 일부 설교자는 정치적 편향성으로 구설에 오른다. 식사의 친교는 누군가가 불쑥 내뱉는 정치 이야기로 싸늘하게 식기 일쑤고, 특정 정당 지지 여부를 가지고 교인들이 갈라지면서 교회 전체가 서로 서먹해지기도 한다. 토요일이면 일부 교인들이 무리를 이루어 광장으로 나가 특정 정당을 지원하는 집회에 열성적으로 참여하기도 한다. 몇몇 유튜버들은 이런 불편함과 눈초리를 감수하고서라도 교회에서 자기 정치색을 드러내며 상대를 설득하는 것이 복음에 따르는 삶이요, 나라를 위해 희생하는 애국이라고 선동한다.

과정치화된 한국교회를 우려하면서도 교회의 정치적 책임을 회피하지 않으려면 어떻게 해야 할까? 총선은 나라의 일꾼을 뽑는 선거인 만큼 반드시 투표해야 한다고 말하는 것이 교회가 취할 수 있는 최선의 자세일까? 하지만 이러한 독려가 다소 공허하게 느껴지는 것은, 이 말은 누구나 할 수 있기 때문이다. 투표를 많이 하는 목적이 결국은 자신이 좋아하는 후보를 국회로 보내고 지지하는 당을 거대 정치세력으로 만드는 것에서 못 벗어난다면, 교회의 차별성은 어디에도 없을 것이다. 물론 선거를 통해 더 많은 표를 획득한 사람을 국회의원으로 선출하는 것은 민주사회에서 중요한 정치 행위다. 하지만 그리스도인의 정치적 책임을 후보 한 명만 승자로 만들고 나머지는 패자가 되게 하는 선거 중심으로만 본다면, 교회가 가진 힘은 오히려 사회의 갈등을 부추길 위험이 크다.

사순절과 총선 기간이 겹쳤던 적이 여러 번 있었지만 올해는 이 문제가 유독 무겁게 느껴진다. 한국사회가 지난 몇 년간

심하게 분열되었지만, 이번 선거를 앞두고 그 정도가 심각해 보이기 때문이다. 올해 사순절에는 공식적인 선거운동 이전부터 표심에 영향을 끼칠 법한 일들이 교회 안팎에서 적잖게 일어났다. 일례로 대한민국 건국에 관한 다큐멘터리 영화가 2월에 개봉되자, 국가 정체성과 역사 해석을 놓고 치열한 논쟁이 촉발되었다. 거기다 여러 교회가 이 영화 단체 관람을 하면서 교인들 사이 이념적 갈등도 크게 일어났다.

민주사회에서 정치적 입장이 서로 다를 수 있고, 이러한 논쟁 이면에 대한민국을 더 좋게 만들려는 의도가 있다 할지라도, 다른 그리스도인을 형제자매가 아닌 좌파와 극우라 부르는 것은 우려할 일이다. 이는 교회가 하나님 아닌 우상 곧 정치 이데올로기를 사실상 예배하는 방증일 수 있기 때문이다. 누구를 예배하느냐가 공동체의 정체성과 그 안의 관계를 재설정하기에, 교회에서 서로를 어떻게 인식하고 부르는지는 중요한 신앙의 문제다. 선거라는 한판 승부를 위해 누군가를 적대한다는 것은 그를 영원하신 하나님이 십자가를 통해 화해한 대상이 아니라, 내가 섬기는 정치적 우상에게 함께 예배할 것을 거부하는 이교도로 인식하고 있음을 보여준다.

총선 준비 기간과 사순절이 겹칠 때, 정치적 관심사가 사순절을 기념하는 우리 마음을 점령하는 것이 아니라 오히려 그 반대가 되어야 할 것이다. 아니, 총선을 앞두고 사순절을 지킨다는 것은 대한민국 국민 중 그리스도인만이 가질 수 있는 정치적 차별성임을 잊지 말자. 사순절은 모두가 자신이 옳다고 생각하고 자기 신념을 관철하려는 정치적인 세상 가운데서, 우리의 죄를 돌아보고 하나님과 세상을 화해시키신 그리스도의 사역을 마음 깊이 새기는 시간이다. 각기 다른 방식으로 더 나은 예루살렘을 꿈꾸었던 이들의 분열된 정치적 열망이 메시아를 죽음으로 내몰 정도로 악해질 수 있음도 기억해야 할 때다.

사순절을 지내며 우리는 그리스도인의 정치적 책임은 권력을 획득하는 데 있지 않고, 그리스도처럼 이 땅에서 화해의 사도가 되어 소외된 이들의 편에 서는 데 있음을 재확인해야 한다. 이 세상에 속하지 않은 나라(요 18:36)의 주님에 대한 믿음으로 현실의 당파적 논리로부터 자유로워져야 대한민국의 그리스도인은 세상의 빛과 소금과 같은 시민이 될 수 있을 것이다. (2024. 3. 21)

바쁨과 타락,
혹은 잊음이라는 죄

20세기의 대표 그리스도교 변증가이자 아동 문학가로 잘 알려진 C. S. 루이스의 원래 직업은 영문학자다. 그가 전공을 살려 쓴 작품 중에 『실낙원 서문』*A Preface to Paradise Lost*이 있다. 이 책에서 그는 하나님의 피조물인 천사가 왜 타락했는지에 관해 이런저런 생각을 하다가 상상하기 어려운 이유 하나를 장난스레 제시한다. 바로 낙원의 '업무가 너무 많아서' 반항했을 가능성이다. 이 가설을 루이스가 즉각 거부하지만, 과도한 바쁨과 책임에 억눌려 본 사람이라면 어느 정도 공감할지도 모른다.

1973년에 심리학자 존 달리John Darley와 대니엘 뱃슨Daniel Batson은 복음서의 선한 사마리아인의 비유에서 모티프를 딴 「예루살렘에서 여리고」From Jerusalem to Jericho라는 제목의 논문을 발표했다. '타인을 돕는 행위에서 상황 및 성향의 변수에 관한 연구'라는 부제에 걸맞게, 두 연구자는 복음서에 나오는 선한 사라마아인의 비유와 유사한 환경을 만들어놓고는 우리의 이타적 행동이 '상황'과 '성향' 중 어떤 요인에 더 큰 영향을 받는지 관찰했다. 이들은 건물과 건물 사이에 도움이 필요한 척 연기하는 사람을 위치시키고는 신학생으로 소명을 가진 이들이 그 옆으로 지나가게 했다. 결론부터 말하면, 아무것도 모르고

실험에 참여한 사람의 40퍼센트 정도가 그 사람을 도왔다고
한다.

　얼마나 많은 학생들이 상대를 도왔는지보다 더 눈여겨볼
것은, 일부는 상대를 돕게 하고 나머지는 그냥 지나치게 만든
요인이 무엇인가다. 흥미롭게도 시간적 여유가 많은 학생 상당
수가 도움을 주었지만, 다른 데로 이동하느라 바쁜 이들 대다
수는 그냥 지나쳤다(매우 바쁜 사람 10퍼센트, 적당히 바쁜 사람 45
퍼센트, 덜 바쁜 사람 63퍼센트가 도움을 주었다). 반면, 직전 수업
시간에 선한 사마리아인의 비유에 관한 이야기를 발표했던 실
험 참가자들과 그렇지 않은 이들 사이에서는 도움을 주는 사
람 비율이 크게 차이가 나지 않았다. 즉 사람들의 도덕적 행동
이나 공감 능력은, 종교적 신념과 같은 '성향'이 아니라 바쁨과
여유라는 '상황'에 크게 영향을 받는 셈이다.

　달리와 뱃슨의 연구가 나오고도 반세기가 훌쩍 더 지났다.
두 저자의 논문이 수천 번 인용되며 그 결과가 널리 퍼지는 사
이 인류는 더욱 바빠졌다. 삶을 편하게 해줄 신기술이 많이 소
개되었지만, 삶의 속도는 오히려 더 빨라졌다. 개인적으로 현
대사회가 우리에게 강요하는 바쁨이 자기 눈앞에 놓인 과제에
집중하게 만듦으로써 타자를 향한 선한 의지와 공감 능력이 발
현될 여백을 좁히는 것만 같아 우려가 된다. 이는 동시대를 살
아가는 사람만이 아니라 우리가 지난날과 맺는 관계에까지 부
정적인 영향을 끼칠 수 있다. 현재를 살아가는 우리의 시선이
과학기술이 바꾸어 줄 멋지고 부유한 미래에만 꽂혀 있다면,
현재와 과거 사이의 접촉점은 희미해지게 마련이다. 그러다 보

면 기억해야 할 과거에 관해 이야기하는 것은 바쁜 일상에서 점점 더 거북하고 걸리적거리는 일로 여겨지게 된다.

그래서일까. 오늘날에는 삶이 바쁘고 할 일이 많은 만큼, 시간과 노력을 들여 과거에 주의를 기울이는 것을 불편하게 여기는 '실용주의적' 망각이 팽배하다. 그 결과, 과거를 기억할 윤리적 당위성과 심적 여유마저 의문시되고 있다. 시대와 함께 도덕적 판단과 행위가 일어날 '상황'이 아무리 바뀐다고 하더라도, 잊지 말아야 할 일을 기억하는 것은 인간의 윤리적 '성향'을 형성하는 데 매우 중요하다. 이러한 사람됨의 마지노선을 수천 년간 지켜 왔던 덕분에 인류는 타인의 기쁨을 함께 경축하고 고통에 애도를 표하며 공동체를 이루고, 과거의 끔찍한 사건이 반복되지 않게 공동의 노력을 기울였다. 반면 비극적 사건을 잊어버리거나 특정 기억을 왜곡·억압하는 의도적인 망각은 비윤리적이라 지탄받았다.

올해 4월 16일로 세월호 참사 10주기가 되었다. 대한민국 근현대사에 여러 일이 있었지만 이처럼 수많은 사람들이 죽어가는 모습이 생중계되고, 참사가 그토록 순식간에 정쟁화된 사건은 찾아보기 어렵다. 시간이 흐르고 진상규명이 지지부진하게 이루어지는 가운데, 바쁜 한국인의 기억 속에 세월호 참사는 어느덧 과거 일로 흐려져가는 듯하다. 함께 잘 사는 미래로 나아가려면 그날의 일은 그만 언급해야 한다는 이도 있고, 이제 그만하면 충분하지 않느냐는 이도 있다. 무고한 아이들의 죽음을 정치화하고 희화화하는 비인간적 행태가 예전보다 덜 노골적이기는 하지만 여전히 사라지지 않고 있다.

10주기를 맞이하여 전국 곳곳에 다시 노란 리본이 달리는 것을 보며, 그날의 상처 입은 기억을 서로 위로하며 지금껏 보존하고 지켜 준 사람이 여전히 있다는 사실에 감사했다. 삶의 분주함이 기억의 여유를 안 주더라도 마땅히 기억할 일이 있고, 망각을 조장하는 분위기 속에서도 지켜야 할 과거가 있으며, 진실하게 후대에 전해 줄 기억도 있기 때문이다. 그리고 선한 의지와 함께 기억하는 행위야말로 폭력적인 세상에서 희망의 불씨를 꺼뜨리지 않는 하나님의 방식이기 때문이기도 하다.

(2024. 4. 18)

예배
자신감

그리스도인이라면 누구나 다 아는 간단한 사실로부터 글을 시작할까 한다. 예배는 교회의 근간이자 신앙생활의 핵심이다. 예배가 매주 혹은 짧게는 일주일에 몇 번씩 주기적으로 반복되다 보니, 예배가 본디 불러내는 놀라움에 대한 감각이 무뎌질 수 있다. 하지만 이 할 일 많고 재미있는 일 넘치는 세상에서 서로 다른 사람들이 같은 시간과 장소에 모여 기도와 찬양을 드리고, 성경말씀을 읽고, 설교를 듣는다는 것 자체는 실로 엄청난 일이다.

그런데 왠지 오늘날 그리스도인들은 예배 자체에 대한 자신감을 잃어가는 듯하다. 예배가 재미없으면 사람들이 교회를 떠날까 불안해한다. 업적과 성공에 목마른 현대인의 필요에 맞게 예배에서도 무언가 실용적인 것을 제공하려 한다. 멀티플렉스 극장만큼은 아니더라도, 최적의 예배 환경을 만들어야 사람들이 불평하지 않으리라 지레 짐작한다. 혼자 있는 어린아이 걱정하듯, 예배만으로는 무언가 부족할까 봐 이를 보충하거나 대체할 프로그램을 만든다.

예배를 위한 여러 준비와 기획은 필요하지만, 예배에 대해 지나치게 방어적일 필요는 없을 것 같다. 예배를 드리며 도

파민이 분비되고, 이것저것 무언가 쓸 만한 것을 건지며, 설교를 듣는 중에 몸이 더 편하고 음향도 빵빵하면 물론 좋겠지만, 이러한 것이 예배의 본질은 아닌 듯하다. 오히려 전쟁과 재해가 발생할 때도, 교회가 박해받을 때도, 그리스도교 문명이 융성할 때도, 복음이 새로운 땅에 도달할 때도 예배가 끊이지 않게 했던 그 힘이 무엇일지부터 고민해야 할 것 같다.

벌써 옛날 일처럼 느껴지지만, 2020년 3월 코로나바이러스가 유행하며 팬데믹이 선언되었고, 꽤 오랜 기간 대면 예배를 드릴 수 없게 되었다. 필자도 집에서 노트북을 켜고 온라인으로 예배를 드렸다. 그런데 언제부터인가 놀라운 일이 벌어졌다. 예배가 시작되면 강아지가 꼬리를 흔들며 다가와 책상 위로 올려달라는 신호를 보냈다. 신기해서 책상에 올려두니 강아지가 여기저기 냄새를 맡다 곧 드러누웠다. 그리고 설교가 시작되자 매우 편안히 숨을 내쉬고는 곧 잠이 들었다.

강아지가 이러한 행동을 일 년 넘게 반복하자 궁금증이 생겼다. 인간처럼 예배를 드리는 것도, 보호자와 노는 것도 아닌데, 왜 이 녀석이 예배를 좋아할까. 평소에는 방바닥에서 잘 쉬다 왜 온라인 예배가 진행되면 책상에 올려달라고 할까. 그래서 강아지 입장에서 한번 생각해 보기로 했다.

보통 필자나 아내가 집에 오면 노트북을 켜고 드라마, 영화, 예능 등을 틀어놓는다. 그러면 집 안이 왁자지껄한 웃음소리, 톤 높은 목소리, 시끄러운 효과음으로 꽉 찬다. 하지만 매주일 오전이 되면 같은 공간인데도 아름다운 찬양과 느릿느릿한 기도 소리, 설교자의 온화한 목소리로 채워진다. 소리에 민감한 강아지인 만큼 예배 시간의 조용하고 안정된 분위기를 선호하고 그 가운데서 편히 쉬는 것 같았다.

목사님 설교를 들으며 잠이 드는 강아지를 보며, 내가 설교할 때 이 녀석이 자면 기분이 나쁠까 생각해 보기도 했다. 나를 유독 잘 따르는 개가 내 설교에 귀까지 쫑긋 세워 주면 기분이 좋을 것 같긴 하다. 하지만 어차피 개가 사람 말을 알아듣는 것도 아닌데, 설교 때 짖는 것보다 자는 것이 훨씬 낫지 않나 하는 생각이 들었다.

강아지도 인간처럼 종교적인 존재라고 주장하는 것은 아니다. 설교 중에 개가 잠을 자는 것에 기분이 상할 사람도 분명 있을 수도 있다. 하지만 강아지를 키워 본 사람은 알겠지만, 원래 강아지는 잠이 많아 주위를 경계할 필요가 없으면 잠을 자는 법이다. 이것이 강아지의 자연스러운 본성이라면, 예배는 강아지의 강아지다움을 드러내는 차분하고 감미로운 상황을 만들어 준 셈이다.

찬양과 기도와 설교와 축복으로 이루어지는 예배가 피조물의 평화로운 본성을 드러내는 시공간을 열어 준다면, 우리가 예배의 언어, 몸짓, 분위기에 자신감을 가질 이유가 충분하지 않을까 싶다. 예배가 지금의 세태에 뒤떨어지고 실용적이지도 않다고 걱정하지만, 오히려 비효율성과 재미없음 속에 예배의 비밀스러운 힘이 숨겨져 있을지도 모른다. 그렇기에 약한 것을 자랑하던 바울처럼(고후 11:30) 우리도 예배를 대할 때 무엇에 진정 자신감을 가질지 곰곰이, 하지만 역발상적으로 생각해 볼 일이다. (2024. 5. 16)

미리 물러나는
특권

　내일이면 12월이다. 이처럼 연말이 되면 우리는 곧 찾아올 한 해에 대한 낯선 기대에 사로잡히곤 한다. 그 기대에 걸맞게 새해를 위한 계획도 세우고, 다이어리를 장만하기도 하며, 시간과 열정이 남는다며 괜히 평소보다 깔끔하게 책상을 정리하고 열심히 방을 청소하기도 한다. 하지만 새로운 해를 잘 맞이하는 가장 좋은 비법은 지난해를 잘 보내는 일이다.

　한 해 계획을 탄탄히 세우고 이를 실천해 보고자 열심히 노력할지라도 새해의 새로움은 머지않아 곧 퇴색한다. 이는 내가 세운 계획이 허황하거나 나의 의지가 충분히 강하지 못하기 때문이 아니다. 누구나 작심삼일이란 운명을 피하기 어려운 이유는, 인간이란 존재가 '본성상' 삶의 관성에서 잘 벗어나지 못하기 때문이다. 달리 말하면, 우리는 지난해로부터 충분히 떠나지 못했기 때문에 새해를 잘 맞이하지 못한다. 그렇기에 12월에 필요한 것은 우리를 기쁘게도 슬프게도, 희망에 부풀게 하기도 절망시키기도, 무언가 성취하게 하기도 실패하게 하기도 했던 지난 한 해로부터 물러나는 지혜와 결심이다.

　자신이 몰두하던 그 무엇에서 물러서기란 성과와 성취에 중독된 현대인에게 쉽지도 매력적이지도 않은 일이다. 실제 우리가 일할 때의 심리를 되돌아보면, 우리는 무언가 조금이라도 더 하면 업적이 쌓이고, 그것이 삶을 발전까지는 아니더라도 안정적으로 지켜 주리라는 막연한 생각에 일을 계속한다. 비록 그것이 잘못된 일이라도 말이다. 아일랜드계 영국 시인 데이비드 화이트David Whyte가 진단하기를, 인간이 하던 일에 매달리는 근원적 이유는 "작정한 인생 이야기를 포기할 수 없기 때문"이다. 그 이야기에 갇혀 있으면, 핵심에서 벗어나 쓸데없는 일에 시간과 에너지를 쓰면서도 중요한 일에 헌신한다고 생각하게 된다. 그러다 곧 대상에 기울어야 할 진지한 관심 대신 호기심에 끌려다니고, 언어는 신변에 관한 잡담으로 전락한다.

'내가 만든 나의 삶의 이야기'가 그대로 있는 한, 아무리 계획을 잘 세우고 결심을 단단히 할지라도 삶이 달라지기는 어렵다. 반면 그 이야기에서 물러날 수 있다면, 나를 부자유하게 하던 거짓된 성공, 거짓된 실패, 거짓된 친구, 거짓된 적, 거짓된 자아로부터 해방될 수 있다. 그제야 우리는 세상을 조금이라도 더 있는 그대로 대할 수 있게 되고, 사태의 핵심에 도달할 길을 되찾게 된다. 이에 화이트는 물러남withdrawal을 "앞으로 나아가서 제대로 해내기 위한 최고의 방법"이라고 부른다.

이런 관점에서 새해를 앞두고 우리에게 필요한 것은, 알게 모르게 우리를 옭매던 상태로부터 한 발짝 떨어지는 용기와 결단이다. 하지만 이는 하던 일에 계속 매달려야 뭐라도 더 나아질 것이라는 모호한 기대, 새로운 계획을 잘 세워야 성공한다는 믿음, 그리고 나를 향한 주변의 끈질긴 기대에 위배되기에 껄끄럽지 않을 수 없다.

태양력에서 마지막 달 12월은 교회력의 새해 첫 달과 많은 날이 겹친다. 크리스마스로부터 4주 전 주일인 대림절 첫날 교회력이 새로 시작되기 때문이다. 대림절은 옛 세상을 심판하고 새 창조를 여신 그리스도의 오심에 대한 희망으로 일상적 시간을 채워가는 기간이다. 그리스도의 이야기를 가지고 나를 옭매던 삶의 이야기에서 한 발짝 물러나는 때다. 내가 만들어간, 하지만 나도 모르는 새 나를 부자유하게 한 이야기에서 해방됨으로써, 세상을 새롭게 대하고 삶에 새로운 가능성을 열어 줄 자유를 되찾을 수 있다. 세상을 더욱 명료하고 진실하게 보고, 삶에 대해 분명하면서도 관대하게 말하는 법도 배우게 된다.

두 달력의 시차 속에서 우리는 지난해 매여 있던 여러 일에서 '미리 물러남'으로써 새해를 진정 새롭게 맞이할 시간의 여백을 가진다. 모두가 태양력에 따라 바쁘게 살아가는 세상에서 교회력을 이야기하는 것이, 특히 연말연시라 더 분주하고 들썩이는데 한 달 전부터 새해를 준비하자는 제안이 비현실적으로 들릴지도 모른다. 하지만 그리스도교는 피조물인 태양을 시간을 나누는 궁극적 기준으로 삼는 것이 아니라, 그리스도가 시간의 주이심을 믿는 종교다. 그러니 12월이 되면 그리스도의 오심으로 그 숨은 의미가 드러나는, 선물같이 주어진 은혜의 시간이 우리 앞에 놓여 있음을 잊지 말자. (2023. 11. 30)

책을 마무리하면서, 이상하게도 어린 시절 인기를 끌었던 「독수리 오형제」라는 일본 애니메이션이 문득 떠올랐습니다. 각기 다른 특기와 역할을 가진 다섯 주인공들이 힘을 모아 '우주의 악마 알렉터를 쳐부수는' 것이 줄거리인지라, 동네 친구들과 가장 좋아하는 캐릭터를 하나씩 골라 놀곤 했습니다.

저의 경우 팀에서 가장 어리고 힘도 약한 넷째에 애정이 갔습니다. 제가 삼 남매 중에 막내이기도 했지만, 키도 작고 빼빼 말라 왜소한 체구를 가진 4호와 자신을 동일시했던 것 같습니다. 이러한 명목상·외관상의 이유 외에 심리적 동기도 있었습니다. 넷째는 팀의 리더가 아니라서 위험한 작전 중에 큰 책임을 안 져도 됐고, 전투력이 약해 굳이 영웅답게 행동할 필요도 없었습니다. 학교생활에서 앞에 나서기 꺼려하고, 또래들과 게임을 할 때도 위험을 감수하기 싫어서 뒤에서 얼쩡거리던 제 모습이 투영되었던 것 같습니다.

수십 년이 흘러 어쩌다 저는 대중 앞에서 강의하고 글을 쓰는 직업을 가지게 되었지만, 독수리 오형제 중 넷째를 선호했던 소심한 기질은 여전히 사라지지 않고 있습니다. 주위 분들이 교회 개혁과 부흥을 위해 헌신하고, 사회정의를 외치며,

약자들과 연대할 때, 사람 많은 곳에 가면 에너지가 급방전되는 내향형 인간이라는 변명을 대며 조용하고 소극적인 위치에 머물렀습니다. 그런 와중에도 복음을 일상에서 살아내는가, 타인의 고통에 민감하게 반응하는가, 학생들에게 모범이 되는 교사인가 등의 질문에서는 자유로울 수 없기에 늘 미안하고 죄스러운 마음이 있었습니다.

오늘도 저는 선에 대한 모호한 동경이 천성적인 우유부단함과 게으름과 묘하게 뒤섞인 채 신학자로서 살아가고 있습니다. 이런 사람이 지금껏 여러 책을 출판했고, 그 글을 누군가가 읽어 주었다는 것이 '기적' 같습니다. 그 기적이 이어지는 동안 다양한 만남과 경험으로 사람됨에 관한 공부를 할 수 있었습니다. 무엇보다도 타인에게 감사하는 마음과 자신의 부족함에 대해 관대해지는 법을 조금씩 배워갔던 것 같습니다.

어느덧 단독 저자 혹은 역자로 이름을 올린 책이 두 자릿수에 이르면서, 난생처음 사적인 삶과 개인적 생각을 글로 살포시 드러내 보이게 되었습니다. 이전에 해보지 못한 일이라 부담이 많이 되었습니다. 교리 이면의 삶의 복잡성도 볼 줄 알아야 한다고 줄곧 주장한 사람이기에, 원고에다 자유로운 마음과 순간적 느낌과 덜 이론화된 생각을 담아내는 작업도 언젠가는 해야만 할 일이었을지 모릅니다. 책의 존재 이유를 이렇게 구구절절 변명함에도 어색함은 여전하기에, 이제 저의 소심함과 민망함을 '쳐부수고'『신학의 슬픔과 기쁨』이 나오게 만든 진짜 주인공들을 소개하겠습니다.

먼저, 자상한 어투로 출판계의 흐름을 설명해 주시고 매번 저에게서 새로운 가능성을 끌어내는 수고를 마다하지 않으신 복 있는 사람의 박종현 대표님께 감사를 드립니다. 산문집이라는 장르에 익숙해지도록 여러 대가들의 작품을 권하고 팍팍한 신학자의 글에 문학적 촉촉함을 입혀 준 문준호 팀장님이 아니었다면, 이 책은 탄생하지 못했을 것입니다. 늘 공감 어린 피드백을 건네고 때로는 도발적인 기획안으로 자극을 준 유동운 팀장님, 책의 표지와 내지를 아름답고 감각적으로 꾸며 준 채승 디자이너님, 그리고 책의 홍보와 유통을 위해 애써 준 모든 분께도 감사의 말을 전합니다. 아울러 오랜 기간 「국민일보」에 칼럼을 연재할 수 있도록 배려하고, 매번 원고를 세심하게 매만져 준 우성규, 양민경 기자님께도 깊은 감사를 드립니다.

독수리 같은 맹금류가 아닌, 다소 멋 빠지게 제비라는 코드명을 가진 독수리 오형제 4호는 개인 능력만 본다면 슈퍼히어로가 되기엔 부족합니다. 하지만 그는 허구한 날 싸움만 하다 보면 삭막해질 법한 팀 분위기를 경쾌하게 만들고, 자기만의 기지와 방법으로 악한 세력과 싸우는 데 이바지했습니다. 그와 비슷하게, 이 책을 준비하며 꼭 '1등이 아니어도', 혹은 'No. 3'까지 오를 깜냥이 없어도, 신학자로 지금껏 활동해 온 제 모습을 새삼 새롭게 발견하는 호사를 누렸습니다. B급 감성을 가지고 어설픈 문장과 글자로 쌓아 올려 만든 책이지만, 그 속에서 독자들이 일상을 조금 더 아름답게 경험하게 되는 소박하고 편안한 공간을 발견할 수 있으면 좋겠습니다.

본문에서 인용한 책과 글

11쪽　티아구 호드리게스, 『바이 하트』, 이단비 옮김, 알마, 2025.

16쪽　토마스 만, 『파우스트 박사 1: 한 친구가 이야기하는 독일 작곡가 아드리안 레버퀸의 생애』, 임홍배·박병덕 옮김, 민음사, 2010.

17쪽　오르한 파묵, 『이스탄불: 도시 그리고 추억』, 이난아 옮김, 민음사, 2019.

25-26쪽　알랭 드 보통, 『일의 기쁨과 슬픔』, 정영목 옮김, 은행나무, 2012.

29쪽　스탠리 하우어워스, 『한나의 아이: 정답 없는 삶 속에서 신학하기』, 홍종락 옮김, IVP, 2017.

32쪽　무라카미 하루키, 『직업으로서의 소설가』, 양윤옥 옮김, 현대문학, 2016.

36쪽　Evelyn Waugh, *Helena*, Chapman and Hall, 1950.

40쪽　Iris Murdoch, *The Bell*, Chatto & Windus, 1958. (『종』 삼성출판사)
　　　Iris Murdoch, *The Philosopher's Pupil*, Chatto & Windus, 1983. (『철학자의 제자』 글밭)

45쪽　루이 후아르트, 『산책자 생리학』, 류재화 옮김, 페이퍼로드, 2022.

48쪽　Tori Otten, "Christianity Today Editor: Evangelicals Call Jesus 'Liberal' and 'Weak'" (Aug. 11, 2023), *The New Republic*, https://newrepublic.com/post/174950/christianity-today-editor-evangelicals-call-jesus-liberal-weak (2025.7.22. 최종접속).

56-57쪽　C. S. Lewis, *An Experiment in Criticism*, Cambridge University Press, 1961. (『오독』 홍성사)

57쪽　김성우·엄기호, 『유튜브는 책을 집어삼킬 것인가: 삶을 위한 말귀, 문해력, 리터러시』, 따비, 2020.

68-69쪽　John Henry Newman, *The Idea of a University*, Longmans, Green and

Co., 1858. (『대학이란 무엇인가』 금문당출판사)

76쪽 Mark Twain, "Disappearnce of Literature" (Nov. 20, 1900), https://www.gutenberg.org/files/3188/3188-h/3188-h.htm (2025.7.22. 최종접속).

77쪽 G. K. 체스터턴, 『영원한 인간』, 전경훈 옮김, 복 있는 사람, 2024.

89쪽 김훈, 『밥벌이의 지겨움』, 생각의나무, 2004.

90쪽 막스 베버, 『직업으로서의 학문』, 이상률 옮김, 문예출판사, 1994.

93쪽 Frederick Buechner, *Wishful Thinking: A Theological ABC*, Harper and Row, 1973. (『통쾌한 희망사전』 복 있는 사람)

97-108쪽 헬무트 틸리케, 『신학을 공부하는 이들에게』, 박규태 옮김, IVP, 2019, 24-25, 35-39, 45-46, 49, 54-55, 64-65, 71, 73, 75-77, 80-82.

110쪽 이자크 디네센, 『바베트의 만찬』, 추미옥 옮김, 문학동네, 2003.

114쪽 엔도 슈사쿠, 『침묵』, 공문혜 옮김, 홍성사, 2003.

130쪽 아브라함 요슈아 헤셀, "브리스크의 랍비가 우리에게 가르쳐 주는 것", 시몬 비젠탈, 『모든 용서는 아름다운가: 용서받을 권리와 용서할 의무에 관하여』, 박중서 옮김, 뜨인돌, 2019.

134쪽 로완 윌리엄스, 『과거의 의미: 역사적 교회에 관한 신학적 탐구』, 양세규 옮김, 비아, 2019.

142쪽 전영택, 「화수분」, 『조선문단』, 1925년 1월호.

151쪽 Hermann Hesse, *Untem Rad*, S. Fischer, 1908. (『수레바퀴 아래서』 민음사)

160쪽 정약용, 『유배지에서 보낸 편지』, 박석무 편역, 창비, 2009.

167-171쪽 G. K. 체스터턴, 『영원한 인간』, 전경훈 옮김, 복 있는 사람, 2024.

177-178쪽 칼 바르트, 『로마서』, 손성현 옮김, 복 있는 사람, 2017.

195쪽 Walter Benjamin, "Unpacking My Library: A Talk about Book Collecting," in *Illuminations: Essays and Reflections*, ed. Hannah Arendt, trans. Harry Zohn, Schocken Books, 1968. (『발터 벤야민의 문예이론』 민음사)

198쪽 John Wesley, "Letter to John Newton, at London," Londonderry, Ireland, 14 May 1765, *Bridewell Library Special Collection*. https://bridwell.omeka.net/exhibits/show/earlymethodists/

booksearlymethodists/recommendedreadings (2025.7.28. 최종접속).

202-203쪽 이언 매큐언 글·앤서니 브라운 그림, 『피터의 기묘한 몽상』, 서애경 옮김, 미래엔아이세움, 2005.

207쪽 Karl Barth, *Protestant Theology in the Nineteenth Century: Its Background and History*, trans. Brian Cozens and John Bowden, SCM Press, 2001.

210쪽 김종삼, 「어부」(漁夫), 『북 치는 소년』, 민음사, 1979.

211쪽 Walter Brueggemann, *The Land: Place as Gift, Promise, and Challenge in Biblical Faith*, Fortress Press, 1977. (『성경이 말하는 땅: 선물, 약속, 도전의 장소』 CLC)

215쪽 아브라함 요슈아 헤셸, 『하느님을 찾는 사람: 기도와 상징주의에 관한 연구』, 김준우 옮김, 한국기독교연구소, 2013.

220쪽 김현승, 『김현승 시전집』, 민음사, 2005.

221쪽 John Henry Newman, *Essays and Sketches*, ed. Charles F. Harrold, Greenwood Press, 1970.

225쪽 Cortney Moore, "'Nothing compared to WWI': London's oldest woman turns 108, isn't impressed by COVID" (Aug. 9, 2021), *New York Post*, https://nypost.com/2021/08/09/londons-oldest-woman-turns-108-says-covid-nothing-compared-to-wwi/ (2025.7.8. 최종접속).

228쪽 월터 브루그만, 『예언자의 기도』, 박천규 옮김, 비아, 2021.

233쪽 Richard Watson, *The Philosopher's Diet: How to Lose Weight and Change the World*, David R. Godine, 1999. (『철학자의 다이어트』 철학과현실사)

238쪽 Karl Barth, *Learning Jesus Christ through the Heidelberg Catechism*, trans. Shirley C. Guthrie Jr. Wipf and Stock, 2020. (『칼 바르트의 하이델베르크 신앙문답 해설』 새물결플러스)

241쪽 자카리아스 하이에스, 『별이 빛난다』, 최대환 옮김, 가톨릭출판사, 2019.

246쪽 안드레이 타르콥스키, 『타르콥스키, 기도하는 영혼』, 이다혜 옮김, 알마, 2023.

252쪽 Iris Murdoch, "The Sublime and the Good," *Chicago Review* Vol. 13,

No. 3 (1959):. 42-55.

253쪽 James Boswell, *Life of Samuel Johnson*, H. Baldwin for C. Dilly, 1791.

255쪽 Augustinus, *De civitas Dei*, XIX. (『신국론』 분도출판사)

262쪽 카를 슈미트, 『정치적인 것의 개념: 서문과 세 개의 계론을 수록한 1932년 판』, 김효전·정태호 옮김, 2012.

264쪽 Iris Murdoch, *The Accidental Man*, Chatto & Windus, 1971.

272-273쪽 D. R. van Tongeren, E. Kubin, J. T. Crawford and M. J. Brandt, "The Role of Religious Orientation in Worldview Conflict," *International Journal for the Psychology of Religion*, vol. 30, no. 3 (2020): 231-242.

277쪽 안드레이 타르콥스키, 『봉인된 시간: 영화 예술의 미학과 시학』, 김창우 옮김, 분도출판사, 1991.

283쪽 C. S. 루이스, 『실낙원 서문』, 홍종락 옮김, 홍성사, 2015.

283-284쪽 J. M. Darley and C. D. Batson, "From Jerusalem to Jericho": A Study of Situational and Dispositional Variables in Helping Behavior," *Journal of Personality and Social Psychology*, vol. 27, no. 1 (1973): 100-108.

291쪽 데이비드 화이트, 『위로』, 이상원 옮김, 로만, 2021.